O QUE OS ECONOMISTAS SABEM

Um manual de política econômica para a década de 90 e depois

Robert B. Carson

O que os economistas sabem

Um manual de política econômica para a década de 90 e depois

Tradução:
Ruy Jungmann

Jorge Zahar Editor
Rio de Janeiro

Para minha mulher, Marjorie Gale Carson

Título original:
What Economists Know
(An Economic Policy Primer for the 1990s and Beyond)

Tradução autorizada da primeira edição norte-americana,
publicada em 1990 por St. Martin's Press, de Nova York, EUA.

Jorge Zahar Editor Ltda.
rua México 31 sobreloja
20031 Rio de Janeiro, RJ

Editoração eletrônica: TopTextos Edições Gráficas Ltda.

Impressão: Tavares e Tristão Ltda.

ISBN: 0-312-02433-9 (ed. original)
ISBN: 85-7110-248-1 (JZE, RJ)

CIP-Brasil. Catalogação-na-fonte
Sindicato Nacional dos Editores de Livros, RJ.

C314o Carson, Robert B.
O que os economistas sabem: um manual de política econômica para a década de 90 e depois / Robert B. Carson: tradução, Ruy Jungmann. — Rio de Janeiro : Jorge Zahar Ed., 1992.

Tradução de: What economists know (An economic policy primer for the 1990s and beyond)
Índice
ISBN 85-7110-248-1

1. Estados Unidos — Política econômica. 2. Estados Unidos — Relações econômicas exteriores. I. Título.

92-0951 CDD - 338.973
CDU - 338.98(73)

Sumário

PREFÁCIO

Meu pai era um homem de negócios, o arquétipo perfeito do executivo empresarial de nível médio a superior da geração passada. Não completou a faculdade, subiu por mérito próprio na empresa gigantesca, era um homem prático, com os pés na terra, viciado em trabalho, um gerente de empresa. Produto de meio econômico mais favorável que o de meu pai, completei minha educação superior, mas, com grande desalento paterno, o retorno esperado desse investimento não foi o que ele esperava. Além disso, demonstrei pouca aptidão para seguir carreira no mundo americano dos negócios. E, ao me formar, iniciei estudos de pós-graduação como tantos filhos dos moderadamente abastados de fins da década de 50. Meu pai não estava totalmente enganado sobre eu não ter a mais vaga idéia do que estava fazendo ou por quê. Na verdade, pelo menos no início, senti grande incerteza, muito embora, após uns dois anos na universidade, interrompidos brevemente por um interlúdio no Exército dos Estados Unidos, eu descobrisse que o estudo de economia era não só fascinante, mas também rota potencial para uma carreira. Ensinar economia e escrever sobre esse assunto nos 25 anos seguintes me proporcionaram também uma vida plena e estável, ainda que não especialmente próspera — isso foi um prêmio que eu não esperava quando tomei aquela decisão.

Muito naturalmente, procurei compartilhar com meu pai a descoberta do interesse que sentia pelo estudo da economia e meus planos de seguir a carreira de professor universitário. Tive esperança de contar com sua aprovação, louvando-me no fato de que economistas tratam principalmente da matéria-prima dos negócios, redimindo-me um pouco dessa maneira, já que não abandonava totalmente os "negócios" na carreira escolhida. Embora houvesse um evidente alívio paterno por eu ter finalmente escolhido um objetivo, muito mais respeitável do que outros pelos quais poderia ter demonstrado propensão, meu pai evidentemente nunca acreditou que houvesse muita ligação entre o estudo da economia e o dia-a-dia do mundo dos negócios. Ele não era um homem de visão limitada e tivemos por muitos anos numerosas discussões interessantes e variadas sobre os méritos desta ou daquela tendência ou fenômeno econômicos. Penso mesmo que ele chegou a respeitar minhas opiniões e o que eu fazia para ganhar a vida, muito embora jamais aceitasse a idéia de que economistas, como grupo, fossem realmente essenciais ao curso da vida diária. A desolada década de 30 coincidira com sua maturidade e ele sabia, com base em experiências próprias e de outros da mesma geração, que os economistas haviam fornecido pouquíssimas soluções para os problemas econômicos reais durante os anos da depressão. Eles sempre falavam muito sobre negócios, mas, segundo meu pai, tinham mais ou menos a mesma relação com o mundo dos negócios e a economia geral que colecionar selos tem com a entrega da correspondência.

Com alguma curiosidade na década de 60, ele observou a elevação da economia e dos economistas profissionais a um *status* especial, quase privilegiado, na universidade e nos meios empresariais do país. A "nova economia" desses anos, de alto conteúdo keynesiano, permaneceu em grande parte fora de sua compreensão em qualquer sentido teórico, muito embora os instintos lhe dissessem que a celebração de vitória sobre o ciclo econômico e a eliminação de outros males econômicos prevalecentes era um pouco prematura. Se ele tivesse vivido um pouco mais e chegado à década de 70, certamente suas suspeitas se teriam confirmado.

Não tem absolutamente nenhuma importância histórica o que meu pai achava dos economistas. Evidentemente, empresários que se fizeram por esforço próprio sempre desconfiam das idéias e pronunciamentos públicos daqueles que "nunca tiveram uma folha de pagamentos" a enfrentar no fim do mês. É notável, no entanto, que hoje muitos americanos ponderados pensem de maneira bastante semelhante. E isso após quase duas décadas de celebração do que um entusiasta da profissão denominou de "a era do economista".

Já faz mais de uma década que me encontro, mais uma vez, na defensiva — isto é, não diante de meu pai, mas diante de classes de jovens pragmáticos que também parecem ter a sensação instintiva de que a economia e os economistas podem ter sido simplesmente valorizados demais quanto a quaisquer idéias próprias que eles possam oferecer. Não importa que esses "principiantes" pouco ou nada compreendam das nuances sutis do argumento ou da análise econômica. Embora suas dúvidas sobre a economia antecedam freqüentemente sua educação econômica formal, nem sempre elas são eliminadas — na verdade, muitas vezes são intensificadas — pela imersão nos estudos econômicos. Os pragmatistas, até os muito jovens e inexperientes, exigem que um corpo de conhecimentos, uma vez dominado, demonstre alguma aplicabilidade ao mundo como ele é. Uma geração que se conscientizou durante um período de estagflação crônica e crise de energia quase paralisante, e prestes a ingressar em um mundo de tendências econômicas incertas, tem todo o direito de se perguntar se as análises e introvisões do raciocínio econômico, da forma como se exige que as aprendam, têm realmente alguma utilidade. Há, contudo, na economia e nos campos correlatos dos estudos empresariais, muita coisa que estudantes julgam facilmente útil, sobretudo nas áreas em que conhecimentos especializados ou aplicados possuem valor de mercado identificável ou algum resultado visível para aqueles que podem demonstrar domínio do assunto. Conseqüentemente, não tem havido falta de estudantes de economia. No tocante às questões mais amplas, relativas a instituições econômicas, considerações altamente teóricas sobre conduta econômica e questões de formulação de política concreta, observa-se uma clara atitude do tipo "pois, então, me mostre" entre os estudantes.

E é precisamente esse "mostrar" que os economistas podem fazer que torna tão vulnerável o nosso grupo. Passaram-se os dias tranqüilos de meados da década de 60, quando um alto grau de consenso caracterizava grande parte das discussões dos profissionais e quando aquilo que se sustentava "em teoria" era facilmente confirmado pegando-se um jornal e lendo-se sobre atividades concretas de formulação de política. Embora economistas sempre tenham horror a admitir incerteza sobre qualquer questão econômica, tem-se observado há muitos anos uma sensação cada vez maior de preocupação entre os praticantes da "economia política". Os choques econômicos cumulativos que dilaceraram a economia nas décadas de 70 e 80, solapando o confortável consenso da década de 60, cobraram seu preço em autoconfiança profissional. Sobre isso teremos muito mais a dizer ao longo destas páginas, mas observemos aqui que as condições dentro e fora da profissão em anos recentes produziram um senso de "fluidez" que envolve o raciocínio econômico contemporâneo.

Muito embora esse fenômeno seja compreensível em relação aos fatos ocorridos nas décadas de 70 e 80, e possa ser defendido como tendência absolutamente sadia dentro da profissão, foi motivo de algum desalento entre não-economistas. Para muitos de fora do círculo, a aparente "deriva" da teoria econômica moderna, juntamente com o agravamento das lutas ideológicas (simultaneamente na economia e na sociedade mais ampla) entre o pensamento político liberal e o conservador, e o desempenho cada vez mais decepcionante da economia nacional, geraram, na última década, dúvidas cada vez maiores sobre a capacidade real da profissão de contribuir com introvisões úteis para os assuntos econômicos do mundo real.

É sobre essa dúvida geral e a confusão quanto à direção que ora tomam os fatos e o raciocínio econômico que este livro trata. Suas tendências e suposições são bastante claras, mas será útil, ainda assim, uma visão geral do problema. Em primeiro lugar e acima de tudo, *O que os economistas sabem* sustenta que apesar da desorganização evidente da teoria econômica moderna e do estado atual de imobilização da formulação de política econômica — sejam ou não essas condições reais ou imaginadas — os economistas sabem muita coisa sobre a maneira como funciona a economia contemporânea... e por que, às vezes, isso não acontece. Desordem e desacordo dentro da profissão não devem ser confundidos com ignorância. Na caixa de ferramentas do economista comum há um grande número de implementos sobre os quais pouca ou nenhuma confusão ou desacordo importante existem quanto ao seu uso e possível eficácia. E, freqüentemente, quando surgem desentendimentos, é mais provável que eles reflitam divergências iniciais em relação a objetivos e resultados desejados, e não estimativas divergentes sobre o que uma dada orientação de política pode produzir e produzirá. Acredito que os desacordos partidários e a acrimônia ideológica que caracterizaram grande parte dos trabalhos recentes dos economistas, muito embora não tenham terminado, diminuíram um pouco e que o novo estado de espírito na profissão consiste em determinar exatamente onde e sobre que fundamentos um acordo teórico suficiente pode ser alcançado a fim de se obterem resultados práticos úteis. Nesse recuo dos violentos debates ideológicos de fins das décadas de 70 e 80, a economia simplesmente reflete uma tendência que pode ser observada na sociedade mais ampla.

Em segundo lugar, e claramente relacionado com o primeiro ponto, acredito que o raciocínio econômico e a formulação da política econômica encontram-se em meio a um processo evolutivo, exigindo ininterruptamente que os economistas adaptem análise e métodos à realidade material mutável. Isso pouco representa de tranqüilidade para aqueles que se sentem mais seguros com um consenso profissional rígido e imutável, e salienta sempre um elemento experimental, e, por conseguinte, incerto, nos estudos econômicos. Não obstante, encerra a possibilidade consoladora e, esperamos, construtiva, de que o raciocínio econômico possa adequar-se, de fato, às novas realidades da década de 90 e depois. Até certo ponto, a falta de capacidade de adaptação ou de um enfoque evolutivo no raciocínio econômico reflete em geral o lugar mais modesto da perspectiva histórica na teorização econômica contemporânea. *O que os economistas sabem* reconhece sua dívida com o desafio lançado pelo professor Robert Solow, prêmio Nobel e ex-presidente da Associação Americana de Economia. Há alguns anos, em discurso que merecia muito mais atenção do que a recebida, Solow argumentou convincentemente e, acho, corretamente, que era melhor os economistas estudarem o passado antes de tentar falar com grande eloqüência sobre o futuro.

Recentemente, o elemento histórico recebeu bastante atenção. No rescaldo da Segunda-Feira Negra — 19 de outubro de 1987 —, numerosos economistas passaram a olhar para trás. Ainda assim, no caso de muitos, trata-se de uma postura incômoda, à qual estão pouco acostumados, e é preciso desenvolver uma sensibilidade muito mais aguda para o que a história pode nos dizer sobre o presente e o futuro.

Dado esse arcabouço conceitual, *O que os economistas sabem* pede, em primeiro lugar, uma visão realista da disciplina da economia, estudando o que os economistas fazem e o que não se pode esperar que façam. Em seguida, passa a um exame histórico crítico das convicções e práticas econômicas em mutação nos Estados Unidos nas últimas seis décadas, enfatizando em especial as várias tendências de iniciativas de política e seus resultados. A última metade do livro faz um exame e avaliação de tendências estruturais e institucionais correntes na economia e estuda as limitações de cenários de formulação de política alternativos, focalizando quatro grandes áreas de elaboração da política macroeconômica, o funcionamento de mercados individuais, a agenda social interna e os EUA na economia mundial. No decorrer de todo este estudo, torna-se claro um tema dominante. Trata-se de identificar e destacar o que aprendemos na teoria e prática econômicas no último meio século ou mais e, por conseguinte, utilizar a metáfora cunhada por meu pai, de ir além de "simplesmente colecionar selos" e passar a "entregar a correspondência".

Ao escrever este livro, esforcei-me para evitar o jargão típico do economista, exceto nos casos em que evitar essas peculiaridades da disciplina causaria confusão ou prolixidade. Tampouco presume-se qualquer preparação especial sobre o conteúdo teórico da economia. A ausência de jargão e de construções analíticas obscuras, no entanto, não significa que esta "cartilha" sobre o estado atual da formulação de política econômica constitui um exercício deliberadamente superficial. Provavelmente há alguma verdade na acusação de que os economistas são muitas vezes culpados de transformar concepções simples em formulações insuportavelmente complexas, muito embora o raciocínio econômico requeira, mesmo em linguagem simples, grande capacidade de atenção.

Aos iniciantes nos mistérios e curiosidades do raciocínio econômico, *O que os economistas sabem* é oferecido como uma resenha relativamente curta e indolor do estado da disciplina. No caso do leitor tecnicamente mais abalizado, espero que o livro sirva como um sumário útil da história e teoria econômicas recentes e, ocasionalmente, como estímulo para repensar velhas idéias e reavaliar antigas crenças. Não propõe nada de especialmente original ou notável — nenhum novo cenário do tipo Dia do Juízo Final — e ainda menos uma fuga utopista das duras opções com que atualmente convivemos. O livro argumenta com grande simplicidade e diretamente que o último meio século de fatos e pensamento econômico foi em si mesmo notável, tanto que merece muito mais atenção do que em geral estamos dispostos a conceder-lhe.

Um ensaio deste tipo é resultado de numerosas dívidas acumuladas durante um longo período de tempo — dívidas e muitos anos para que possa agradecer a todas as pessoas. Não obstante, William O'Dea, David Ring e Jason Hecht contribuíram com muitas críticas importantes nos vários estágios de desenvolvimento deste projeto. Mas não devem ser responsabilizados se, por falta de argúcia minha, não lhes absorvi todas as sugestões.

Gostaria, ainda, de agradecer às seguintes pessoas na St. Martin's Press pelo apoio dado a este projeto: Don Reisman, Larry Swanson, Emily Berleth e Heidi Schmidt.

A gratidão é devida também aos seguintes críticos e instituições pelas sugestões oferecidas à St. Martin's Press: G. Jeffrey Barbour, Central Michigan University, Robert Carbaugh, Central Washington University, James S. Hanson, Willamette University, Harold Hotelling, Oakland University, John Pisciotta, Baylor University, Stephen J. Wayne, George Washington University, Darwin Wassink, University of Wisconsin, em Eau Claire, e Irvin Weinstraub, Towson State University.

Por último, manifesto minha dívida com Marilyn Waterhouse, Theresa Weigl e minha filha, Sarah Elizabeth Carson, pelo trabalho em datilografar o manuscrito a partir de meu estilo cursivo em bloco tamanho ofício.

INTRODUÇÃO

> A vida social confrontará sempre a humanidade com uma opção entre males. Nenhuma solução metafísica que possa ser formulada parecerá satisfatória por muito tempo. As soluções oferecidas por economistas não foram menos ilusórias do que as dos teólogos, que eles substituíram.
>
> Ainda assim, não devemos abandonar a esperança de que a economia possa obter progresso na direção da ciência, ou a fé em que a iluminação não é inútil. É necessário remover do caminho os restos apodrecidos da metafísica obsoleta antes de podermos seguir em frente.
>
> A primeira condição essencial para economistas que discutem entre si é "tentar com grande seriedade", como diz o professor Popper que os cientistas naturais fazem, "evitar falar conflituosamente", e, dirigindo-se ao mundo, expor corretamente suas próprias doutrinas, combater, e não fomentar, a ideologia que alega que os valores que podem ser medidos em termos monetários são os únicos que devem ser levados em conta.[1]
>
> *Joan Robinson*

Na noite de 19 de outubro de 1987, algumas horas depois de a Bolsa de Valores de Nova York sofrer uma queda histórica em um único dia, na qual os preços das ações despencaram em mais de 20%, os noticiários de TV entrevistaram uma grande variedade de especialistas, tentando esclarecer aos seus espectadores o que havia acontecido de errado. Em um dos programas, o apresentador virou-se para um dos convidados, que havia sido apresentado como um "renomado economista", e disse: "Bem, vocês realmente conseguiram, desta vez." O comentário foi inofensivo e teve a intenção de aliviar por instantes o estado de espírito sombrio criado pelos fatos do dia. Inocente ou não, ele revelou algo mais, isto é, a relação amor-ódio que não-economistas têm com a "ciência desalentadora" (a economia política). Tampouco a costumeira cautela do público em relação aos economistas seria apaziguada pela resposta do entrevistado. Com um sorriso e um encolher de ombros, o economista revidou: "Claro que muitos de nós vimos dizendo há muito tempo que isso teria que acontecer."

Sem dúvida alguma, o espectador perspicaz, ouvindo essas palavras, poderia ter pensado em outra possibilidade — que muitos outros economistas *não vinham prevendo* os fatos de 19 de outubro. A reivindicação do economista à presciência dificilmente validava as capacidades de previsão de toda a profissão. E, de qualquer modo, quem precisava desse "Eu não lhe disse que isso ia acontecer?" no dia mais sinistro de toda a história do mercado acionário? No todo, a curta troca de palavras, embora tenha sido inócua, refletia um problema mais amplo, talvez mais amplo do que os fatos da Segunda-Feira Negra.

O Paradoxo da Economia Contemporânea

Esse incidente, sob alguns aspectos banal, indica uma dificuldade séria que aflige a economia americana contemporânea e, servindo de introdução, prepara o palco para nosso estudo da situação atual da formulação da política econômica nos Estados Unidos. A economia moderna, da forma como é ensinada e praticada naquele país, tanto nos trabalhos teóricos de economistas profissionais como nas atividades mais mundanas dos formuladores de política econômica, sofre com um irritante paradoxo. Por um lado, observa-se um grande e crescente interesse público por todos os assuntos econômicos. Se em épocas pregressas a religião poderia ter sido considerada a bússola da vida diária, a última metade do século XX tem se voltado para relatórios, projeções e análises econômicas numa tentativa de obter senso de direção, tanto pessoal quanto histórico. O relatório mensal dos "principais indicadores econômicos", do Departamento de Comércio dos Estados Unidos, desperta o mesmo tipo de atenção outrora reservado ao exame das entranhas de carneiros sacrificados em civilizações mais antigas. Para o bem ou para o mal, os economistas e outros que estudam e escrevem sobre assuntos econômicos transformaram-se em um novo clero secular.

Por outro lado, contudo, há a impressão de que existe pouca correlação positiva entre nossa maior conscientização, o conhecimento dos fatos e processos econômicos e nossa capacidade de produzir resultados econômicos desejados. Os estudos, os dados, os modelos, a verdadeira pletora de informações econômicas facilmente encontrada em toda parte, aparentemente não conseguiram reduzir a aleatoriedade e falta de rumo que parece caracterizar os fatos econômicos reais. O efeito dessas duas tendências produz uma ironia realmente monumental: nunca antes os economistas tiveram uma platéia tão vasta e, pelo menos na memória recente, nunca antes depararam com tanta dúvida sincera e geral sobre suas habilidades. Todas as ironias, no entanto, têm uma explicação, e essa não foge à regra. Há boa razão para que a economia prenda a atenção pública, como acontece, e também para que o público duvide do que ouve dos economistas.

É fácil explicar o interesse do público pelos assuntos econômicos em geral e a expectativa de que economistas forneçam soluções para os problemas econômicos mais urgentes. Nas últimas duas décadas, o cidadão comum tem andado numa montanha-russa econômica e nada há que estimule tanto o interesse popular por esses assuntos como a incerteza em matéria de economia. A expectativa do público de que eles descubram uma maneira de tirá-lo desse emaranhado de dificuldades constitui restos de uma fé constantemente alimentada por eles mesmos em um passado não tão distante assim. Na verdade, é esse aspecto do paradoxo — as dúvidas, tanto do público quanto dos profissionais, de que o raciocínio econômico contemporâneo seja, de fato, capaz de enfrentar os problemas econômicos correntes — que exige um exame longo no início deste nosso estudo. Mas suas raízes não são difíceis de encontrar.

Há pouco mais de duas décadas, durante a longa expansão econômica dos anos Kennedy-Johnson, os economistas americanos, em um ato incrível de arrogância, estimularam a crença do público em que a capacidade analítica e de formulação de política da então dominante "nova economia" era competente para salvar a nação de todos e quaisquer dilemas econômicos que ela pudesse por acaso enfrentar. Os "novos economistas" tiravam sua autoconfiança de duas fontes: 1) a economia de John Maynard Keynes, o economista inglês da geração precedente que defendia o uso hábil do poder do governo de tributar e gastar para prevenir qualquer queda geral da atividade econômica; e 2) a crença em que a intervenção em mercados específicos, visando atingir certos objetivos populares de engenharia social política, melhoraria acentuadamente a qualidade da vida econômica.

Os deuses não quiseram nada com isso. A promessa de crescimento e estabilidade através da administração da (macro) economia agregada, e intervenções apropriadas a fim de corrigir várias falhas de mercado, ou microeconômicas, revelou ser excessivamente otimista quando o longo período de alta dos negócios da década de 60 cedeu lugar à inflação e estagnação crônicas da década de 70. Os fatos da ascensão e queda da nova economia, naturalmente, absorverão nossa atenção nos capítulos seguintes, embora, no momento, estejamos mais interessados no impacto que seu desaparecimento produziria sobre os economistas e a atitude do público em relação à formulação da política econômica.

Correntes Principais e Subcorrentes de uma Disciplina em Transição

As crises econômicas (e também políticas) que se formaram em fins da década de 60 e princípios da de 70, e que se propagaram pelo país com desalentadora regularidade, puseram fim ao "consenso" em matéria de teoria e política econômicas. Para o vácuo que se formou correram os que eram até então considerados como os "extremistas lunáticos": os economistas marxistas e da nova esquerda, que mal podiam conter o júbilo com a morte aparente do liberalismo americano, e, com um pouco mais de decoro, mas não menos alegria, os defensores da velha fé econômica clássica, que haviam sido gradualmente destronados pelos keynesianos liberais nas duas últimas décadas. A porta se abriu apenas para os defensores conservadores do mercado livre. Nem a gravidade da situação econômica nem a sensibilidade excepcional dos americanos se revelaram apropriadas para um estudo muito sério das idéias econômico-políticas da esquerda. Os teóricos clássicos, no entanto, subiram rapidamente ao primeiro plano, especialmente quando se leva em conta o quão perto se encontravam da borda mais externa da vida profissional no tempo em que os keynesianos dominavam a paisagem. Milton Friedman, o conhecido guru do conservadorismo econômico e que havia sido ridicularizado por sua ligação com Barry Goldwater na eleição presidencial de 1964, por exemplo, saltou rapidamente dos bastidores para o centro do palco e, não muito depois, para o galardão de um prêmio Nobel.

O ressurgimento da economia clássica fez-se acompanhar, na esfera política, por uma preferência popular cada vez maior pela ideologia conservadora. Durante algum tempo, pareceu que seria forjada uma nova maioria econômica conservadora, clássica liberal. A teoria econômica baseada no mercado tornou-se o furor do momento, e boa quantidade de vinho velho foi servido no que alguns pensaram ser garrafas novas. Em tudo isso havia uma certa ironia desnorteante para os que estudavam atentamente o curso dos fatos. A economia de mercado livre, que não fora lá muito estimada pela opinião profissional ou pública na próspera década de 60, havia se tornado moda na perturbada década de 70. Uma filosofia econômica que, em termos gerais, acreditava que nenhuma formulação de política econômica era a melhor de todas as políticas, foi convocada para resgatar o país da beira da ruína. Em retrospecto, é óbvio que o ressurgimento dos modos clássicos de pensamento econômico devia ter sido tomado pelo que era — basicamente uma reação aos fracassos econômicos das décadas de 60 e 70, que pareciam todos imputáveis a falhas básicas no raciocínio da nova economia. Em vez disso, numerosas pessoas, sob outros aspectos bem ponderadas, consideraram a velha economia como a nova onda do futuro. Em meados da década de 80, contudo, muitas das deficiências que deviam ter sido previstas eram óbvias e houve uma visível diminuição da tendência para o raciocínio clássico.

A fim de criar um novo consenso que se aproximasse daquele que os keynesianos haviam desfrutado, a nova economia clássica teria que ir além da mera teorização sobre a infalibilidade dos mercados livres. Teria que traduzir ideologia em programa prático e, neste particular, fracassou redondamente. Apesar de experimentos econômicos atualizados, tais como desregulamentação, monetarismo e economia de oferta, o movimento prático do dia-a-dia da formulação da política governamental e, mais importante, a opinião pública, nunca mudaram muito para a condição de governo mínimo, de orientação intervencionista mínima, tão essencial ao raciocínio econômico do mercado livre. O redirecionamento da teoria econômica para os mercados e considerações microeconômicas não deixou de ter suas vantagens, mas não foi suficiente para mudar o curso dos fatos econômicos concretos.

Enquanto isso, os "velhos" novos economistas adaptavam-se da melhor maneira que podiam. Alguns encontraram uma religião na "nova" velha economia e jogaram no fogo seus velhos trajos keynesianos. Alguns nunca mudaram suas perspectivas analíticas e de política, mas sem dúvida alguma notaram redução do interesse pelo que diziam. Em uma universidade da Costa Leste, um conhecido keynesiano, lendário por suas aulas tonitruantes, que ecoavam pela sala e se espraiavam pelos corredores, resolveu fechar as portas da sala, não tanto, como brincaram alguns colegas, para manter os alunos ali dentro, mas, provavelmente como constrangimento pelo conteúdo de suas próprias aulas.

A maioria dos novos economistas simplesmente se "ajustou" de má vontade, voltando, pela primeira vez desde os bancos escolares, ao estudo sério da teoria microeconômica e sua ênfase em ações econômicas que desobstruíssem o mercado. Após um curto episódio de radicalismo estudantil, em princípios da década de 70, esses antigos novos economistas, que ensinavam em universidades, descobriram que suas classes estavam cheias de um tipo muito diferente de estudantes. Matriculando-se em números crescentes em cursos preparatórios para administração de empresas e direito, e condicionados por um senso de ambição altamente personalizado, os estudantes de fins da década de 70 e princípios da de 80 logo descobriram o conteúdo interesseiro do raciocínio econômico clássico. A cobiça, que sempre foi naturalmente, sob uma forma ou outra, a força propulsora dos sistemas econômicos baseados no mercado, em fins da década de 70 deixou de ter qualquer conotação negativa importante no que interessava à maioria dos estudantes universitários. Para os veteranos mais ponderados e altruísticos das atividades de engenharia social da década de 60, a adaptação aos valores dessa nova geração de estudantes constituiu uma experiência dolorosa, tanto pessoal quanto profissionalmente.

Ainda assim, apesar de todas as pancadas recebidas, a economia keynesiana não morreu. A nova economia clássica não obteve completa dominação porque os keynesianos não perderam todo seu poder e influência. Os livros-texto, embora nesse momento contivessem certo número de concessões à nova economia de mercado, nunca deixaram de ensinar o modelo macroeconômico keynesiano básico.

A conservação de elementos importantes da análise keynesiana, no entanto, não deve ser exagerada. Atuavam na disciplina outras forças dinâmicas que limitavam a influência keynesiana e reduziam o interesse profissional geral pelas atividades de formulação de política. Entre fins da década de 60 e fins da de 80, talvez um terço ou mais da "velha guarda", que havia observado a ascensão da ortodoxia da nova economia, a maioria de keynesianos ou ex-keynesianos, desapareceu naturalmente através dos pedidos de exoneração ou falecimento. Entre eles figuravam nomes muito importantes e influentes. Não houve, claro, falta de substitutos. A economia, como disciplina, pode ter passado por períodos de transição e ter sido dilacerada por divergências ideológicas, mas não perdeu a atratividade como carreira. Todavia, os novos adeptos eram muito diferentes daqueles cujos postos ocupavam. Os novos Ph.Ds eram excepcionalmente mais capazes no emprego das técnicas quantitativas e, especialmente, no uso do computador. Demonstravam também maior afinidade com preocupações empíricas ou teóricas relativamente limitadas. De modo geral, não se sentiam à vontade em argumentos ideológicos de grande vastidão, preferindo considerar-se mais como cientistas do que como "cientistas sociais", e em geral evitavam ligações estreitas com atividades concretas de formulação de política.

Uma parte considerável de novos Ph.Ds demonstrou preferência pela elaboração de modelos econômicos baseados no mercado, não tanto por razões de ideologia, mas porque eles possuíam uma certa "elegância". A simplicidade e simetria do mercado atraíram também uma geração de Ph.Ds muito competentes em métodos quantitativos que podiam aplicar essa habilidade com maior facilidade e engenhosidade em um contexto econômico essencialmente clássico.

Entre os iniciantes na profissão, uma proporção maior do que nunca escolhe carreiras no mundo dos negócios, incluindo uma parcela muito alta dos "melhores e mais brilhantes". As vantagens e a perspectiva de ganho monetário a prazo mais longo têm, sem dúvida alguma, muito a ver com essas escolhas, muito embora o estado de desorganização teórica da disciplina, à medida que ela se desenrolava durante seus estudos universitários, indubitavelmente tivesse levado outros a escolher a vida mais segura, mais organizada da empresa ou da firma de consultoria.

Essa mudança de uma parte considerável e muito capaz da profissão para o outro lado dos muros universitários constituiu um claro desvio do passado e deixou uma marca própria. Durante um século ou mais, a economia foi quase exclusivamente "professoral". As grandes obras e a maior parte do trabalho teórico importante, bem como o grosso da elaboração da política, haviam saído da pena de economistas universitários, embora este grupo, de vez em quando, fizesse incursões externas, na qualidade de consultores do governo e de empresas. O componente não-professoral da classe está hoje mais perto dos centros do poder econômico real — bancos, corretoras, empresas, firmas de consultoria e órgãos de formulação de política dos governos. Contudo, não está absolutamente certo que essa situação realce a criatividade teórica ou de elaboração de política do pensamento econômico americano. Ao contrário dos economistas universitários, que há muito se acostumaram a uma vida descansada, reflexiva e argumentativa, os economistas não-professorais enfrentam preocupações um tanto mais estreitas e imediatas das empresas onde trabalham. O centro de atenção é a questão prática de interesse imediato, não a visão teórica mais ampla. O Citicorp e o Sistema da Reserva Federal, obviamente interessados em preços, taxas de juros e desemprego como preocupações práticas, não empregam muitos economistas para examinar teoricamente esses fenômenos. Como é difícil calcular os efeitos a longo prazo da não-professoralização da economia, parece plausível concluir que a tendência reduziu o interesse disciplinar por assuntos essencialmente teóricos.

O Dilema da Formulação da Política Econômica Contemporânea

Consideradas juntas, as várias mudanças ideológicas e profissionais ocorridas no ramo, analisadas até aqui, produziram um efeito paralisante. O colapso do consenso keynesiano e o redespertar da tradição clássica, que se acreditava antes estar irremediavelmente moribunda, contrastando com um ambiente econômico real de fatos desoladores e complicados, pouco contribuíram para inspirar confiança àqueles encarregados de formular a política econômica. Tampouco essas tendências e fatos geraram muita confiança pública nos formuladores da política econômica. Lamentavelmente, o curso escolhido pelos economistas profissionais e pelo público e seus representantes eleitos não foi o de enfrentar os problemas, mas fugir deles. Conforme examinaremos detalhadamente em capítulos posteriores, nas décadas de 70 e 80, época em que havia muito a ser feito, praticamente nada útil e de conseqüências duradouras se conseguiu — nem em termos de trabalho teórico e crítico importante nem de elaboração de política.

A ascensão e queda das ortodoxias econômicas não é, de um ponto de vista histórico, nada de excepcional. Todavia, como regra geral, a queda de uma escola de pensamento dominante nunca ocorreu *antes* do aparecimento e, geralmente, do amadurecimento de sua substituta. Na verdade, era invariavelmente o aparecimento de uma nova teoria que finalmente expulsava de cena a mais antiga. Não foi isso o que ocorreu com o colapso do consenso keynesiano/engenharia social da década de 60, e essa exceção histórica assume grandes proporções no dilema em que ora se encontra o raciocínio econômico americano.

A contra-revolução econômica clássica, embora certamente conte com algum favorecimento profissional e dê, como veremos, algumas contribuições notáveis à teoria e às perspectivas durante as décadas de 70 e 80, simplesmente não conseguiu obter preponderância. Dessa maneira, a nova economia desapareceu, mais por desuso do que por refutação. Sem uma substituta visível, a teoria econômica carecia de um ponto focal e de direção, e a formulação da política econômica perdeu qualquer sentido de objetivo a longo prazo, precisamente na ocasião em que a busca de novas idéias ou de aprimoramento das antigas devia ter sido incansavelmente realizada.

Sem substituição ou reformulação convincente, o raciocínio econômico, aplicado a condições econômicas práticas, começou a andar à deriva. Durante algum tempo, essa situação foi tolerada, talvez mesmo apreciada, por muitos dentro e fora da profissão, que haviam se cansado dos debates ideológicos freqüentes e abrasivos de fins da década de 60 e princípios da de 70. Um enfoque discretamente pragmático e eclético dos assuntos econômicos veio a predominar e, conquanto tranqüilizador, era também enganador. Problemas fundamentais na economia permaneceram ignorados ou foram tratados apenas de forma improvisada. Só quando os mercados financeiros emitiram um frenético sinal de perigo em 19 de outubro de 1987 é que a crise ganhou dimensões que não podiam mais ser ignoradas. Ainda assim, destacou-se a necessidade de direção econômica, apesar de a Segunda-Feira Negra não ter indicado nenhum caminho concreto.

Se, como acreditam numerosos observadores ponderados, um abismo apavorante se abre em algum ponto não muito longe na estrada, e se isso só puder ser evitado por uma revitalização da teoria e da política econômica e pela construção de um novo consenso entre os economistas, políticos e sociedade em geral, de que maneira devemos proceder? Na ausência de quaisquer idéias novas ou revolucionárias, como a que Adam Smith nos brindou em fins do século XVIII ou Keynes sugeriu na década de 30, pouca opção nos resta senão usar os instrumentos analíticos e a teoria que ora temos e conhecemos. Claro que, em primeiro lugar, temos de compreender o que é que sabemos.

CAPÍTULO 1

As Possibilidades e Limites do Raciocínio Econômico

> ...a economia é uma ciência social. Está sujeita à Lei de Damon Runyon, de que nada entre seres humanos é mais do que três para um...
> Além do mais, toda atividade estritamente econômica se imerge em uma teia de instituições sociais, costumes, crenças e atitudes. Resultados concretos são indubitavelmente afetados por esses fatores fundamentais, alguns dos quais mudam lenta e gradualmente, ao passo que, com outros, isso acontece de forma errônea. Se estou por acaso certo a esse respeito, os interesses da economia científica seriam melhor tratados por um enfoque mais modesto. Para nós há bastante por fazer, sem precisarmos fingir possuir um grau de exaustividade e precisão que não podemos fornecer. Segundo minha maneira de pensar, as funções autênticas da economia analítica são mais bem descritas de maneira informal: organizar nossas percepções necessariamente incompletas sobre a economia, identificar as conexões que o olho destreinado ignoraria, contar as histórias causais plausíveis — e, às vezes, mesmo convincentes — com ajuda de uns poucos princípios fundamentais, e fazer juízos quantitativos aproximados sobre as conseqüências da política econômica e de outros fatos exógenos![1]
>
> *Robert M. Solow*

Entre as denominadas ciências sociais, nenhuma atrai o grau de atenção geral como a economia. A sociologia e a psicologia continuam a ser, na mente do público, excursões abstratas no estudo de hábitos e patologias sociais. Para a maioria dos cidadãos, a política é importante — embora, de modo geral, assunto sério demais para ser confiado aos cientistas políticos. A antropologia, quando estudada seriamente, é, para a maioria, um exercício misterioso; quando abordada superficialmente, é bastante interessante, mas poucos americanos a compreendem melhor ou vêem mais uso para ela do que o ilustrado nas páginas da *National Geographic* e em vários programas de televisão. Enquanto isso, a história, outrora a única técnica reconhecida de estudo do comportamento social, passou a ter uma esfera de influência cada vez menor no pensamento público contemporâneo. E, quando utilizada, sua contribuição se faz em geral conjuntamente com alguma outra ciência social e não como um modo separado de análise social.

As afirmações acima, no entanto, não devem ser mal interpretadas. Não se trata de mera autopropaganda de um economista para seu campo de estudo escolhido. Na verdade, a importância central das questões econômicas para a vida moderna, e a resultante preeminência da economia, trazem consigo muito mais pontos negativos do que glórias. Poderíamos perguntar qual a última vez em que sociólogos ou cientistas políticos foram escolhidos para vituperação pública por alguma coisa que disseram ou deixaram de dizer em seus respectivos campos de estudo. Os economistas, por outro lado, são sempre alvos potenciais.

Ainda assim, apesar de toda sua reconhecida importância, há muito mistério envolvendo a prática do raciocínio econômico. E é conveniente, no início deste levantamento da formulação de política nos dias de hoje, abordar a questão do que os economistas fazem, antes de passar à questão mais ampla de como o raciocínio econômico pode ser aplicado à solução de problemas modernos urgentes. Ao iniciar esta tarefa, contudo, chocamo-nos imediatamente com uma variação do "paradoxo econômico contemporâneo", que examinamos no capítulo precedente. Embora haja pouca controvérsia sobre o papel central do raciocínio econômico para compreender as forças sociais e políticas que impulsionam o mundo moderno, sobram desacordos e incertezas sobre as contribuições reais que economistas podem dar para aperfeiçoar essa compreensão. Esses dois pontos algo contraditórios exigem um esforço de conciliação, antes de passarmos diretamente às questões de formulação de política.

A Importância Fundamental das Idéias Econômicas

Pouco antes de encerrar sua grande obra, *The General Theory of Employment, Interest, and Money*, John Maynard Keynes fez uma arguta observação sobre a ligação entre o trabalho, em grande parte obscuro e, com freqüência, altamente técnico, dos economistas e o mundo prático da formulação de normas econômicas e de política. Ou como disse ele em um trecho muito citado:

> ...as idéias de economistas e de filósofos políticos, tanto quando estão certos como quando estão errados, são muito mais poderosas do que geralmente se pensa. Na verdade, o mundo é governado por pouco mais do que isso. Homens práticos, que se julgam totalmente a salvo de influências políticas, são em geral escravos de algum economista defunto. Loucos no poder, que ouvem vozes no ar, destilam o frenesi recebido de algum escriba acadêmico de alguns anos antes. Tenho certeza de que o poder dos interesses adquiridos é muito exagerado em comparação com o avanço gradual das idéias.[2]

Mesmo que fizesse esses comentários como uma justificativa interesseira das teorias econômicas que acabava de propor ou que tivessem o caráter de um convite aos "loucos no poder" de sua época para que dessem atenção a *seus* rabiscos acadêmicos, foi profunda a introvisão de Keynes. Nenhum outro economista desde Karl Marx, quase um século antes, proclamou com tanta certeza a importância fundamental dos credos econômicos no funcionamento normal da vida política e social do dia-a-dia. Mas, claro, Marx foi um herético e pregou um determinismo econômico muito mais inflexível do que as observações de Keynes. Conseqüentemente, é a interpretação de Keynes, e não a de Marx, que permanece como importante pedra de toque da fé da maioria dos pensadores econômicos.

A observação de Keynes sobre "loucos no poder" escutando vozes de "escribas acadêmicos" encerra duas interpretações. A primeira, sem dúvida a pretendida por Keynes, é que os economistas, "tanto quando estão certos como quando estão errados", influenciam diretamente as ações políticas. A segunda interpretação sugere que os "loucos no poder" estão simplesmente à procura de uma teoria econômica conveniente para nela pendurar seus chapéus políticos, ou uma justificação posterior a alguma ação. Essa opinião sustenta basicamente que a agenda econômica finalmente aceita por uma nação, e articulada de uma forma ou de outra em seus objetivos políticos importantes, deve sua existência primeiramente à força de fatos históricos e apenas secundária e incidentalmente ao espírito inovador e à habilidade artesanal dos economistas. Embora essas duas interpretações pareçam contraditórias, há indícios históricos suficientes para justificar ambas as posições:

líderes políticos, de fato, escutam atentamente em certas ocasiões o que economistas têm a dizer *e*, em outras, meramente "usam-lhes" o trabalho para justificar suas próprias ações.

Em ambos os casos, contudo, defende-se a importância fundamental das idéias econômicas para a organização política e social. Em conseqüência, economistas modernos (incluindo um bom número que não sabemos que tenham citado qualquer outro trecho de Keynes, salvo o pronunciamento acima, e que, na verdade, desprezam tudo mais a que o nome dele está ligado) têm tirado forças dessa garantia tranqüilizadora de sua própria importância, dessa afirmação de que as idéias econômicas — seja como inspiração ou como justificação — governam o mundo. Ignorando-se os efeitos de auto-interesse e autopromoção dessas observações, poucos observadores sérios da história recente, educados ou não como economistas, negariam convictamente sua exatidão. Os últimos 200 anos em geral e os últimos 50 em particular são testemunhas da exatidão das observações de Keynes.

Ainda assim, a ascensão das idéias econômicas para uma situação de eminência *é* um fato recente. Só quando mercados e comércio amadureceram, os instrumentos financeiros (em especial, a moeda) evoluíram e a produção passou do atendimento dos requisitos mínimos de subsistência e das necessidades de uma classe governante pequena e ociosa é que surgiu empenho real em estudar formalmente a economia. Na verdade, antes do aparecimento das instituições e valores capitalistas, pode-se argumentar com bons fundamentos que a relação entre doutrinas econômicas e a ideologia predominante era precisamente o oposto do que achava Keynes.

Na Grécia e Roma antigas, a economia, na medida em que pode ser identificada como um campo separado do pensamento crítico, era meramente um ramo da ética. Tampouco avançaria muito o pensamento econômico no milênio que se seguiu à queda de Roma. Na Europa feudal, a ideologia predominante do pensamento *escolástico* destacava o "desprendimento do mundo", a preocupação com a vida no além, que necessariamente subordinava o comportamento humano às necessidades de salvar a alma da condenação eterna. Teólogos escolásticos, como santo Tomás de Aquino, em seu zelo para manter a ordem social existente e proteger a Santa Igreja Católica, sobre a qual ela se fundava, bem como refletindo-lhes, talvez, preocupações autênticas com as almas de seus rebanhos, estabeleceram restrições éticas e religiosas à venda com lucro excessivo, o empréstimo de dinheiro a juros e o pagamento de menos (bem como de mais) do que um "salário justo". Essas proibições à cobiça e à avareza, conquanto protegessem almas e controlassem as forças perigosas da mudança, implicavam também o emprego de idéias econômicas apenas como auxiliares da ideologia predominante.

O aparecimento e desenvolvimento do capitalismo mercantil, ou, como é mais conhecido, do *mercantilismo*, nos séculos XV, XVI e XVII, assinalaram o fim do desprendimento feudal pelas coisas terrenas e o surgimento de forças econômicas novas, poderosas e imensamente mais complexas. Ainda assim, como na sociedade feudal, a doutrina econômica permaneceu principalmente como um subconjunto da ideologia política dominante. A agenda econômica do mercantilismo foi elaborada acima de tudo pelas necessidades políticas de construir nações-estados fortes, na medida em que esses requisitos eram compreendidos e implementados pela nobreza e por interesses comerciais poderosos. A nação bem-sucedida, de acordo com as opiniões mercantilistas, estava sempre se esforçando para obter saldos comerciais favoráveis, adquirindo colônias, eliminando restrições internas ao comércio, mantendo um tesouro público tão abarrotado de ouro e prata quanto possível, e conservando um exército e marinha fortes, capazes de defendê-la de seus rivais e proteger-lhe o comércio externo e as colônias. Os trabalhos acadêmicos, na medida em que existiam, evidentemente recebiam o aval dos "loucos no poder", e praticamente todas as idéias econômicas ligadas à era mercantilista foram ridicularizadas pelos pensadores econômicos de épocas posteriores.

A subordinação das convicções e raciocínio econômico aos requisitos da ideologia escolástica e mercantilista tornou-se possível porque as atividades econômicas permaneciam essencialmente simples e as instituições econômicas não haviam desenvolvido ainda personalidades próprias nem possuíam existência independente. Tudo isso mudou no século XVIII com a emergência das atividades de mercado, de uma natureza crescentemente variada e complexa, e com a monetarização incessante de praticamente todos os aspectos do comportamento social. A consolidação formal do novo estado de coisas ocorreu com a publicação de *A riqueza das nações*, de Adam Smith, em 1776. É digno de nota, naturalmente, que o ataque de Smith à ingerência da velha ordem econômica e sua defesa apaixonada dos "mercados livres" ocorreram exatamente no momento em que os colonos americanos iniciavam a luta contra o mercantilismo britânico.

Ignorando-se os argumentos particulares que Smith propôs em favor do sistema econômico de *laissez faire* e seus juízos de valor quanto ao comportamento econômico individual — interpretações que provocaram e ainda provocam considerável debate teórico e ideológico —, era inegável a significação da proclamação feita por ele da importância das atividades econômicas. Como pode parecer óbvio hoje, quando as atividades econômicas estão no centro de praticamente todas as atividades sociais, o reconhecimento desse fato não era muito grande até depois dos trabalhos de Smith e, com esse reconhecimento geral, nasceu a "era do economista".

Embora não seja o foco de nossa discussão nesta altura, deve-se notar que os argumentos de Smith em favor de uma explicação voltada para o mercado dos fatos e raciocínio econômico deveriam tornar-se a base da ortodoxia econômica clássica nos 150 anos seguintes. Alguns leitores poderiam se perguntar, por isso mesmo, se a era do econom
foi, no sentido de libertar o raciocínio econômico das tiranias da
imposta ou da ética política, um salto qualitativo à frente. I
ponto, é claro que no rastro da revolução econômica q
e sobre a qual escreveu, as autoridades políticas
dade, de se voltar para os escrevinhadores ac
os alicerces da política governamental
políticos tiveram que ser elaborad
cos. A vida política nunca m
evidentemente axiomátic

A

i
co
coro
cas, a
exercen
na formu
implicaçõe
sob a visão
defendia uma
era pequeno o p
políticos. No sé

governo em assuntos econômicos nacionais e internacionais e a natureza bem mais complicada de todos os fenômenos econômicos, a exigência de alfabetização econômica entre os políticos, e também entre o público geral que os alçava aos cargos, tornou-se inegável.

Nos Estados Unidos, o progresso para um nível tolerável de alfabetização econômica ocorreu de modo lento e doloroso. Curiosamente, conforme veremos, essa ampliação do conhecimento econômico, essencial para o amadurecimento da teoria econômica e a formulação da política, desempenhou uma função importante ao produzir o estranho paradoxo em que ora se debate a economia contemporânea. Em primeiro lugar, porém, devemos retroagir ao tempo em que a alfabetização econômica geral não havia sido ainda conseguida.

Em junho de 1934, época em que os Estados Unidos e o resto do mundo passavam por uma profunda depressão econômica, ocorreu em Washington, D.C., uma reunião pouco conhecida mas potencialmente histórica, entre o presidente dos Estados Unidos e um economista inglês visitante. Na ocasião, a grandeza futura de Franklin D. Roosevelt e de [illegible]n Maynard Keynes era apenas matéria de especulação, mas, dado o [illegible]nvolvimento posterior da carreira de ambos e o impacto que os dois [illegible]produzir sobre os assuntos mundiais, vale a pena olhar para trás [illegible] "no que poderia ter acontecido", se aquela reunião não tivesse [illegible]em nada. Keynes tinha um plano, publicado como livro três [illegible], para certos atos econômicos de parte do governo, destina[illegible]gar a depressão. Roosevelt tinha a responsabilidade — [illegible] não um plano — para deter uma queda de quase cinco [illegible]nia americana. Infelizmente, nunca saberemos "o que [illegible]ecido". O problema não se deveu ao fato de Roosevelt [illegible] com os remédios receitados por Keynes, mas apenas [illegible] o que dizia o economista.

[illegible] presidente resmungou para Frances Perkins, sua [illegible] "Conversei com seu amigo Keynes. Ele me [illegible]avreado incompreensível recheado de núme[illegible]co, não economista político." À mesma sra. [illegible]tarde: "pensei que o presidente fosse mais [illegible] falando".[3]

[illegible]ial em assuntos econômicos tinha avan[illegible]ndo, quase três décadas depois, John [illegible]a crise econômica e igualmente em [illegible]o instruído por seus conselheiros [illegible]bedoria que Keynes havia oferecido a Roosevelt. Para o bem ou para o mal, Kennedy de fato escutou e aprendeu. E, na década seguinte, economistas desfrutaram de uma influência extraordinária sobre os assuntos práticos do governo — uma influência que mais tarde diminuiria, mas não desapareceria de todo.

O público, também, começou a aprender alguma coisa sobre economia, especialmente durante e depois do governo Kennedy. Embora os juízos econômicos políticos sobre a "ciência desoladora" tivessem atraído há muito tempo alguma atenção entre os cidadãos mais cultos, só com a nova economia de princípios da década de 60 o raciocínio econômico deixou a árida atmosfera das salas de seminários e revistas especializadas e despertou a atenção e exame do público. O cidadão comum que escutava os noticiários da noite ou lia jornais era cada vez mais brindado com discussões e análises de assuntos econômicos que, algumas décadas antes, teriam sido consideradas complexas demais para consumo geral.

Não é difícil explicar a grande atenção que os economistas receberam na década de 60. Pelo menos até a Guerra do Vietnã conturbar a atmosfera política, a nação desfrutou um senso de crescente bem-estar e, à vista do público, os economistas dos Governos Kennedy e Johnson eram pequenos santos milagreiros. Entretanto, o outro lado da maior influência política da profissão, e da concomitante alfabetização econômica do público geral, era o aumento das expectativas sobre o que os economistas podiam fazer e entregar sob a forma de desempenho econômico. Quando o auge da década de 60 cedeu lugar à inflação e à estagnação da década de 70, abriu-se um abismo cada vez maior entre as expectativas dos economistas e as condições econômicas reais. Cada vez mais, os economistas tornaram-se alvos fáceis da indignação do público com o curso dos fatos econômicos. O aparente fracasso dos economistas, contudo, não levou nem podia levar ao abandono do interesse pelo raciocínio econômico. Na verdade, a gravidade dos fatos econômicos reais não permitia esse resultado.

A situação vigente na profissão em fins da década de 70 foi resumida por um intelectual, ao observar que os economistas eram importantes demais para serem ignorados, mas confusos demais para serem levados a sério. Por essa altura, naturalmente, havia rachado o consenso da nova economia e estourava um aceso debate entre as alas conservadora e liberal dos economistas. Subjacente ao debate havia as velhas tensões e reflexos ideológicos que pareciam ter desaparecido durante o auge da ortodoxia keynesiana na década de 60. Embora com alguns resultados construtivos, o debate no todo foi desconcertante e, conforme veremos em capítulos posteriores, levou de fato o raciocínio econômico e a formulação da política por alguns becos sem saída na década de 80. Todavia, não poderia ter sido evitado, uma vez que ele simplesmente refletia um debate nacional mais amplo sobre objetivos de política, travado furiosamente em todo o país durante o período da presidência de Reagan. Ainda assim, evitável ou não, o aparecimento de um cisma na comunidade econômica reforçou a opinião pública crescente de que os economistas deviam ser escutados, mas não se fazer necessariamente o que eles recomendavam.

Talvez o público e seus líderes políticos tenham razões justificáveis para duvidar da capacidade dos economistas, dado o cortejo de fatos econômicos e a fé-de-ofício deles durante as décadas de 70 e 80. Mas, afora essas razões, há o problema mais fundamental de as estimativas do público das contribuições dos economistas repousarem sobre uma imagem totalmente distorcida do que é exatamente o raciocínio econômico. Na verdade, a maioria dos não-economistas e, lamentavelmente, muitos economistas, também, não compreendem os limites do raciocínio econômico.

Economia — Ciência, Ideologia ou Arte?

Uma idéia muito comum sobre economistas é considerá-los como se fossem médicos ou mecânicos. Médicos estudam medicina a fim de curar doenças e melhorar a saúde do corpo humano. Mecânicos de automóvel devem ser capazes de diagnosticar enguiços e repor nossos carros na estrada, quando eles funcionam mal. Na mesma linha de raciocínio, economistas estudam economias e deviam saber como "endireitá-las" — nada mais, nada menos do que isso. Dadas essas expectativas, é compreensível por que o público, ou mesmo um presidente, podem reagir negativamente quando economistas parecem errar em seus prognósticos ou quando persistentemente discordam entre si. Tais tendências em nada inspiram confiança na capacidade da profissão. O público, no entanto, não deve ser de todo censurado por essas idéias absurdas sobre o que a economia é ou o que os economistas fazem, uma vez que alguns destes têm deixado que essas idéias floresçam. Na verdade, grande número de economistas não acharia emprego remunerado em seus campos de trabalho se seus empregadores não acreditassem que isso é bom. As previsões econômicas, por exemplo, baseiam-se necessariamente na suposição, ou melhor, no fingimento, de que economistas devidamente treinados e diligentes nas habilidades quantitativas necessárias "conhecem" com grande precisão as causas, bem como os resultados, de certos eventos econômicos complexos.

O que se agiganta por trás da opinião popular, mecanicista, "do que os economistas *deviam* estar fazendo" é a predisposição de ver a economia como ciência. A partir dessa opinião sobre a prática do raciocínio econômico, é fácil compreender o desejo de permanência e previsibilidade em assuntos econômicos. Na verdade, é exatamente esse desejo que põe em destaque o paradoxo visível da economia moderna quando o público pergunta: "Por que, afinal de contas, os economistas não têm certeza nem são unânimes sobre que política seguir?" A maioria dos cidadãos, bem como a maioria dos líderes políticos, prefeririam sem dúvida que a economia revelasse um alto grau de certeza científica, uma vez que, presumivelmente, seriam muito facilitadas as soluções para os problemas econômicos.[4]

A questão da "economia como ciência" tem sido há muito tempo matéria de debates dentro e fora dos círculos econômicos, aumentando e diminuindo a intensidade do interesse em relação inversa ao desempenho da economia. Quando as coisas seguem tranqüilamente, com dificuldades mínimas, poucos vêem muito proveito em levantar uma questão tão abstrata. Dadas as incertezas da economia contemporânea, no entanto, não surpreende que a questão da "economia como ciência" exija atenção. Ora, o assunto é importante, quaisquer que sejam as condições econômicas gerais. A maneira como economistas encaram seus papéis no estudo do comportamento social determina até certo ponto como será finalmente interpretado o comportamento que estudam. Em conseqüência, faremos um longo exame do debate da "economia como ciência", uma vez que o assunto é muito importante, e para colocar o restante deste livro na perspectiva pretendida.

A essa altura, seria bom parar por um minuto e esclarecer algumas possíveis dificuldades de definição. *Ciência*, e isto surpreende bastante, não é uma palavra muito exata e a usamos muitas vezes sem certeza sobre qual de seus muitos significados temos em mente. O *Webster's New Collegiate Dictionary* oferece várias definições, incluindo as seguintes: "conhecimento obtido do estudo ou prática" ou "um departamento de conhecimento sistematizado como objeto de estudo (a *ciência* da teologia)". Nestes sentidos da palavra, a economia é uma ciência — certamente tão ciência como a *teologia*. No entanto, há uma terceira definição de ciência que poderia ser aplicada à economia que está em jogo aqui: "conhecimento abrangendo verdades gerais ou a operação de leis gerais, especialmente quando submetidas à prova pelo método científico; *especificamente*: CIÊNCIA NATURAL". Este significado de ciência é que constitui o centro de nossa atenção, pois esta é a interpretação que o público procura aplicar e que, às vezes, divide os próprios economistas.

No passado, bem como no presente, o debate sobre a economia como ciência revestiu-se de uma atratividade especial para certos praticantes da "ciência desoladora". Grande força e senso de finalidade — tanto pessoal quanto profissional — foram tirados da crença confortadora de que o raciocínio econômico repousava sobre axiomas e princípios "naturais" ou "científicos". Particularmente entre aqueles de convicções mais ortodoxas, o encanto de revestir a observação econômica com o manto da ciência tem sido irresistível, e mais ainda desde a última metade do século XIX, à medida que as fronteiras das ciências puras se expandiam ininterruptamente. Evidentemente, o raciocínio econômico nem sempre procurou imitar a ciência nem foi esta sempre considerada como altamente respeitável. Inicialmente, o raciocínio econômico foi um mero subconjunto da ética religiosa ou do credo político. A "verdade" da observação econômica repousava inteiramente sobre o poder da ideologia política ou religiosa. A economia como ciência mudou tudo isso. Enquanto a economia de gregos e escolásticos procedia diretamente de suas ideologias, os primeiros princípios dos economistas clássicos, considerados científicos, tornaram-se a inspiração ou pelo menos a justificação de ideologia política. Raramente mencionava-se que os princípios em si podiam ser simplesmente um espelho da ideologia dominante, exceto por Marx, outros descontentes socialistas e alguns economistas de duvidosa formação teórica. Claro que Marx invocaria também a ciência em sua busca da verdade econômica. Entretanto, seu "socialismo científico" baseava-se em um entendimento totalmente diferente da ciência do que aquele que havia prevalecido entre os defensores clássicos dos mercados livres.

A economia como ciência proporcionou certas vantagens óbvias que não apenas a de justificar a existência e a importância intelectual da disciplina. A principal entre estas é que logo que um conjunto de princípios básicos é estabelecido, são eliminadas as situações perturbadoras criadas pela mudança econômica e pelo resultante aparecimento de novas teorias para explicá-las. Uma vez estabelecida, a ciência da economia existe independentemente de realidades perturbadoras. Transforma-se num rochedo de permanência em meio a um mar sempre agitado.

Embora cada geração de economistas pareça redescobrir a questão da economia como ciência, as raízes do debate retroagem o tempo todo até Adam Smith, e os argumentos básicos não mudaram muito desde sua formulação. Os argumentos de Smith construíram um ideal, segundo o qual a humanidade, deixada em liberdade para seguir seu auto-interesse comum e natural, elaboraria arranjos institucionais e configurações de comportamento econômico que, com uma exatidão auto-reguladora, manteria a ordem, a direção e o crescimento. A força propulsora dessa ordem econômica era a manifestação simples da inclinação "natural" de indivíduos livres para permutar e barganhar em proveito próprio. Conforme observaram alguns economistas, nada lembrava tão bem um relógio quanto o mundo econômico de Smith. Uma vez dada a corda por força da ambição humana, o relógio tiquetaqueava alegremente, mantendo horas perfeitas, isto é, dirigia a produção e o consumo de mercadorias, determinava a combinação apropriada de recursos produtivos e alocava renda de tal maneira que toda a sociedade se beneficiava, como nunca poderia ocorrer sob as restrições ou direção aplicadas por uma força externa.

Smith pode ter alegado modestamente que suas observações eram apenas "uma indagação sobre a natureza e a causa da riqueza das nações".[5] Dentro de uma geração, contudo, seus seguidores elevaram-lhe rapidamente o comentário sobre o comportamento do mercado ao *status* de "a lei dos mercados". E a "economia política", como Smith chamava seu método de estudo, tornou-se "... a ciência que trata da natureza, da produção e da distribuição da riqueza". Conseqüentemente, as "leis" do comportamento econômico foram consideradas tão óbvias, como fatos científicos, como a lei da gravidade ou as várias outras leis do comportamento físico que governavam as relações entre objetos e corpos celestiais. A economia clássica não foi para o estudo de fenômenos econômicos nem mais nem menos o que Newton era para a Física ou a Astronomia. A alegação de ser uma "ciência", feita em seu nome, não foi nem mais nem menos do que a que Newton fizera para a sua. A tradição clássica que se desenvolveu após Smith, e que deveria perdurar inconteste até o fim da terceira metade deste século, elaborou doutrinas e reivindicações adicionais à certeza científica, mas nunca se desviou das verdades expostas por Adam Smith em relação ao comportamento do indivíduo ou do mercado.

Ainda assim, permaneceram alguns problemas. À parte as leis de mercado e algumas leis derivadas, que se julgava orientar todo o comportamento econômico, notou-se que Smith e seus seguidores fizeram observações que não eram "científicas" em natureza, mas claramente manifestações de pontos de vista políticos ou de juízos de valor. Em outras palavras, descobria-se às vezes que os economistas se afastavam da mera discussão do *mundo como ele é* e, de tempos em tempos, ofereciam opiniões sobre *o mundo como deve ser*. Até mesmo os economistas clássicos faziam um comentário ocasional sobre a pobreza, a dureza do trabalho assalariado nas fábricas, as possíveis virtudes de ação estatal benevolente (claro, se apenas temporária e de efeito limitado) e especulações de que as condições do mercado competitivo ideal talvez nem sempre existissem em todos eles.

Inicialmente, houve pouca reação à mistura de doutrina econômica com comentário político eivado de valores. O raciocínio econômico era, afinal de contas, toda a "economia política", e a manifestação de posições éticas e morais parecia totalmente correta. Realmente, durante algum tempo, ela foi esperada, uma vez que evidência de princípio moral não era ainda considerada como questão de fraqueza teórica. Iniciando-se em meados do século XIX, no entanto, essa atitude começou a mudar. Em primeiro lugar, estava se tornando claro que a ciência, em suas várias formas, passava a dominar o reino intelectual e especulativo. Os economistas políticos haviam descoberto o uso de instrumentos matemáticos e estatísticos e viam as possibilidades de "dignificar" sua profissão revestindo-a com a certeza que o número e a técnica quantitativa pareciam proporcionar. Os primeiros princípios não eram mais uma questão de postular simplesmente um modelo observável de comportamento. Em vez disso, princípios e leis podiam ser enunciados positivamente e demonstrados mediante uso da técnica quantitativa. A essa altura, o estudo dos assuntos econômicos estava se tornando, na frase feliz de Joseph Schumpeter, "profissionalizado e professoralizado". A limitação da disciplina e sua transformação em uma ocupação cada vez mais quantitativamente treinada e baseada na universidade implicou a abstração ainda maior do raciocínio econômico, distanciando-o das atividades e interesses dos homens de negócios comuns que haviam sido seus popularizadores iniciais.

Nas mãos de professores universitários, a economia política tornou-se a "ciência" da economia e ninguém explicou melhor o motivo desse fenômeno que o professor Alfred Marshall, a "grande figura paternal" da economia do século XIX, quando observou:

> As leis econômicas são enunciadas a respeito de tendências de ação do homem em certas condições. São hipotéticas apenas no mesmo sentido que o são as leis das ciências físicas, porque estas leis também contêm ou

> implicam condições... As leis da ação humana não são realmente tão simples, tão definidas e tão claramente verificáveis quanto a lei da gravidade, mas muitas delas se equiparam às leis das ciências naturais que tratam de assuntos complexos.[6]

Apesar da concessão de que os assuntos humanos confrontavam os economistas com alguma dificuldade na coleta e análise de dados, Marshall não tinha dúvidas de que leis de comportamento humano podiam ser abstraídas dos dados disponíveis. Dessa maneira, o estudo do mundo "como ele é" constituía o reino apropriado da indagação econômica.

Persistia ainda, claro, a tendência de falar em assuntos econômicos em termos do que devia ser. Em conseqüência, introduziu-se uma distinção importante. As opiniões, observações e recomendações econômicas que tinham clara origem em juízos de valor eram o exercício de *economia normativa*, um termo introduzido por John Neville Keynes, o pai de John Maynard. A economia normativa não era científica e se considerava sua prática, entre os cultores mais reputados, como uma tendência a ser evitada pessoalmente e merecedora de crítica quando aparecesse nos pronunciamentos e trabalhos de outros economistas. A economia normativa era, afinal de contas, a cônjuge da crença. Era ideologia. Enquanto isso, a economia do mundo como ele é, que se baseava em princípios comprovados e se aplicava apenas a dados prováveis ou refutáveis, era a *economia positiva*, cuja terminologia foi tomada de empréstimo de um filósofo francês de princípios do século XIX, Auguste Comte.

A economia positiva era, na verdade, economia como ciência. Era muito correta, sem tendência às paixões de controvérsia política passageira, gostos pessoais, limitações culturais ou dispepsia individual devido ao curso dos eventos humanos. Era também praticamente incapaz de contribuir com introvisões úteis para os problemas econômicos muito reais e penosos que persistiam do outro lado dos muros cobertos de hera das universidades. Apesar de sua irrelevância prática, a economia positiva prestava um serviço que atualmente é muitas vezes ignorado. Era um obstáculo teórico e analítico contra o avanço de doutrinas heréticas, especialmente aquelas que deviam sua paternidade teórica a Marx. Mediante uso inteligente de princípios econômicos e dados apropriados, a ordem capitalista podia ser defendida "cientificamente" contra os ataques do "socialismo científico". Mas permaneceu, naquela época como agora, como assunto de grande irritação, uma vez que a prova formal e científica do absurdo do socialismo e do comunismo continuava a ser insuficiente, na prática, para jogar essas ideologias no monte de sucata da história. Embora os revolucionários não prestassem muita atenção às provas formais de que Marx estava errado, muitos professores universitários esforçaram-se para evitar que o marxismo (e outras heresias) adquirisse qualquer legitimidade teórica.

As distinções positivo-normativas ainda sobrevivem entre as várias categorizações ora usadas pelos economistas para descrever suas construções teóricas. Mais ou menos metade dos principais textos de economia ainda se interessam pelos velhos argumentos vaga e superficialmente; alguns, geralmente do "novo" ponto de vista teórico clássico, enfocam defensivamente a distinção, como se ainda fosse uma questão de grande importância profissional. Todavia, defensores modernos não se inclinam mais a deixar para trás um problema lógico fundamental, como faziam os pensadores do século XIX que formularam esse esquema como maneira de fortalecer sua reivindicação a comportamento científico. A dificuldade com a alegação da ciência positiva era (e ainda é) a afirmação de que se encontra isenta de valores.

A coleta de dados pode ser uma atividade isenta de valores, mas não tem significado a menos que se ligue a uma finalidade mais ampla — provando, sustentando ou questionando alguma idéia econômica imputável a um conjunto de primeiros princípios ou leis. Em última análise, temos que perguntar: Qual a prova desses primeiros princípios? Como podemos ter certeza de que as leis universais do comportamento econômico são outra coisa que não reflexões de seus descobridores ou considerações normativas de seus defensores que apareceram mais tarde? Dispensa dizer que o desenvolvimento desse argumento ocupou grande parte dos debates no último século ou mais, com os defensores da tradição clássica, que são ainda os principais advogados da distinção positivo-normativa, aliados contra todos aqueles que levantavam essa questão.

Qual a prova em apoio da alegação de que o comportamento humano é impulsionado por um instinto de maximização racional? Como é que a mentalidade de um lojista inglês do século XVIII veio a se tornar o modelo do comportamento social e econômico universal? Essas e outras perguntas correlatas raramente produziram respostas convincentes. O medo de alguns economistas de que sua reivindicação à verdade científica possa ser refutada levou a desvios incríveis da razão. Certa vez perguntaram a Joseph Schumpeter, o grande defensor da economia clássica da geração passada, o que faria se sua monumental lógica e análise fossem totalmente desmentidas por evidência empírica irrefutável. Sem hesitar um segundo, Schumpeter respondeu que ficaria com suas teorias. Elas, e não os dados empíricos, é que tinham o selo de "ciência".

À parte as verdades e leis gerais da economia positiva não se prestarem à prova, no sentido de verificação em laboratório ou demonstração empírica geral, que seriam aceitáveis nas ciências puras, e à parte ainda a resultante acusação de que a ciência positiva é ciência normativa em inteligente disfarce "profissional", o argumento da economia como ciência falha por outras razões. A reivindicação da economia ao *status* científico utiliza uma compreensão, há muito superada, do que as ciências puras realmente fazem. A economia como ciência significa a "ciência" do mundo newtoniano. Os eventos são simétricos e previsíveis, repousando sempre em primeiras verdades e levando finalmente ao desenrolar de uma ordem perpétua. O processo de mudança talvez exista, mas apenas dentro de parâmetros razoavelmente previsíveis e conduzindo sempre à harmonia e ao equilíbrio. Ora, as ciências puras não operam mais de acordo com esse conjunto de crenças desde a teoria da relatividade de Einstein. Certamente os biólogos, astrônomos e físicos teóricos modernos não andam por aí com verdades "científicas" eternas dançando em suas cabeças. Nas ciências puras, a aceitação e adaptação a novas verdades é comum, e o trabalho sério para descobrir novas interpretações científicas ocupa grande parte da atividade teórica. Os argumentos da economia como ciência foram, na verdade, elaborados para evitar caráter provisório que caracteriza a ciência moderna. Uma vez que os cientistas modernos sentem grande interesse pela aleatoriedade e pela imprevisibilidade, e que grande parte da especulação científica tem sido dirigida para teorias de "caos", talvez possa ser feita uma defesa plausível do caráter "científico" da economia. Isso, porém, não é o que têm em mente os defensores da economia positiva.

E, finalmente, há os dados do estudo econômico, em contraste com as ciências puras. Marshall, conforme vimos antes, compreendeu que o estudo de fenômenos humanos carecia da certeza que cientistas físicos tinham com seus dados. Simulações e experimentos controlados são difíceis de realizar na esfera econômica e, se realizados, revelam-se quase sempre suspeitos. As complexidades que governam o comportamento humano são compreendidas hoje em um grau muito mais alto do que nos dias em que Marshall simplesmente notou que elas não eram "tão definidas ou claramente verificáveis como a lei da gravitação"

Apesar dessas dificuldades para estabelecer uma reivindicação convincente à certeza científica, a atração da economia como ciência é às vezes irresistível. As ilusões a respeito de sua própria capacidade de teorização, o desejo de reconhecimento de parte dos colegas, ou uma crença missionária na necessidade de "salvar" a economia dos pecados do relativismo e dos juízos de valor, bem como a teimosa recidiva de acuidade intelectual diminuída, geram às vezes esforços para apresentar a teoria econômica sob o rótulo de verdade científica. Um texto recente de nível universitário, ao tentar provar esse ponto, fundamentou sua defesa no argumento simples (e, do ponto de vista do autor, presumivelmente axiomático) de que uma vez que os economistas usassem o método científico, a economia era, *ipso facto*, uma "ciência". Se levado a sério, um argumento desse tipo criará uma vida inteira de confusão para os leitores neófitos — especialmente quanto ao que a economia é, mas também sobre o que a ciência é. Para sermos exatos, a economia utiliza de fato coleta e análise de dados antes de chegar a uma avaliação. Basicamente, é nisso que consiste o método científico, e a economia compartilha sua prática com biólogos e também com aqueles que escrevem prognósticos sobre corridas de cavalos e eventos esportivos em geral. Esperamos que, ao que parece, a metodologia seja condição necessária, mas não suficiente, para se obter estatura científica. Por sorte, trabalhos e ensinamentos desse tipo não ocupam um lugar muito importante no currículo econômico habitual.

Embora o argumento da economia como ciência ainda persista no raciocínio econômico convencional, sobretudo na nova economia clássica, mas também até certo ponto entre os keynesianos, ele não é mais defendido tão vigorosa ou abertamente como antes. A maioria dos economistas modernos evita os argumentos positivo-normativos e da economia como ciência através de uma esquizofrenia privada e discreta. Em geral, se supõe que certas verdades econômicas básicas, denominadas de conceitos, devem ser dominadas e exteriormente respeitadas — não tanto porque sejam leis universais, imutáveis, mas porque estão "simplesmente ali", partes do corpo da sabedoria recebida. Na verdade, até mesmo este estudo do estado da formulação da política econômica americana seguirá essa estratégia conhecida.

O interesse do dia-a-dia da maioria dos economistas, exceto aqueles de tendência excepcionalmente teórica, simplesmente necessita que questões do que *deve*, e não do que *é*, absorvam a maior parte da atenção. De fato, os interesses particulares do público geral, que dizem respeito à elaboração de políticas sociais e econômicas apropriadas que resolvam problemas urgentes, são todos, fundamentalmente, assuntos de caráter normativo.

Os economistas não podem deixar de chegar a conclusões quanto a uma grande variedade de assuntos — preços ótimos, distribuição ótima da renda, investimentos ótimos, desemprego ótimo e assim por diante. Suas recomendações, embora talvez baseadas num esforço autêntico de realizar uma avaliação neutra, desapegada e honesta das evidências disponíveis, terão que se tornar finalmente matéria de interpretação, de um juízo de valor baseado em suas próprias idéias, ou naquelas predominantes sobre o mundo. Colocando a questão em termos mais diretos: a economia, como estudo de comportamento e de crenças humanas, não pode evitar juízos de valor. Por mais que lute, a economia como disciplina nunca está isenta de ideologia.

Mas a importância de tudo isso não deve ser mal-interpretada. Dizer que o conteúdo e a aplicação do raciocínio econômico são, em última análise, determinados por aquilo em que os economistas acreditam, e não por uma lógica neutra, não implica dizer que o juízo econômico é apenas uma questão de opinião: esta é uma opinião e esta é outra, cabe-lhe escolher! Na verdade, opiniões, bem como observações registradas de fatos, não têm o mesmo valor. Há boas e más opiniões, e observações exatas e inexatas. Diferentes idéias econômicas produzem conseqüências diferentes quando são adotadas como política. Se a "ciência econômica" não pode indicar o caminho, então o bom senso e o exercício de capacidades intelectuais críticas terão que fazer isso.

Se os argumentos acima são convincentes, torna-se claro que a prática da economia não é uma ciência, mas uma arte. Depende de juízos, não de prova formal. Trata-se de um fraco consolo para aqueles que procuram indicadores econômicos rápidos e indolores. Não obstante, evita, de fato, um problema que poderia ser pior do que a atual incerteza da razão econômica. O desacordo entre economistas pode ser desnorteante, mas seria muito pior se eles, tendo conseguido formular explicações científicas universalmente aceitas de teoria e política, se *enganassem*. Na economia, como na maioria de outros assuntos de interpretação humana, há situações piores do que o desacordo.

Para uma Compreensão Evolutiva do Raciocínio Econômico

Inegavelmente será mais exato considerar o pensamento e a prática econômica pelo que realmente são: a elaboração e adaptação ininterruptas às circunstâncias reais da existência econômica e social, apesar de menos arrumado e tranqüilizador do que uma boa, elegante e permanente explicação "científica" do comportamento econômico. Conforme sugerimos antes, as idéias econômicas — tanto as corretas quanto as errôneas — mantêm firme ligação, para que tenham absolutamente alguma relevância para o público, com o mundo prático imediato, tal como é visto e compreendido. Em última análise, a faixa de questões e interesses sobre os quais os economistas podem ruminar e prognosticar, seja em algum acordo geral ou em vários graus de desacordo, é estabelecida pelas limitações e possibilidades impostas pelas realidades materiais e intelectuais da sociedade mais ampla.

Isso não é uma defesa de uma explicação puramente mecanicista das idéias econômicas e prática social, à maneira de Karl Marx ou outros deterministas econômicos. Uma coisa é dizer, como se argumentou aqui, que o credo econômico não pode existir independentemente do mundo que procura explicar, e outra bastante diferente é argumentar, como faz Marx, que condições materiais específicas produzem um conjunto *especificado* de crenças. O primeiro argumento deixa aberta a porta para que se estudem e debatam idéias, econômicas ou não, na plena riqueza de suas muitas interpretações e aplicações possíveis; o segundo bate e aferrolha a porta da indagação, reduzindo todo credo e, dessa maneira, toda política econômica e social a um curso único e estreito, predeterminado simplesmente por eventos materiais.

Sobre esse ponto, John Maynard Keynes expressou clara e sucintamente o ponto de vista evolutivo:

> Na verdade, as idéias econômicas são sempre e no fundo produtos de seu próprio tempo e lugar; não podem ser vistas à parte do mundo que interpretam. E esse mundo muda — está, de fato, em um processo constante de transformação — de modo que as idéias econômicas, para conservar sua relevância, têm que mudar também. Nos últimos 100 anos, a grande sociedade anônima, o sindicato, a depressão e a guerra, o aumento da prosperidade, cada vez mais dispersa, a natureza mutável da moeda e o novo e mais decisivo papel do banco central, o papel declinante da agricultura, com a contrapartida da urbanização e crescimento da pobreza urbana, o aparecimento do estado de bem-estar social, a responsabilidade recém-assumida do governo pelo desempenho econômico geral, os Estados socialistas emergentes, mudaram, todos, dramaticamente, e até mesmo revolucionaram a vida econômica. Na medida em que mudou a matéria da economia, mudou necessariamente o sujeito.[7]

A teoria econômica não pode ter muita utilidade, a menos que esteja preparada para adaptar-se a condições reais mutáveis. Conforme vimos antes, a visão filosófica newtoniana era muito pouco apropriada para adaptar-se a realidades em mutação, operando, como acontecia, em um mundo de verdades organizadas e fixas. Na medida em que, consciente ou inconscientemente, ainda operamos de acordo com essa visão, a teoria, e a política a que ela necessariamente conduz, serão perigosamente irrelevantes.

A natureza evolutiva dos fatos econômicos exige que o raciocínio econômico em si seja evolutivo. Se é difícil escolher a desordem, em detrimento à ordem, em assuntos de indagação filosófica, bem como em questões de interesse prático, não há alternativa. Dizer que o estudo e a prática da economia são evolutivos implica dizer também que temos que nos ajustar a um alto grau de imprevisibilidade em nosso raciocínio econômico. Solucionadores de problemas de qualquer tipo não apreciam a imprevisibilidade e, em conseqüência, podemos compreender as verdadeiras razões do atual desconforto do público com os economistas modernos, assim como o desconforto destes entre si, ou aquilo que identificamos antes como o "paradoxo econômico".

Ainda assim, a imprevisibilidade e a resultante inconclusividade que ela produz no processo do raciocínio econômico são excessivamente enfatizadas e exageradas. Em grau muito maior do que geralmente se compreende fora da disciplina, há muito em qualquer época com o que economistas podem concordar e concordam. Mais importante, contudo, é que muitas áreas em que o desacordo ou divergência em perspectivas são intensos podem se transformar em um bom grau de consenso prático. Uns dois exemplos bem conhecidos de consenso superando a divergência servirão para ilustrar esse ponto.

Quando escreveu *The General Theory of Employment, Interest, and Money*, na deprimida década de 30, Keynes postulou uma visão da realidade econômica e dos assuntos políticos práticos que era muito diferente dos tipos então dominantes de sabedoria econômica. Em vez de supor que a economia geral era auto-equilibradora, Keynes viu uma tendência crônica para estagnação. Por conseguinte, pediu gastos públicos maciços para estimular a demanda de produtos e daí elevar a produção e o emprego. O desafio do enfoque keynesiano, do ponto de vista da crença clássica dominante, residiu não só em pedir a administração econômica pelo governo, questão que ainda divide economistas de diferentes tendências, mas seu argumento mais importante foi a recomendação de que se visse a economia como um fenômeno econômico agregado. Indo além do exame de mercados individuais, Keynes criou o que é atualmente conhecido como campo da *macroeconomia*. Embora a perspectiva política liberal de Keynes ainda possa constituir anátema para os conservadores, sua análise macroeconômica foi enxertada na corrente microeconômica dominante da disciplina. Juntos, esses dois componentes analíticos constituem o arcabouço do que keynesianos e não-keynesianos consideram como o corpo fundamental do moderno raciocínio econômico.

Ao mesmo modo, em fins da década de 70, economistas basicamente conservadores lutaram contra a opinião predominante que salientava a administração da demanda agregada como o único foco apropriado da formulação da política macroeconômica. Esses denominados defensores da economia de oferta argumentavam que a produção (oferta), e não a demanda, era o foco correto dos esforços teóricos ou políticos destinados a tirar a economia americana de uma "estagflação" paralisante. Permanece o desacordo entre os economistas sobre muitas das doutrinas da economia de oferta, embora a maioria deles tenha admitido a importância de adicionar considerações de oferta agregada às teorias keynesianas mais antigas de demanda agregada em qualquer discussão de análise e política macroeconômica.

Esses exemplos devem servir como prova de que economistas de gostos e valores filosóficos muito diferentes são capazes de chegar a acordo sobre assuntos que antes pareciam dividi-los irreconciliavelmente. Aplicações práticas do que parece funcionar, ou pelo menos ser a explicação mais plausível do que pode funcionar, desgastarão mais cedo ou mais tarde (ou isolarão, consignando à esfera das coisas irrelevantes) perspectivas ideológicas radicalmente diferentes. O desaparecimento, dos campos de batalha político e econômico, das doutrinas radicais mais extremas de direita e esquerda constitui um bom exemplo disso. O resultado, no fim, é a emergência de um terreno intermediário convencional que, muito embora sempre mudando e adaptando-se, possui consenso suficiente para tratar de questões econômicas urgentes.

A formação de consenso nunca é indolor. Envolvendo, como acontece, assuntos de profunda convicção filosófica, o raciocínio econômico é uma atividade intelectual combativa e acrimoniosa. No entanto, se compreendemos o dinamismo e a natureza evolutiva dos fatos e instituições econômicas, podemos notar também que as divergências de opinião resultam basicamente de ajustamento a essas mudanças. Desse ponto de vista, há não apenas a possibilidade de que possamos superar o impasse teórico e ideológico, mas também, de uma maneira muito prática, que os limites do raciocínio econômico sejam fixados em muito menor extensão do que inicialmente pensávamos.

Aceitando essa visão da economia, o paradoxo anteriormente apontado, se não é eliminado, fica pelo menos iluminado. A incapacidade de economistas de chegarem sempre a um consenso em matéria de política não é a fraqueza que o público freqüentemente julga. Além disso, conforme veremos adiante, nem todos os problemas econômicos são sempre e imediatamente solucionáveis nos termos que o público está atualmente disposto a aceitar. Se esses fatos forem compreendidos, poderemos chegar a entender melhor os limites e as possibilidades do raciocínio econômico. É inegável a importância fundamental dos fatos e análise econômicos para a organização social. Todavia, temos que compreender que a dinâmica e a natureza mutável de qualquer economia requerem um enfoque adaptativo. A idéia de abordar a formulação da política econômica como se os problemas econômicos pudessem ser solucionados por indicadores de política únicos e finais, conquanto seja uma expectativa popular previsível do que os economistas *devem* fazer, não guarda nenhuma relação com o que os economistas são realmente capazes de fazer.

CAPÍTULO 2

À Procura de uma Agenda Econômica para o Século XXI

A razão por que velhos mitos criam um problema tão grave quando velhas instituições não funcionam eficazmente é que induzem o homem a agir em contradição direta com fatos observados. Tal conduta é, claro, uma das grandes forças coesivas da sociedade, uma vez que quando instituições funcionam eficazmente é o poder da superstição, e não o poder da razão, que as mantém coesas. No entanto, quando elas se tornam impotentes para satisfazer necessidades sociais, essas mesmas superstições produzem o efeito de alijar do poder pessoas respeitáveis, moderadas e bondosas porque elas não podem livrar-se dos velhos mitos por tempo suficiente para se tornarem líderes efetivos.[1]

Thurman Arnold

Entre as pilhas de notas, dados e rabiscos variados que um autor junta no processo de traçar os esboços de um livro, descobri uma cópia interessante de uma carta presidencial introdutória, dirigida a uma publicação de um departamento executivo. Embora o documento em si não fosse raro nem tivesse sido até então ignorado, ao lê-lo tive a impressão de que, estranhamente, eu tinha em mãos a chave para um passado esquecido, um tipo de pedra de Roseta que decifrava o que, em fins da década de 80, havia se transformado em idioma perdido.

Parte da carta dizia:

Ao Congresso dos Estados Unidos
Tenho a honra de comunicar à Casa

— que o estado da economia é excelente

— que a onda crescente de prosperidade está prestes a ingressar no seu quinto ano consecutivo

— que, graças a seguras medidas de política, podemos esperar confiantes uma expansão ininterrupta e vigorosa no próximo ano...

Em nossos assuntos econômicos, como em todos os aspectos de nossas vidas, a mudança contínua é a única constante.

Mudanças revolucionárias na tecnologia, nas formas de organização econômica, nas relações comerciais com nossos vizinhos, na estrutura e educação de nossa força de trabalho, convergem em nossos mercados. Livres opções em mercados livres — como sempre — absorvem essas marés de mudança.

Os ajustamentos, no entanto, são às vezes lentos ou imperfeitos. E nossos padrões para o desempenho de nossa economia elevam-se continuamente. Não toleraremos mais a ociosidade involuntária geral, os sofrimentos e a pobreza humana evitáveis, o empobrecimento de áreas inteiras, a deterioração de nossa herança natural, a feiúra humana e física de nossas cidades, as devastações dos ciclos econômicos ou a redistribuição arbitrária de poder aquisitivo por meio da inflação.

Mas da mesma forma que se elevaram nossos padrões de desempenho para a economia, expandiu-se também nossa capacidade de resolver os problemas econômicos.

A política econômica começou a libertar-se das preconcepções de tempos mais antigos e da exasperação de discussões partidárias e de classe que impedem a discussão racional e dificultam a ação nacional.

Nossos instrumentos de política econômica são muito melhores do que há uma geração. Temos condições de agir com muito maior confiança e flexibilidade na procura de soluções eficazes para os problemas mutáveis de nossa economia em mutação.

Os êxitos dos quatro últimos anos constituem uma medida da reação construtiva que se pode esperar dos trabalhadores, consumidores, investidores, gerentes, agricultores e comerciantes a políticas públicas eficazes que se esforçam por definir e realizar os interesses nacionais em

— pleno emprego com preços estáveis;
— rápido crescimento econômico;
— equilíbrio em nossas relações externas;
— eficiência máxima em nossas economias pública e privada.

Os desafios perenes à política econômica não foram inteiramente vencidos, mas estamos bem adiantados no caminho para sua solução.

E quanto mais pudermos vencê-los, a política econômica poderá, mais do que nunca, tornar-se a serva em nossa campanha para tornar a sociedade americana não só próspera mas progressista, não apenas rica mas humanitária, oferecendo não apenas rendas mais altas, mas oportunidades mais amplas, seu povo desfrutando não exclusivamente o pleno emprego, mas vidas mais completas.[2]

Datada de 28 de janeiro de 1965, a carta era assinada por Lyndon B. Johnson. Fora anexada ao sumário e introdução do *Relatório econô-*

mico do presidente, 1965. O significado notável da carta não estava em suas declarações extravagantes de sucesso econômico — que nessa altura dos acontecimentos eram até aceitáveis. A característica realmente notável era o tom do documento — uma autoconfiança que não pedia desculpas, segura de si mesma, a transparecer no fato de que os formuladores da política que guiavam a nação americana sabiam exatamente que objetivos ela queria alcançar e tinham certeza absoluta de que podiam ser prontamente alcançados. Na última geração, outros presidentes falaram também com confiança, porém a extensão e profundidade da confiança pública na veracidade e exatidão das observações presidenciais nunca mais se igualaram às que Johnson desfrutou com a carta acima e outros pronunciamentos feitos em 1965. A lógica e força dessas observações, no entanto, seriam corroídas meses depois, muito embora, na época, servissem para resumir o senso de autocontrole e autodireção econômica que o país sentia em meados da década de 60.

O ano de 1965 passou há muito tempo. Entre aquela época e os dias de hoje medeia um período mais extenso do que o que divide as duas guerras mundiais. Para os que querem ser lembrados, o tempo decorrido desde nossa entrada na Segunda Guerra Mundial (e nossa saída da Grande Depressão) até o momento em que Johnson escreveu aquelas observações é mais curto do que o período transcorrido desde 1965. Quase duas gerações de americanos amadureceram sem experimentar a sensação embriagadora — tão evidente nos comentários de Johnson — de saber com certeza quais eram as prioridades econômicas nacionais e acreditar que a nação possuía os meios para concretizá-las.

A carta é na realidade um artefato não tanto por causa de sua idade, mas devido à estranheza que ela hoje provoca. Tal como uma velha máquina, um tear ou uma colheitadeira, deveria estar num museu, onde poderia servir para deixar os visitantes maravilhados com a ingenuidade e, infelizmente, o comentário sobre sua irrelevância para a vida moderna, pois certamente nosso tempo não é mais de objetivos econômicos axiomáticos.

O Problema Econômico — Unidade e Mudança

A verdadeira importância da carta do presidente Johnson não é, afinal, se estava ou não errada ou muito longe da realidade a compreensão da economia americana e o estado então predominante do raciocínio econômico. Muito ao contrário, aponta para algo de importância fundamental na economia — ou seja, a estrutura e a organização reais das instituições e atividade econômica e o processo de raciocínio através do qual economistas, e também não-economistas, têm que, em última análise, encarar o mundo. Em palavras simples, a economia é uma questão de estudo e prática evolutivos. Dispensa dizer que muita coisa aconteceu desde que Johnson pegou a pena para escrever a carta acima. Todavia, com excessiva freqüência, deixa-se de compreender que a mudança é uma característica essencial dos assuntos econômicos.

Se o raciocínio econômico for devidamente compreendido como um processo evolutivo inseparavelmente ligado às circunstâncias, eventos e forças econômicas reais que afetam os arranjos institucionais e a organização social de uma nação ou sociedade, irão se tornar um pouco mais claros os contornos da paisagem que teremos de atravessar. Em vez de despender esforço no domínio puramente técnico da doutrina e teoria recebidas como autênticas, melhor faríamos em proceder ao estudo da teoria e política econômica contemporâneas de uma maneira comparativa e histórica. Para compreender onde estamos atualmente, e aonde poderemos estar indo em termos de elaboração de teoria econômica válida e de opções de política que podem derivar de tal trabalho teórico, teremos que reservar os dois próximos capítulos a examinar as seis últimas décadas da história, das idéias e das doutrinas econômicas americanas. Armados com uma estimativa dos fatos que forjaram os parâmetros do credo e prática econômicas, e com uma compreensão comparativa da riqueza e diversidade das convicções dentro desses parâmetros, tentaremos avaliar as opções de política no futuro próximo. Entretanto, antes de tomarmos essa direção, precisamos ter certeza dos objetivos que nos orientam.

As políticas econômicas constituem instrumentos importantes apenas na medida em que são usadas para atingir determinados objetivos. O aperfeiçoamento dos mercados, o combate ao desemprego ou à inflação, e assim por diante, são exemplos de metas de políticas que têm absorvido a atenção dos seus formuladores em nossos dias. Ainda assim, há algo comum aos objetivos econômicos de todas as sociedades. À parte os trabalhos de economistas ou a força da ideologia, a organização econômica exige soluções para algumas questões básicas. Tomadas em conjunto, economistas designam-nas há muito tempo como "o problema econômico". Ele diz respeito, acima de tudo, ao tamanho do "bolo econômico" de que a população do país pode se servir e, em segundo lugar, à maneira como esse bolo é fatiado para consumo geral. Essas preocupações econômicas básicas, ou o problema econômico, são às vezes traduzidas pelas perguntas "o quê", "como", e "para quem": O que será produzido? Como? Quem terá direito a esse produto? Essas perguntas, em sua aplicação mais ampla possível, abrangem toda a faixa da indagação econômica. São perguntas que todas as sociedades terão que responder e, como seria de esperar, podem ser respondidas de modo muito diferente de uma época a outra e de uma cultura a outra. Dessa maneira, a nível muito geral, há muitos objetivos econômicos comuns, mas também uma particularidade de importância considerável.

Em nosso esforço para avaliar as alternativas de política que os EUA ora enfrentam, temos, em primeiro lugar, de compreender os objetivos econômicos de nosso tempo. Mais a propósito, precisamos saber como esses objetivos assumem a forma de uma agenda econômica específica que, em última análise, indica a direção e o conteúdo potencial da formulação concreta da política. Não há nada de muito complicado nem sinistro no conceito de *agenda econômica*. Em palavras simples, ela consiste naqueles assuntos de importância social que se relacionam diretamente com a produção de bens e a distribuição de reivindicações ao produto na sociedade. A agenda, naturalmente, está sempre se adaptando às condições econômicas reais existentes, bem como às forças sutis da opinião e convicções que estabelecem limites práticos ao raciocínio econômico e à capacidade política de utilizar esse raciocínio na formulação concreta da política. Conforme vimos na carta de Johnson, prevalecia um senso óbvio de certeza sobre o que constituía a agenda econômica em meados da década de 60. É também óbvio para o observador medianamente arguto que não existe atualmente um senso de direção semelhante.

A Mutável Agenda Econômica

Todas as épocas econômicas estabelecem um conjunto próprio de objetivos. A Europa feudal procurou minimizar a cobiça material (pelo menos, entre a massa da população) e a propagar crenças e comportamentos que eram compatíveis com o mínimo de mudança social e a ênfase na redenção pessoal. O mercantilismo defendeu o fortalecimento da nação-estado, o capitalismo clássico promoveu os mercados livres, enquanto a era da Grande Depressão nos Estados Unidos atribuiu enorme valor à intervenção do governo na economia nacional e sua manutenção. Esses objetivos, à parte as pressões da ideologia dominante e as restrições dos níveis vigentes de imaginatividade, são limitados pelas variadas realidades econômicas dos tempos. A "vida abundante", de tanta importância na agenda social e econômica de meados e fins do século XX nos EUA, não teria sentido no mundo feudal do século XIII — não tanto porque a abundância material pessoal poderia ter colidido com as preocupações da doutrina de desprendimento do mundo de escolásticos e ascéticos, mas pela simples razão de que uma organização econômica pastoril de produção não poderia produzir excesso sobre a subsistência mínima que tornasse possível a abundância.

Desde os escritos de Aristóteles, os que estudam assuntos econômicos concordam sobre uma característica básica de seus trabalhos — isto é, a atividade econômica é fundamentalmente uma questão de orçamento, ou seja, de escolher entre gastos possíveis na alocação de recursos escassos. As soluções dos problemas econômicos enfrentados por todas as sociedades implicam necessariamente opções ou, como dizem os economistas, *custos de oportunidade*. Qualquer objetivo ou empresa econômica particulares, dadas as realidades de uma sociedade que possui recursos produtivos (o que os economistas chamam de fatores de produção — terra, matérias-primas, trabalho, capital e capacidade gerencial e empresarial) em volumes limitados, têm que ser, em última análise, avaliados em termos de empreendimentos econômicos que por necessidade precisarão ser postos de lado. Dessa maneira, a agenda econômica de uma nação não é simplesmente uma "lista" de tudo que pode ser desejado, mas uma estratégia calculada de escolha entre alternativas, de acordo com as limitações reais impostas pela escassez comparativa dos recursos disponíveis. O processo de elaboração desses cálculos aumenta, claro, em complexidade à medida que a economia da sociedade amadurece e o crescimento econômico amplia a faixa de custos de oportunidade.

Nas organizações sociais pré-industriais, pastoris, as técnicas de contabilidade com que se calculavam as opções alternativas e as próprias opções eram limitadas e relativamente simples. Não surpreende que o raciocínio econômico formal fosse considerado como coisa natural e não desempenhasse papel importante no pensamento social até que, mais tarde, a atividade manufatureira adquirisse dimensões consideráveis. No entanto, logo que o mundo econômico moderno começou a tomar forma — talvez em alguma ocasião no século XV —, as opções da vida econômica diária tornaram-se complicadas. Afinal de contas, não é preciso mais do que modesta imaginação para compreender que o estilo de vida isolado, agrário e não-monetário diferia muito do que emergiu nos últimos quatro ou cinco séculos. As novas condições materiais envolvidas na produção de um conjunto crescente de mercadorias cada vez mais sofisticadas, a monetização do pagamento de bens e a fornecedores de recursos, a contribuição da poupança, o financiamento de investimentos, a conduta do comércio, o estabelecimento e a observância das "regras do jogo" por meios legais e outras forças afastavam um estilo econômico de vida que não mudou muito em milhares de anos. Em seu lugar, surgiram sistemas sociais nos quais objetivos e agendas econômicas passavam por adaptações contínuas.

No início, a adaptação às mudanças na agenda econômica da sociedade era facilitada porque as forças das mudanças evoluíam com relativa lentidão. Raramente, se é que isso aconteceu, uma geração era obrigada a reajustar sua visão econômica em mais de uma vez em sua vida. Pelo menos 300 anos transcorreram antes que a era feudal passasse, na Europa, de um declínio moderado para o colapso total. Um século findou antes que o mercantilismo caísse, substituído pelo capitalismo de mercado pré-industrial. Até mesmo a transição do capital industrial do *laissez faire* (mercados livres) para trustes e daí para um alto grau de controle do governo sobre as atividades do mercado levou meio século ou mais. Em época mais recente, no entanto, o ritmo de mudança acelerou-se a um ponto em que a adaptação das agendas econômicas tornou-se vertiginosa, tão vertiginosa, na verdade, que a capacidade intelectual de absorver, avaliar criticamente e agir de acordo com as mudanças ficou extraordinariamente difícil. Conforme veremos nos dois capítulos seguintes, no curto espaço de 60 anos os americanos passaram de uma agenda basicamente orientada para o mercado a um alto grau de controle econômico central e engenharia social, a uma variante de objetivos econômicos baseados no mercado e talvez tenham começado mais uma vez a descer um caminho centralista. Um ritmo acelerado de mudança como esse impõe pressões difíceis, talvez mesmo insuportáveis à sociedade. Em especial, exige dos cultores da ciência desoladora um nível excepcional de resistência e de largueza de visão. Esse argumento não deve ser considerado de importância menor. Ele figura significativamente, ao que parece, na incapacidade dos economistas contemporâneos de se adaptarem às exigências do século XXI.

A dificuldade não tem origem, note-se, no fato de que economistas não compreendem mudanças. Compreendem — e a maioria concordaria com a observação de que, na economia, a mudança é mais ou menos a única constante confiável. Ainda assim, como grupo, eles não estão em situação melhor ou pior do que seres humanos comuns, que sentem dificuldade não só em lidar com a mudança, mas, principalmente, em reconhecê-la quando ela surge. E há mais um problema: a mudança econômica, uma vez reconhecida, freqüentemente exige mudança de opinião sobre verdades antes aceitas. Para uma pessoa de fortes inclinações intelectuais, mudar suas idéias sobre assuntos realmente importantes, mesmo que uma única vez na vida, é algo quase excepcional. E ter, talvez, que mudá-las mais de uma vez, como exige o ritmo e intensidade da economia moderna, pode parecer a numerosos economistas e não-economistas quase uma impossibilidade. Reconhecer a mudança no sentido histórico abstrato é muito mais fácil que conviver com ela.

Instantes de uma Economia em Transição: 1965-1967

Embora os EUA estejam saturados da sensação de que vivemos em uma época de vastas e profundas mudanças econômicas, os contornos e direções dessas alterações não são bem claros. Por isso mesmo, o uso de um ponto de perspectiva algo distante é um instrumento útil para obtermos um senso de proporção correto. Identificar mudanças estruturais que acontecem à nossa volta produz sempre distorções. Parece-se com a ilusão que sentimos quando estamos em um trem parado e trens movendo-se de cada lado. A sensação de que nós, também, estamos nos movendo é praticamente incontrolável, mesmo que saibamos que isso não acontece. O mesmo ocorre quando tentamos julgar condições econômicas em mutação que existem em torno de nós. O que *vemos* e o que *sabemos* entra freqüentemente em conflito.

Contrastando dois marcos temporais — 1965, o ano da carta reproduzida acima do presidente Johnson, e 1987 —, poderemos obter um quadro comparativo da mudança econômica. E ver também os itens a emergir na agenda econômica que terão que se transformar, eventualmente, no ponto focal de nosso estudo da política econômica contemporânea. O que sobressai em nítido relevo quando se examinam os dados estatísticos é a medida de mudança estrutural que a economia sofreu. Mas talvez ainda mais importante do que as mudanças quantitativas nos dados sobre o Produto Nacional Bruto, a renda, o comércio externo, a produtividade, a poupança, as finanças públicas, as tendências do emprego e do desemprego, que servem como elementos substitutos para estimar mudanças na estrutura física da economia, sejam os fenômenos menos facilmente mensuráveis que acompanham essas tendências — ou seja, a visão social e econômica geral da população. Ambas essas

dimensões do bem-estar econômico serão examinadas nesses dois instantes de nossa economia, separados no tempo por uma geração.

Embora os dados constantes da Tabela 2-1 realmente fundamentem a conclusão geral de que 1965 foi um ano de qualidade excepcional, resta que nossos dois anos comparativos têm em comum algumas semelhanças muito importantes. Ambos foram épocas de prosperidade

Tabela 2-1. Dados Econômicos Selecionados, 1965 e 1987

	1965	1987
I. Medidas Econômicas Gerais		
PNB nominal	$705,1 bi.	$4.486,2 bi.
PNB real (US$ de 1982)	$2.087,6 bi.	$3.819,6 bi.
PNB real per capita (US$ de 1982)	$10.984	$15.590
Taxa de crescimento anual do PNB real	5,7%	2,7%
Crescimento do PNB nos cinco anos anteriores	25,3%	20,7%
Mudança anual no Índice de Preços ao Consumidor	1,9%	4,4%
Taxa de desemprego	4,5%	6,2%
II. Setores Empresarial e Financeiro		
Investimentos como % do PNB	16,5%	15,9%
Mudança anual no índice de produção industrial	9,9%	4,1%
Lucros empresariais (taxa)	12,8%	8,1%
Taxa de falência de empresas (por 10 mil empresas)	53,3	114,0 (1988)
Mudança anual na produtividade *	3,4%	1,0%
III. Tendências da Força de Trabalho		
% da força de trabalho empregada na indústria de transformação	29,7%	19,1%
% da força de trabalho empregada em serviços, finanças e comércio	35,0%	46,4%
Membros de sindicato como % de força de trabalho	23,7%	15,1%
Taxa de participação feminina	34,8%	54,9%
IV. Tendências de renda		
Renda da família mediana (em US$ de 1984)	$24.131	$30.256 (1986)
% da riqueza em mãos dos 10% mais ricos	64,0% (1963)	67,9% (1983)
% dos que vivem na pobreza	17,3%	13,3%
Taxa de poupança como % da renda disponível	7,1%	3,9% (1986)
Razão entre ativos e passivos individuais	3,37	2,29
V. Financiamento do governo		
Gastos do governo como % do PNB	19,7%	20,5%
Dívida federal pendente como % do PNB	44,5%	52,3%
Juros sobre a dívida federal como % do PNB	1,6%	4,4%
Déficit anual como % do PNB	0,3%	3,2%
Juros como % dos gastos federais correntes	9,6%	19,6%

(continua)

Tabela 2-1. Continuação

	1965	1987
VI. Comércio Internacional		
Exportações como % do PNB	6,3%	11,1%
Exportações líquidas (em US$ de 1982)	-$2,7 bi.	-$134,3 bi.
Importações como % do PNB	5,9%	14,6%

Fontes: Relatório Econômico do Presidente, 1986 e 1988, e Statistical Abstract of the United States, 1988.

* Mudança de produtividade a longo prazo: 1948-1965 — 3,3%; 1973-1986 — 1,5%.

econômica, cada uma delas com um período de cerca de quatro a cinco anos de crescimento econômico sustentado. Embora os distantes ribombos no Vietnã estivessem prestes a se transformar em guerra não declarada antes do fim do ano, 1965 foi, tal como 1987, um ano essencialmente pacífico. Em nenhum dos dois houve eleição e em ambos o presidente em exercício era homem de grande poder político e popularidade pessoal. Essas e outras semelhanças precisam ser apontadas no início de nossa comparação, uma vez que tornam ainda mais notáveis as diferenças entre 1965 e 1987.

Examinando em primeiro lugar os dados da tendência econômica geral que medem o crescimento econômico, o emprego e a estabilidade dos preços, o esperado crescimento do PNB *per capita* entre 1965 e 1987 é encoberto pela comparação menos brilhante das tendências marginais. O crescimento econômico foi mais lento e as taxas de inflação e desemprego mais altas em 1987 do que em 1965. Tampouco essas tendências foram reflexos de alguma discrepância nos anos-base. Nos quatro anos recentemente transcorridos de expansão prévia em ambos os períodos, o crescimento, a estabilidade dos preços e os dados de emprego confirmam a opinião de que a economia de meados da década de 60 era relativamente mais firme do que a de meados a fins da década de 80. Uma vez que esses dados estatísticos nada mais fazem do que respaldar o que geralmente se conhece, comparações mais úteis são evidentes nos dados selecionados que tratam de componentes particulares da economia. Neste caso, estudamos indicadores que refletem tendências gerais mais amplas e que podem, na verdade, ser a causa de tais tendências.

Entre as várias mudanças setoriais, as que ocorreram nas empresas americanas são as mais reveladoras. Embora os investimentos totais como percentagem do PNB tenham permanecido mais ou menos constantes, ocorreu, desde 1965, um grande declínio nos gastos com pesquisa e desenvolvimento. Do mesmo modo, os aumentos anuais da produção industrial em 1987 foram a metade da taxa de 1965. A utilização da capacidade instalada caiu e a percentagem da força de trabalho empregada ficou em apenas 65% da cifra anterior. Até certo ponto, sem dúvida, essas tendências refletem a transição dos Estados Unidos para a economia "pós-industrial", baseada em serviços, freqüentemente comentada. Embora alguns observadores considerem essa mudança como apenas uma questão de reajustamento e um processo que, de qualquer maneira, não poderia ter sido evitado ou bem regulamentado, ela não produziu resultados notavelmente encorajadores. Considerados juntos, os lucros das empresas foram muito mais baixos e as taxas de falências duas vezes mais altas em 1987 do que em 1965. Mais importante, contudo, a produtividade — o valor do produto por hora de insumo de trabalho — caiu dramaticamente, de uma taxa anual de aumento de 4% em 1965 para pouco mais de 1% em 1987. Talvez, de todos os dados comparativos aqui discutidos, a produtividade seja o mais importante. Voltaremos adiante a esse indicador.

As tendências da força de trabalho refletem também outras que poderiam ser esperadas em uma sociedade pós-industrial ou em processo de "desindustrialização". O declínio do emprego no setor manufatureiro mais bem remunerado e a crescente participação relativa nas indústrias orientadas para serviço corresponderam a um retardo na taxa de crescimento da renda familiar mediana e à elevação, já observada, do desemprego (a maior parte diretamente atribuível a mudanças estruturais resultantes da desindustrialização). Embora a renda real das famílias crescesse em 17% entre 1965 e 1987, esse ganho reduz-se em importância quando se compreende que as rendas das famílias medianas cresceram em 65% durante o período de 25 anos anterior a 1965.

O quase congelamento dos salários na indústria sobressai também, mas pode ser facilmente explicado pelos efeitos da desindustrialização e dos resultados medíocres em termos de produtividade. Com um maior número de operários sendo eliminados da produção ou ocorrendo limitação ao ingresso no ramo, as pressões de oferta e demanda atuaram contra movimentos em prol da elevação dos salários. Do mesmo modo, a produtividade em atraso agiu também como limitação aos aumentos de salários.

A desaceleração relativa no crescimento da renda americana, embora fosse resultado de outras forças que se faziam sentir na economia, merece uma atenção especial, uma vez que é o determinante fundamental da maneira como o público vê o estado da economia. Conseqüentemente, cabem aqui várias generalizações. Em primeiro lugar, o item da agenda de 1965 que se referia à eliminação da pobreza não foi implementado, uma vez que os americanos que se incluem na classificação oficial de pobreza (3.223 dólares/família de quatro pessoas em 1965 e 11.300 dólares/família de quatro pessoas em 1987) representam a mesma proporção da população atual que em 1965. Em segundo, os 10% de assalariados mais bem remunerados e possuidores de riqueza aumentaram na verdade sua participação nos salários totais e riqueza nesse período. E, finalmente, os Estados Unidos, que tinham em 1965 o mais alto PNB *per capita* em todo o mundo, foram superados por dez nações, nessa categoria, em 1987.

Quanto ao resto do mundo, outras más notícias foram recebidas desde 1965. Embora as exportações como percentagem do PNB tivessem crescido entre 1965 e 1987, esses ganhos foram eliminados pela expansão das importações, que transformaram um modesto déficit no comércio externo em um desequilíbrio crônico. Na verdade, após 1983, os Estados Unidos se transformaram em uma nação devedora líquida, devendo mais a outros países do que eles lhe deviam, pondo fim a um *status* de credor líquido que existia desde 1917.

E, finalmente, temos os dados comparativos sobre os financiamentos por parte do governo. Muito embora os gastos federais, estaduais e municipais, como parcela do PNB, crescessem de 27% para 35% entre 1965 e 1987, a dívida pública como percentual do PNB expandiu-se e a dívida real *per capita* cresceu em mais de 60%. Na verdade, os custos do serviço da dívida pendente elevaram-se a um volume anual igual a quase 5% do PNB em 1987, em comparação com pouco mais de 1% em 1965. No tocante à receita e despesa anuais do governo federal, a nação passou de um superávit modesto em 1965 para uma defasagem de gastos sobre receitas igual a 5% do PNB. Em capítulos posteriores, teremos muito mais a dizer sobre essas tendências. É suficiente notar aqui que não é provável que os dados citados acima inspirem confiança nos americanos.

A imagem estatística obtida em nossos dois instantes mostram uma economia em contração relativa. Naturalmente, não examinamos os fatos transcorridos nas duas dezenas de anos que medeiam os dois instantes, o que deve certamente contribuir muito para explicar as condições atuais. Entretanto, é óbvio em vista desses dados por que o entusiasmo das expectativas econômicas de Johnson há uma geração nos parece hoje tão estranho.

A Resultante Crise nas Crenças

A despeito do que economistas sabem e acreditam sobre as técnicas da análise econômica e o funcionamento de determinadas economias, há uma conceitualização mais vasta e mais fundamental da vida econômica. Ela não constitui habitualmente a matéria dos livros-texto de economia ou dos debates entre profissionais, mas existe, apesar disso. E forma o pano de fundo contra o qual o trabalho dos economistas deve ser examinado e compreendido.

A agenda econômica de uma nação é sempre mais do que um simples reflexo das realidades materiais e produtivas ou da ideologia oficial dominante. Constitui também uma medida das expectativas nacionais, uma espécie de sumário de esperanças pessoais. Nesse sentido, a agenda americana nos últimos 200 anos é digna de nota em sua predisposição de supor que o crescimento econômico era uma condição normal, exceto em períodos relativamente curtos de baixa cíclica. O "sonho americano", apesar de seu abuso por políticos, de um lado, e por críticos sociais, de outro, foi, e talvez ainda seja, uma coisa real, quase tangível. Tem sido a fé simples na crença de que uma existência econômica melhor, tanto para o indivíduo quanto para a nação como um todo, era não só possível, mas uma certeza. A promessa de riqueza material ascendente e ininterrupta, mesmo que fosse, no decorrer do tempo de vida, pequena ou temporariamente prejudicada por fatos econômicos de curto prazo, era de modo geral aceita como parte da vida americana. Nenhum grupo, nenhuma classe e apenas poucos indivíduos acreditavam que essa promessa fosse estreitamente limitada aos muito privilegiados. O desfrute da felicidade e dos prazeres que acompanhavam o melhoramento das circunstâncias econômicas era considerado como estando à disposição de todos — embora em graus muito diferentes.

Era muito clara a força que havia por trás de tal crença. Quando examinamos os fatos dos séculos XIX e XX, que culminaram na colonização do Oeste e na expansão da nação, no progresso incessante da indústria e da tecnologia, nos processos complexos de urbanização e, mais tarde, de suburbanização, e as realidades conseqüentes de um produto nacional em expansão constante e do aumento do padrão de vida, não é de espantar a fé do americano comum no progresso econômico. Mesmo que o movimento ascendente dos padrões da vida comum às vezes fosse lento, talvez tão fraco que para alguns grupos se tornasse quase imperceptível, a expectativa de melhoria do bem-estar era suficiente para gerar, como matéria de aspecto permanente da agenda econômica nacional, a crença geral de que a expansão econômica era o estado natural das coisas.

No entanto, em meados da década de 60, o que havia sido uma questão de fé obstinada assumiu a aparência de uma preocupação compulsiva. Acreditar que as condições materiais da vida deviam melhorar era uma coisa; mas acreditar que havíamos chegado à Terra Prometida era outra, muito diferente. Para aqueles cuja consciência raciocinadora cobre as duas últimas décadas, essa súbita percepção de que os Estados Unidos haviam alcançado uma força política e econômica ascendente é um fato bem lembrado. Para outros, uma pequena ajuda é necessária para que compreendam o que foi o passado.

Em meados da década de 60, não apenas a economia estava obviamente funcionando bem e havia mesmo comemoração pela vitória sobre o ciclo econômico, como existia no nível pessoal uma visão profundamente otimista das coisas. Em primeiro lugar, a classe média americana havia, nos 20 anos transcorridos desde a Segunda Guerra Mundial, conquistado o que merecia. Em um passado não tão distante assim, a maioria da classe média havia experimentado apenas um padrão de vida modesto, uma espécie de nobreza sem dinheiro que claramente a distinguia dos ricos e apenas a separava marginalmente dos autenticamente pobres. Em meados da década de 60, no entanto, a classe média cresceu não só em números mas também em bem-estar qualitativo, a ponto de a mídia e observadores universitários celebrarem isso como a chegada do que J.K. Galbraith denominou alguns anos antes de "a sociedade afluente".

Ganhos menos significativos couberam àqueles que se situavam na base da escada econômica, embora houvesse uma crença cada vez maior, especialmente no rastro dos programas "Nova Fronteira", de Kennedy, e "Grande Sociedade", de Johnson, e da Lei dos Direitos Civis, que grupos inteiros de pessoas que haviam apenas compartilhado parcialmente do sonho americano começariam a obter fatias maiores do bolo econômico. Praticamente todas as pessoas deveriam ter garantia de certo bem-estar econômico, assim como seguro contra quedas periódicas nesse padrão de vida, que excediam em muito as perspectivas, via de regra otimistas, da maioria dos americanos.

O efeito dessas tendências foi o de produzir uma visão muito entusiástica do futuro e também um nível de expectativas que em si acabaria por configurar um grande problema. Só nas universidades é que se notavam manifestações importantes de dúvida e, mesmo nesse caso, apenas sobre o significado e o valor da própria afluência, e não sobre sua existência e provável continuação. No entanto, o fato de as discussões se concentrarem nesse momento na "qualidade de vida" demonstrava que quase todos acreditavam que o problema da quantidade havia sido resolvido, ou logo seria. Para a maioria dos americanos que ainda tinham vivas recordações da vida sem luxos durante os anos da depressão, os debates sobre a "qualidade de vida" despertavam previsivelmente muito pouco interesse. Mesmo que os americanos de classe média fossem os "robôs felizes" descritos pelo sociólogo C. Wright Mills, os de meia-idade dessa classe eram pelo menos *felizes* e a maioria dos que se incluíam no *status* inferior a ela estavam totalmente dispostos a ter o caráter corrompido por uma fatia maior do bolo. Provavelmente, apenas os abastados demonstravam inquietação. Os 10% dos assalariados mais bem remunerados vinham recebendo uma parcela sempre menor da renda total desde a década de 30. Apenas esse grupo parecia ter alguma coisa a perder na expansionista década de 60.

Enquanto isso, os EUA ocupavam no mundo uma postura econômica e política que só poderia ser descrita como dominação, ou pelo menos era nisso que acreditávamos. Na verdade, estavam em ação forças que rápida e dolorosamente solapariam a *Pax Americana* que parecia vigorar desde os fins da Segunda Guerra Mundial. Mas, na época, nada disso era visível para a maioria dos cidadãos comuns.

O otimismo geral, claro, logo se dissiparia. Antes de fins de 1965, a nação se envolveria profundamente numa guerra no sudeste da Ásia que não só quebrou o motor econômico que impulsionava a nova prosperidade, como dividiu politicamente o país. Enquanto isso, vários choques econômicos ganhavam força e rolavam sobre os EUA como se fosse uma série de maremotos: distúrbios de rua, inflação, a Nova Política Econômica de Nixon, com seus controles de preços e salários, o acordo de cereais com a Rússia, os embargos de petróleo decretados pela OPEP e a crise de energia, e mais inflação, Watergate, os melancólicos anos Carter, estagflação, a crise dos reféns do Irã e muito mais. Independente de como enfrentamos essas crises em termos políticos e econômicos — e o registro histórico indica poucas vitórias nessa era de dificuldades —, o aparecimento das mesmas não poderia deixar de minar a autoconfiança geral econômica e política que reinara em meados da década de 60.

Em fins da década de 80, uma mudança perceptível foi detectada nas expectativas alimentadas pela geração anterior, uma mudança que se chocava com o otimismo há muito tempo enraizado da maioria dos americanos. Grande parte das pesquisas de opinião pública dizia que os americanos encaravam o futuro em termos cada vez mais negativos, tanto a curto quanto a longo prazos. Um levantamento realizado em 1986 pela *U.S. News and World Report* descobriu que nada menos de 70% pensavam que "as coisas continuarão ruins ou piorarão", apesar de ter sido, em termos econômicos, um ano relativamente bom, e com certeza o melhor da década.

Curiosamente, as perspectivas econômicas desoladoras não haviam produzido uma reação ideológica contra a economia política dominante. No mínimo, a nação havia mudado para uma postura política mais conservadora, pelo menos na medida em que houve uma erosão visível da fé, em meados da década de 60, na crença em que o governo podia e devia desempenhar um papel importante na administração e regulamentação da economia.

Claro que antes houve tempos difíceis. O mais longo e desolador episódio foi a década de 30, nas garras da depressão. Ruins como tivessem sido os últimos 20 anos, não podiam ter sido piores que a década da depressão. Todavia, a maioria dos americanos não teve experiência direta da década de 30 e dela só guardava uma leve lembrança histórica. Para eles, o desempenho geral hesitante da economia em "sua época", juntamente com a aparente indecisão daqueles de quem se esperava que possuíssem grande sabedoria em matéria de política econômica, era mais do que suficiente para qualificar o período recente como profundamente decepcionante. Para sermos exatos, os últimos 20 anos não foram uma era de crise incessante. Houve ocasionais pontos brilhantes, tal como a expansão que se seguiu ao corte dos impostos em 1981. Mas até mesmo esses pontos brilhantes foram um pouco encobertos por nuvens escuras. A longa expansão da década de 80 mascarou apenas em parte problemas básicos de emprego, crescimento e comércio. Permaneceu durante a década de 70, e mesmo durante os anos mais brilhantes de Reagan, a sensação persistente de que fatos econômicos realmente catastróficos estavam à espera na esquina. De que outra maneira se poderia explicar que, no verão de 1987, exatamente no momento em que o mercado de ações subia diariamente a novos picos históricos, um dos livros mais populares de não-ficção fosse uma visão apocalíptica de total colapso econômico, que deveria acontecer três anos depois?

Talvez o verdadeiro significado da falta de rumo econômico das duas últimas décadas não esteja em sua intensidade, mas em sua duração. Duas décadas de atividade econômica mais ou menos fraca são um tempo muito longo, suficientemente longo para obliterar a expectativa de que as coisas realmente se tornarão muito melhores e a recordação de como, de fato, poderia ser possível torná-las melhores. Resta ainda a ser visto se houve ou não um fracasso na fé americana tradicional na inevitabilidade do progresso econômico. Contudo, se esse for o caso, ele, em última análise, coloca problemas enquanto lutamos para chegar ao século XXI. A implementação de políticas econômicas voltadas para os problemas persistentes de nosso tempo, embora dependente até certo ponto do que economistas e formuladores da política vierem a propor, dependerá, em última análise, da crença e apoio do povo. A agenda econômica americana para o século XXI exige opções e sacrifícios dolorosos que só serão possíveis se o cidadão comum acreditar em sua eficácia final.

O Item Básico da Agenda

Um exame superficial da Tabela 2-1, bem como um estudo cuidadoso das notícias publicadas diariamente pela imprensa, proporcionam um esclarecimento bastante acurado dos problemas que devem figurar na agenda econômica nacional para a década de 90 e depois. Reduzir o desemprego, manter sob controle as pressões dos preços, estimular a produção industrial, tratar dos problemas dos cronicamente pobres, aumentar o crescimento da renda mediana, elevar as taxas de poupança, colocar o déficit federal sob algum grau de controle e melhorar a competitividade internacional da nação talvez não esgotem a lista de prioridades da agenda, mas contribuiriam muito para aliviar o atual senso de mal-estar econômico. Ainda assim, todos esses problemas têm uma ligação comum com um único problema dominante.

É perigosamente simplista dizer que qualquer problema ou condição econômica explicam as circunstâncias alteradas dos EUA entre meados da década de 60 e o presente. Uma das primeiras coisas que devemos aprender no estudo dos assuntos econômicos é que tudo está interligado e que raramente um único fator explica uma tendência ou *por si mesmo* causa qualquer coisa. Ainda assim, é quase impossível ignorar o papel desempenhado pelo lento e fraco crescimento econômico na criação e perpetuação da maioria dos atuais problemas econômicos. Realmente, de uma forma ou de outra o crescimento está ligado a quase todas as demais medições importantes da atividade econômica — desemprego, preços, novos investimentos, comércio externo e assim por diante — seja numa relação de causa ou de efeito.

O crescimento econômico em todas as economias é afetado por numerosos fatores, mas se correlaciona mais diretamente com *produtividade*. Na verdade, em sentido geral pelo menos, crescimento e produtividade estão tão inextricavelmente ligados que servem como medições virtualmente intercambiáveis dos mesmos fenômenos. A produtividade é a medição básica da capacidade de produção de uma nação. Ela é, em termos de um índice quantificável, *o produto gerado por homem-hora de insumo de trabalho*. Um nível alto e crescente de produtividade significa, *ceteris paribus*, um bolo econômico nacional cada vez maior, do qual cada cidadão pode razoavelmente esperar fatias maiores. Nenhuma sofisticação econômica especial é necessária para compreender que a produtividade da sociedade, ou nível do produto por insumo de trabalho, constitui apenas um indicador substituto do padrão de vida potencial da mesma. A menos que a produção se eleve, as reivindicações ao produto por cada membro da sociedade terão, em média, de estagnar. Algumas pessoas, claro, talvez não experimentem nenhuma perda em suas reivindicações e podem, na verdade, obter parcelas maiores do produto, mas outras sofrerão perdas importantes ou nada ganharão.

Um bolo econômico reduzido cria problemas de distribuição, particularmente o distanciamento entre aqueles cujo padrão de vida está caindo ou estagnado e aqueles que de fato podem estar alheios a qualquer problema, já que suas próprias rendas encontram-se em ascensão. A conseqüente impressão de injustiça e desigualdade, mais cedo ou mais tarde, traduz-se em atitudes e comportamentos político-sociais que podem ameaçar toda a ordem social. A luta política por uma "parcela legítima" para cada um, à parte a possibilidade de que tais tentativas se transformem em um duro conflito entre os que têm e os que não têm, pode absorver a sociedade em tentativas de formulação de políticas que temporariamente reduzam atritos sociais, mas ao custo de não chegar a um acordo sobre os problemas de crescimento básico e produto que haviam gerado a situação num primeiro momento.

Esse cenário é pouco conhecido dos americanos; é algo que poderíamos esperar ver nos países em desenvolvimento ou mesmo na Europa, mas não nos Estados Unidos. Crescimento e produção em alta, apesar de interrupções temporárias mais ou menos esperadas, têm sido, e até certo ponto ainda são, considerados como a ordem "natural" das coisas. Até a década de 60, a produtividade e as taxas de crescimento econômico americanas eram a inveja do resto do mundo. Entre as potências industriais, apenas o Japão excedeu a taxa média de crescimento econômico anual dos Estados Unidos no século transcorrido após

1870, e esse fato refletiu o nível abissal de desenvolvimento econômico do qual partiram os japoneses. No entanto, nas duas últimas décadas, todas as economias industriais não-comunistas, com exceção do Reino Unido, deixaram para trás os Estados Unidos em matéria de crescimento econômico. Pior ainda, os problemas norte-americanos são, segundo os padrões mundiais, muito mais do que simplesmente um desempenho relativamente medíocre. Os Estados Unidos tiveram uma taxa de crescimento anual de menos de 3% desde 1970, mesmo que a média para o século antes desse ano excedesse 3,5%. Claro que, correspondente à diminuição do crescimento econômico nas duas últimas décadas, ocorreu uma queda quase constante das taxas de crescimento da produtividade. Na verdade, o atraso no crescimento das taxas de produtividade foi mais pronunciado do que o nivelamento nas taxas de crescimento econômico geral, sinal de que taxas de crescimento ainda mais desoladoras nos esperam no futuro próximo.

Houve outros episódios de crescimento econômico e produtividade morosos no passado, mas nenhum, no século XX, com a duração da atual tendência. Para sermos exatos, o colapso da década de 30 foi mais violento do que tudo que experimentamos recentemente, mas teve também menor duração e, de qualquer modo, seguiu-se um longo período de expansão. Nenhum retorno semelhante aos "bons tempos" parece visível em futuro próximo. Um exame muito superficial da literatura econômica recente indica que os economistas são mais ou menos unânimes a respeito do lento crescimento econômico americano: *trata-se de um problema diferente de tudo que experimentamos antes.*

Esse acordo entre economistas, conquanto notável, não deve, porém, ser mal-interpretado. No labirinto de forças econômicas que determinam a produtividade e o crescimento econômico, há muitos possíveis culpados e os economistas abandonam a unanimidade na identificação de qual é realmente o responsável. Regulamentação demais ou de menos do governo? Deve a culpa ser posta nos sindicatos, em decisões empresariais medíocres, no motivo do "lucro rápido", ou no declínio geral do espírito empresarial? Será o problema um tanto básico em nossa conduta como indivíduos, um compromisso tíbio com a ética do trabalho, uma atitude estróina com relação à poupança, uma desvalorização da importância do investimento em educação e capital humano? Todas as causas acima, e muitas outras, foram citadas na tentativa de explicar o recente declínio econômico americano.

Uma lista tão longa assim parece sugerir que estamos muito longe de descobrir as causas e curas específicas do atual mal-estar econômico.

Reaparece o "paradoxo" que estudamos nos dois últimos capítulos. Embora possam identificar o problema, os economistas não concordam com a solução. Uma generalização como essa é naturalmente possível, e mesmo plausível. Mas é inexata e contraproducente. A verdade é que economistas *sabem* muita coisa sobre as forças e condições econômicas que geram produtividade e crescimento econômico. Para sermos exatos, há variações de interpretação e ênfase, de acordo com as predisposições analíticas e visão ideológica de cada economista, mas, como veremos nos capítulos seguintes, essas diferenças não são tão grandes como possam parecer à primeira vista. Acomodações e acordo são muito mais prováveis do que geralmente se pensa.

De qualquer modo, a formulação de uma política econômica para a década de 90 depois começa de um ponto sobre o qual há consenso, isto é, a preocupação que supera todas as demais é a de solucionar, ou enfrentar, o problema de lento crescimento econômico. Não há garantias, claro, de que os formuladores de política econômica poderão elaborar soluções que sejam inteiramente aceitáveis e tenham o mais absoluto sucesso. Mas, pelo menos no começo, não estamos discordando e isso não é um fato insignificante.

Entretanto, antes de passarmos ao exame de alternativas contemporâneas de política econômica e à avaliação do que os economistas sabem quanto ao crescimento econômico e outros itens que figuram na agenda nacional, faremos uma excursão de volta no tempo. Os dois capítulos seguintes estudarão os últimos 60 anos da história econômica americana e das idéias econômicas. O exame terá que ser curto, mas nos esforçaremos para esmiuçar com alguns detalhes temas fundamentais no desenvolvimento teórico e ideológico do raciocínio econômico. E como é correto, tentaremos chegar a uma compreensão de importantes tendências analíticas. Após desenvolver alguns pontos de referência fundamentais, passaremos ao estudo do que hoje se considera sabedoria em assuntos de política, examinando, em primeiro lugar, a política macroeconômica e, em seguida, as configurações da política microeconômica. Finalmente, iniciaremos um pequeno trabalho de "futurologia".

Para que não haja incerteza ou desapontamento com a direção do restante do livro, lembremos as predileções do autor: que a economia é uma ciência social evolutiva que será melhor compreendida se entendermos bem as condições gerais mutáveis em que suas "verdades" são percebidas; que a variedade de interpretação figura entre os pontos fortes do estudo dos assuntos econômicos; e que aqueles que iniciam o estudo de assuntos econômicos sem uma mente aberta, e, ao invés disso, buscam soluções únicas e finais dos problemas, ou são ideólogos inexpressivos (ou pretensos ideólogos) ou tolos. Para alguns, essa perspectiva parecerá decididamente "não-econômica", não a matéria em que os economistas pensam no exercício de sua profissão. Sei por experiência própria, porém, que a maioria dos economistas é gente de visão mais ampla, mais flexível e adaptativa em seu pensamento do que geralmente se pensa.

CAPÍTULO 3

Relembrando, I: Origens da Economia Moderna, 1929-1950

> O sucesso de *General Theory* foi instantâneo e, como sabemos, ininterrupto. Resenhas desfavoráveis, e foram muitas, apenas serviram para ajudá-lo. Formou-se uma escola keynesiana... Mas isso não foi tudo. Fora dos limites dos keynesianos ortodoxos, há uma larga faixa de simpatizantes, e, mais uma vez, além desta, muitos que absorveram, de uma forma ou de outra, de boa ou má vontade, parte do espírito ou alguns itens individuais da análise keynesiana. E só há dois casos análogos a esse em toda a história da economia — o dos fisiocratas e o dos marxistas.[1]
>
> *Joseph Schumpeter*

Tentar especificar exatamente *quando* começa a época econômica moderna é uma tarefa arbitrária e cansativa. Alguns talvez resolvam voltar até o ano da Revolução Americana, 1776, que assinalou também a publicação de *A riqueza das nações*, de Adam Smith, o primeiro enunciado totalmente desenvolvido dos princípios econômicos e éticos de uma sociedade democrática capitalista. Outros podem enfatizar os alicerces institucionais da economia, escolhendo, quem sabe, no caso dos Estados Unidos, o início do sistema fabril nas primeiras décadas do século XIX ou, possivelmente, a maturidade, após a Guerra Civil, da forma empresarial de sociedades anônimas. Ainda outros podem preferir os anos finais do século XIX e princípios do século XX, com a subida do governo, como ator, ao palco econômico. Argumentos poderosos podem ser certamente oferecidos em defesa desses períodos, que foram como que divisores de águas, bem como de muitos outros que sobressaem como pontos de referência do início dos tempos econômicos modernos.

Eu, no entanto, sinto forte inclinação por um ponto relativamente recente, situado durante a vida de muitos americanos em 1929. Pouca necessidade há de discutir que 1929 foi um desses anos — tal como 1066, 1492, 1776, 1914, 1941 — que se gravaram indelevelmente na consciência humana. Para a maioria, ele é provavelmente lembrado como o ano do Grande Colapso de Wall Street, o verdadeiro começo da Grande Depressão. E a maneira como o público vê esses pontos não difere muito das idéias dos economistas. Há mais de cinco décadas, eles vêm indexando grande parte de seu pensamento e atitudes em termos de antes ou depois de 1929.

Mas o que, exatamente, torna 1929 excepcional? Nesse ano não ocorreu nem o primeiro nem o último colapso espasmódico do mercado de ações, e quedas nos negócios foram ocorrências comuns antes e continuam sendo depois. Por outro lado, nenhuma baixa econômica, antes ou desde 1929, produziu tais estragos e, provavelmente como resultado, nenhuma teria um efeito tão profundo na reformulação das convicções e práticas econômicas.

A Grande Prosperidade da Década de 20

A fim de compreender como os costumes econômicos norte-americanos foram alterados, teremos que esboçar rapidamente os contornos, embora não todos os detalhes, do mundo econômico antes de 1929. Em primeiro lugar, temos que eliminar uma concepção errônea — na ocasião como agora —, de que a década de 20, até o colapso do mercado de ações, foi de vertiginosa prosperidade. Os "exuberantes anos 20" foram, de fato, um período de crescimento, mas, em comparação com outras décadas, nada tiveram de excepcionalmente notáveis. No decorrer da década, o trabalhador comum teve um aumento percentual de 25% em salários reais (o poder aquisitivo real do salário após ajustes para levar em conta mudanças nos preços) e, para muitos, isso pareceu provavelmente muito bom, considerando o desempenho medíocre da economia nas duas décadas que delimitam a década de 20 (1910-1920 e 1930-1940). No entanto, olhando para trás, foi bem menor que os aumentos salariais reais da década de 1880 e, olhando para o futuro, muito menor que os ganhos salariais das décadas de 40, 50 e 60. Na verdade, o operário industrial americano estava recebendo 1.400 dólares ao ano em salários (mais ou menos quatro dólares ao dia) em 1927, na mesma ocasião em que o governo calculava que eram necessários dois mil dólares para "sustentar uma família de cinco pessoas em níveis de 'saúde e decência'". Enquanto isso, o desemprego na década atingia 5% da força de trabalho, com apenas três anos (1923, 1926 e 1929) com cifras de 3% ou menos (o que era, na ocasião, considerado um nível "aceitável" de desemprego).

A prosperidade da década de 20 também foi extraordinariamente desigual. O trabalho nas indústrias de construção civil, automóveis, nova indústria de eletrodomésticos e no crescente setor de serviços e varejo foi contínuo e cada vez mais bem remunerado. Na agricultura (que em data tão recente quanto 1930 ainda sustentava um em cada quatro americanos) e em indústrias "doentes" como a têxtil, mineração de carvão e ferrovias, a pobreza, e não a prosperidade, era a recordação comum da década de 20. Enquanto isso, os moradores das regiões Leste e Oeste auferiam duas vezes mais renda média do que os que residiam no Velho Sul. E para não ser esquecido, havia outro fato cabuloso: os muito ricos estavam se saindo muito melhor do que todos os demais. Entre 1922 e 1930 o 1% de americanos mais ricos aumentou sua participação na riqueza nacional, de 32% para 36%.

No caso do cidadão comum, no entanto, a década de 20 proporcionou de fato um instrumento que realçou a ilusão de prosperidade em alta: o crédito ao consumidor. Exceto na compra de fazendas, moradias e equipamento agrícola, compras a crédito haviam sido raras antes da década de 20. A esses artigos, nesse momento se acrescentavam automóveis, rádios, máquinas de lavar, carrinhos para bebês, roupas e muito mais, à medida que os americanos duplicavam o pagamento de suas prestações entre 1920 e 1929.

Apesar da aparente debilidade que hoje se vê daquele surto de atividade — a superficialidade dos ganhos em emprego e salários reais, a grande dependência de endividamento de consumidores e desigualdade de benefícios, pouca dúvida há de que um perceptível senso de bem-estar econômico apossou-se da consciência da maioria dos cidadãos. Em uma nação em que muitos podiam ainda lembrar-se da dureza da vida na fronteira — fosse no isolamento rural ou nas novas cidades pequenas e grandes — e onde outros ainda podiam recordar-se do esforço necessário para distanciar-se da fedentina dos navios que chegavam abarrotados de imigrantes, havia a tendência de considerar a "prosperidade" da época como sólida conquista de duro trabalho individual. Para sermos exatos, muitos nem eram prósperos nem tinham certeza de que o trabalho duro os levaria à prosperidade no tempo que lhes restava de vida — negros, brancos rurais pobres e numerosos operários industriais urbanos. Ainda assim, nem os pobres renunciavam a toda esperança, tão profunda era a crença americana em que a diligência pessoal mais cedo ou mais tarde seria recompensada — se não em sua vida, pelo menos na de seus filhos.

Na medida em que um homem da maioria próspera ou candidata à prosperidade precisava de justificação intelectual para sua postura individualista, poderia voltar-se para a versão vulgarizada da economia do *laissez faire* tradicional, à disposição de todos em revistas, jornais, livros, sermões nos ofícios religiosos dominicais e, sempre, em almoços de clubes de serviço. Essa simplificação dos trabalhos de Adam Smith e de sua numerosa progênie intelectual dava destaque ao papel do homem econômico individual (pouca importância se atribuía às mulheres nesses assuntos), que era visto como um maximizador racional, concorrendo com outras pessoas em todos os tipos de mercados e recebendo finalmente recompensas, de acordo com seu esforço e as forças impessoais do mercado. Na verdade, a popularização simplista das idéias de Smith sobre psicologia humana, suas leis de mercado e inalterável fé no progresso material em uma sociedade organizada em torno dos princípios de mercados e indivíduos livres permaneceram também como pedra de toque das convicções da maioria dos economistas. De fato, mesmo hoje, o mundo econômico de Adam Smith continua a ser o ponto de referência individual para a introdução da maioria dos iniciantes no raciocínio econômico.

Ainda assim, essa volta a uma economia simples de *laissez faire* é paradoxal: tanto o mundo prático como o teórico da economia na década de 20 eram, como é hoje, repletos de exceções às soluções simples de mercado. De modo geral, os americanos sempre foram muito pragmáticos em assuntos econômicos, preferindo sempre experimentar, em vez de se apegarem a teorias doutrinárias. Em particular, a nação havia aceitado um alto grau de intervenção do governo no mercado, especialmente desde as décadas finais do século XIX. Essas campanhas "progressistas" para usar o governo visando a melhorar o funcionamento comum de certos mercados foram muito populares, fato às vezes esquecido por uma geração posterior que defendia a "desregulamentação". A criação da Comissão Interestadual de Comércio (1887) a fim de regulamentar as estradas de ferro, a promulgação da Lei Antitruste Sherman (1890), a Lei Clayton (1914), destinada a combater o poder monopolista, a criação da Administração de Alimentos e Medicamentos Puros (1903), a Comissão Federal de Comércio (1914), com a missão de proteger consumidores contra práticas empresariais indesejáveis, o estabelecimento do Sistema da Reserva Federal (1914), que deveria supervisionar as operações bancárias no país, juntamente com centenas de outras intervenções regulamentadoras nos níveis federal e estadual, haviam, na prática, criado um sistema econômico muito diferente da mitologia do *laissez faire*. Contudo, e temos aqui uma prova de que o poder da crença é muito maior que o poder do fato, poucos cidadãos ou economistas consideraram essas "intervenções" no mercado como assuntos que alterassem seriamente as bases individualista e de mercado livre da fé econômica tradicional.

O paradoxo no pensamento popular — homens e mercados livres operando em um mundo econômico realmente mais regulamentado — foi complementado por outro no pensamento econômico profissional antes de 1929. Conquanto o fundamento ideológico da maioria dos economistas americanos pouco tivesse mudado desde os trabalhos de Smith, o *corpus* da teoria e do estudo econômico tratava de muitas realidades econômicas sofisticadas. A concorrência imperfeita, a regulamentação dos monopólios pelo poder público, os sindicatos, as relações das instituições financeiras e de crédito com a atividade econômica, as flutuações do comércio internacional e das taxas cambiais, as finanças públicas, a economia antitruste — praticamente todos os tópicos teóricos e aplicados encontrados na metade microeconômica de um texto introdutório moderno e boa quantidade do que hoje constitui a metade macroeconômica — eram os pontos centrais da indagação econômica profissional.

Vale a pena lembrar esse ponto porque, no folclore da profissão econômica nos 30 anos seguintes, surgiu e cresceu um mito que descrevia o pensamento econômico anterior a 1929 como ingenuamente desligado de preocupações econômicas práticas. Para sermos exatos, eram grosseiros os instrumentos práticos dos economistas, medíocre a coleta de dados e bem primitivo o nível das técnicas quantitativas, resultando que, pelos padrões atuais, os estudos econômicos só podiam ser considerados rudimentares. Mas a verdade é que a economia e os economistas estudavam a maioria dos assuntos econômicos do dia.

Havia, contudo, um defeito fatal, uma espécie de ponto cego no modo dominante de pensamento econômico. E ele tinha origem no fato de economistas e cidadãos comuns — qualquer que fosse seu enfoque geralmente pragmático e prático de problemas específicos — ainda esposarem uma filosofia privada essencialmente do tipo *laissez faire*. Ou melhor dizendo, intervenções no mercado poderiam ser necessárias de tempos em tempos, mas elas eram "exceções". O *laissez faire* ainda era a "regra".

E, em particular, o ponto cego estendia-se às questões do ciclo econômico. Isso não quer dizer que os economistas estivessem alheios às baixas cíclicas na economia. Na verdade, a corrida em montanha-russa da economia, através de prosperidade, contração, queda e reaquecimento era um aspecto econômico bem conhecido, e a década de 20 havia começado com uma das maiores baixas até aquela época. Mas se as quedas eram normais, também eram consideradas autocurativas. Deixadas em paz, elas desapareceriam. Essa idéia era mais ou menos reforçada pelas expectativas dos cidadãos comuns que, à parte obras de caridade para ajudar os mais necessitados, não esperavam que qualquer reorientação radical da política fosse aplicada quando a economia resvalasse do nível de prosperidade.

Mas por que teria essa ignorância benevolente dos movimentos cíclicos na economia nacional levado ao desastre de 1929? A resposta a essa pergunta não é simples e deu origem à grande discórdia entre os economistas nos últimos 60 anos. Na verdade, é essa pergunta, e as respostas dadas — tanto teóricas quanto aplicadas — que marcam o início do período moderno do pensamento econômico.

Estouro, 1929

Sem proferir a esta altura quaisquer julgamentos particulares a respeito de que explicação econômica se ajusta com mais exatidão às circunstâncias, podemos ainda assim chegar a um cenário geralmente aceito sobre o que realmente aconteceu. Basicamente, parece que quase todos esqueceram as regras do jogo econômico em relação aos ciclos.

Por um lado, havia indicação abundante de que a base de produção da economia estava se contraindo já em 1926, quando o início da construção de novas residências acusou tendência de baixa e começou a reduzir-se o aumento anual nas compras de automóveis, o principal bem durável do auge econômico da década de 20. Ao mesmo tempo e, com toda probabilidade, refletindo sinais que gerentes estavam recebendo de estoques cada vez maiores, observou-se um acentuado atraso de investimentos em novas instalações produtivas. Em princípios de 1928, os sinais econômicos deveriam ter levado à previsão de um nivelamento na baixa cíclica normal — sem nenhuma razão especial para se esperar que a queda se tornaria mais forte ou prolongada do que o habitual, uma questão de alguns meses, enquanto os preços, os salários, a produção e os investimentos se "corrigiam".

O problema foi que, em 1928, ninguém prestava mais atenção aos indicadores econômicos. Todos os olhos estavam pregados no mercado de ações, que após meados de 1928 parecia cavalgar uma alta interminável. Por que essa mudança de mira? As respostas variam da romântica (o estado de espírito posterior à Primeira Guerra Mundial, ou o desejo de esquecer todas as experiências infelizes), à psicológica (a nação fora contagiada por expectativas crescentes) e à moralista (a cobiça pura e simples desbancara o bom senso). Alguns fatos, no entanto, devem ser considerados, qualquer que seja a explicação que preferirmos. Em primeiro lugar, o Sistema da Reserva Federal, o banco central americano descentralizado e responsável pelo controle da moeda e do crédito, tomou medidas para expandir o meio circulante em 1927, exatamente no momento em que os indicadores econômicos sinalizavam contração. Controlado por Josiah Strong, o poderoso diretor do Banco da Reserva Federal de Nova York, essa foi a primeira vez na história de 13 anos do Fed em que se fez um esforço para "combater a atividade do ciclo econômico".

Inicialmente, a dose de crédito fácil (e o crédito foi ampliado várias vezes após 1927) pareceu resolver o problema. Após meados de 1928, a produção de bens de consumo duráveis e o emprego reagiram em geral — durante algum tempo. O mercado de ações, no entanto, era o principal alvo de todos os ganhos, enquanto grandes somas de dinheiro emprestado eram investidas em especulação quase insensata, num desses períodos de "insanidade recorrente" (como os descreveu John Kenneth Galbraith) que periodicamente atacam os mercados financeiros. O preço das ações subiu rápida e ininterruptamente, uma vez que os compradores pensavam que os preços só poderiam continuar a subir, à medida que mais compradores ansiosos continuassem a inundar o mercado. A demanda de ações não guardava nenhuma relação com o potencial de gerar renda de uma companhia. As ações da RCA, por exemplo, subiram de 85 para 420 entre 1927 e 1928, muito embora, em sua história, a companhia nunca tivesse distribuído um dividendo.

Talvez distraídos pela mini-alta nos gastos de consumo, provocada pela expansão do crédito ou pelo crescimento do comércio mundial, atribuído também a uma expansão mundial no fornecimento de crédito, os economistas simplesmente esqueceram a maior parte do que sabiam sobre o comportamento dos ciclos econômicos. Geralmente, no passado, o mercado de ações foi uma espécie de estrela-guia das condições econômicas. Nesse momento, o mercado entrou em alta vertiginosa e, por implicação, julgou-se que a economia era mais forte do que na realidade. Uma geração posterior descobriria que o mercado tem, até certo ponto, sua própria dinâmica, tornando-se às vezes forte quando a economia está visivelmente fraca e, em outras ocasiões, permanecendo débil em períodos de extraordinária expansão econômica. Essa, no entanto, não foi a experiência antes de 1929. Em conseqüência, o grande mercado em alta seduziu tão completamente os economistas como fez com os especuladores comuns.

Na Yale University, ninguém menos que o grande Irving Fisher atuou como chefe de torcida. Renomado por seu trabalho sobre a teoria quantitativa da moeda e estudos sobre a relação entre meio circulante e nível geral de atividade econômica, Fisher escreveu e fez palestras para platéias receptivas, antes e mesmo depois de ter caído o fundo do mercado, dizendo que ele poderia e deveria subir ainda mais. E continuou a servir essa sabedoria um mês depois do estouro, em outubro de 1929, mas, por essa altura, eram poucos seus ouvintes. Alguns indivíduos fizeram reputação e fortuna estimando corretamente que o mercado em alta exagerada era uma aberração e caindo fora antes da queda. Poucos entre eles, porém, eram economistas ou políticos profissionais. Os escrevinhadores acadêmicos e os "loucos no poder" que lhes ouviram as vozes não conseguiram entender aonde aquilo tudo levava. No entanto, muitas das "velhas fortunas", entre elas a Rockefeller e a Vanderbilt, por exemplo, evitaram a catástrofe, deixando o mercado pouco antes de ele alcançar o ponto culminante.

Os últimos dez meses de alta do mercado foram pura loucura. Mais tarde alguns chamariam a isso de obscenidade. As sociedades anônimas mais frágeis possíveis — as companhias de *holding* que pouco mais eram do que uma pirâmide de ações de outras companhias — foram criadas e vendidas a especuladores ávidos. Bancos especulavam com o dinheiro dos clientes e criavam seus próprios instrumentos financeiros para especular, tudo a crédito, claro. As corretoras fizeram uma série de negócios financeiros sórdidos, todos os quais provavelmente dariam certo e seriam esquecidos no rastro da alta ininterrupta do mercado. Nem todos operavam no mercado, mas havia mais gente do que geralmente se pensa. De acordo com um historiador, cerca de 600 mil americanos especulavam "na margem" (a crédito).[2] Um milhão e meio tinham contas em corretoras e nada menos de 30 milhões de famílias envolveram-se direta ou indiretamente no mercado.[3] Em uma nação de 120 milhões, esse número não era pequeno, abrangendo muito mais do que o 1% da população que controlava 36% de sua riqueza.

A Economia da Grande Depressão, 1930-1939

O colapso do mercado de ações revelou, em outubro de 1929, de repente e totalmente, o que devia ter sido conhecido seis meses antes da Terça-Feira Negra (29 de outubro de 1929). A longa alta econômica da década de 20 havia perdido pressão e a contração começou. Contudo, o mercado em alta e as políticas de crédito fácil do Fed, que haviam contribuído tanto para impulsionar o mercado, e o injustificado otimismo do público ajudaram a transformar o que poderia ter sido uma baixa comum dos negócios em uma grave queda econômica. Deve-se lembrar que mesmo uma baixa "comum" teria que ser forte, dado o alto grau de instabilidade e subprodução que afligia a maioria das economias européias na década que se seguira à Primeira Guerra Mundial. Além disso, a diminuição da atividade econômica após 1929 foi muito agravada pelo alto grau de instabilidade financeira que o colapso do mercado de ações em alta provocou nos bancos e instituições de crédito americanas — embora pudesse ser argumentado (e foi) que os banqueiros é que a haviam provocado. Talvez o efeito secundário mais importante da queda dos negócios tenha sido a perda geral de confiança do público em praticamente todas as instituições econômicas, uma característica de todas as contrações, nesse momento agravada por lembranças recentes da alta do mercado e do vertiginoso colapso. De fato, a questão da confiança ou falta de confiança econômica iria perseguir, de uma forma ou de outra, os formuladores de política econômica na década seguinte, figurando com grande destaque entre as forças que mantiveram o mundo ocidental no meio da Grande Depressão.

Entre os mitos duradouros da história econômica, temos o seguinte cenário: após a crise de 1929, Herbert Hoover — um presidente inerte — permaneceu insensível enquanto fábricas e bancos fechavam, filas de desempregados davam voltas em quarteirões e favelas floresciam em toda parte. Mais tarde, com a eleição de Franklin D. Roosevelt em 1932, e o surgimento de uma presidência forte e de um governo federal atuante, tomou-se uma nova direção. Um florilégio de legislação econômica do "New Deal", a fim de ajudar agricultores, membros de sindicatos e mesmo empresas, virou gradualmente a maré da depressão, salvando simultaneamente a economia e as instituições democráticas. Ou pelo menos é isso que se supõe que tenha acontecido, se é que devemos dar crédito a esses textos estudados nas escolas secundárias. Tal cenário, no entanto, está totalmente errado. Hoover não foi tão inerte assim nem Roosevelt e seu New Deal tiveram esse sucesso todo.

Hoover não recorreu às políticas de *laissez faire* que haviam sido populares antes de 1929; ele, talvez mesmo mais do que Roosevelt inicialmente, estava comprometido com o intervencionismo. Da mesma maneira que havia aceitado políticas creditícias estimulantes em princípios de 1929, estava nesse momento resolvido a utilizar a maquinaria do governo para vencer a depressão — combater, e não aceitar o ciclo econômico. De 1930 a 1931, cortou impostos, aumentou os gastos do governo e gerou os maiores déficits em tempos de paz até então registrados na história americana. Embora opondo-se, por questão de princípio, à ajuda direta aos desempregados ("Isso destruiria a iniciativa"), ele propôs e se empenhou para que fosse aprovada no Congresso uma ajuda direta aos agricultores (a Lei de Comercialização de Produtos Agrícolas), um programa de empréstimo a empresários que precisavam urgentemente de crédito (a Corporação de Reconstrução Financeira) e um programa de emergência de empregos públicos (Lei de Emergência de Ajuda e Construção). Essas medidas forneceriam os alicerces ao próprio New Deal de Roosevelt, uma ironia histórica, uma vez que a mesma filosofia econômica geral asseguraria a ele um lugar na história.

A extensão das atividades reguladoras normais do governo às condições do ciclo econômico era para Hoover, como aliás para numerosos economistas e cidadãos americanos, apenas a continuação lógica de campanhas de engenharia social de quase meio século de idade. A história tem sido cruel com Herbert Hoover. Inicialmente, foi levado ao pelourinho por uma geração de intervencionistas liberais que, erroneamente, acusou-o de "nada fazer"; mais recentemente, foi criticado por defensores conservadores do mercado livre por "fazer demais".* De qualquer maneira, o que porventura tenha feito não foi suficiente para deter a queda geral dos negócios. Entre 1929 e 1932, o Índice de Produção Industrial caiu de 114 para 54 pontos, a construção de moradias e a fabricação de bens duráveis em mais de 75%, enquanto o desemprego saltava de 3,2% para 22% da força de trabalho.

É difícil dizer o que reflui primeiro em períodos de grande decadência social e institucional — a esperança ou as idéias. De qualquer modo, as duas estão inextricavelmente ligadas, e houve muito pouco de ambas na eleição presidencial de 1932. Muito longe de ser um plebiscito popular sobre a "velha ordem", como argumentariam mais tarde os propagandistas do New Deal, Roosevelt, praticamente sem nenhuma idéia ou programa econômico na cabeça, fez campanha por toda a nação oferecendo esperança. A ironia da eleição, bem como de suas vagas idéias econômicas, foram reveladas quando o trem de campanha em que viajava parou em Sioux City em setembro. Erguendo alto o dedo no ar, à típica moda rooseveltiana, ele bradou:

> Acuso o atual governo de ser o mais gastador, em tempos de paz, de toda a nossa história. É um governo que empilhou repartição sobre repartição, comissão sobre comissão, e que foi incapaz de prever as terríveis necessidades e queda do poder aquisitivo do povo.[4]

Três semanas depois, em Pittsburgh, ele anunciou: "Considero a redução dos gastos públicos como uma das questões mais importantes desta campanha."[5]

Na verdade, se a eleição foi um plebiscito sobre intervenção *versus* panacéias do *laissez faire*, a população indicou que queria esta última, uma vez que votou maciçamente em Roosevelt. E por curto espaço de tempo, pelo menos, ele tentou cumprir as promessas de campanha, contraindo o governo federal e reduzindo os gastos do governo. Rapidamente, no entanto, essa orientação foi abandonada em favor de uma política intervencionista ativa. Nos sete anos seguintes, a depressão arrastou-se penosamente e a economia mostrou-se apenas modestamente receptiva à atividade intervencionista que Roosevelt aceitou e defendeu como seu "New Deal" para o povo americano.

Embora a legislação do New Deal jorrasse em torrente contínua, voltada para grande variedade de problemas da Grande Depressão, essas medidas nunca tiveram um propósito claro de formulação de política econômica — ou melhor, se poderia argumentar, sofreram com o excesso de propósitos. Ajuda direta, obras públicas e programas de seguridade social foram implementados para aumentar o número de empregos ou para criar alguma garantia de renda. Grupos específicos, como agricultores e sindicatos, obtiveram alto grau de apoio do governo. As empresas, por outro lado, foram encorajadas em certa altura a manipular preços e agir como monopolistas em campanhas para elevar-lhes a rentabilidade (nos termos da Lei de Recuperação da Indústria Nacional, de 1933) e mais tarde submetidas a uma grande variedade de limitações reformistas e a uma política antitruste muito enérgica.

O governo nunca deu uma única explicação convincente do motivo por que a economia se contraíra nem por que permanecia no fundo do poço. Mas isso não acontecia por falta de explicação da parte dos "escrevinhadores acadêmicos" que chegaram a Washington a fim de trabalhar para o New Deal. Entre os conselheiros econômicos de Roosevelt, Robert Lekachman argumenta que pelo menos cinco teorias competiam pela atenção do presidente: 1) a dos teóricos do "poder monopolista", que sustentavam que as empresas gigantes deviam ser induzidas a baixar os preços, daí expandindo o poder aquisitivo real; 2) a dos "inflacionistas", que se preocupavam mais com aumentos de preços decorrentes de gastos do governo do que com desemprego que tais gastos deveriam absorver; 3) a dos defensores de "tributar os lucros", que acreditavam que os lucros retidos das empresas deviam ser pagos como dividendos para aumentar o poder aquisitivo; 4) a dos "escorvadores de bomba", que defendiam a tese de que gastos do governo e/ou uma política monetária expansionista gerariam mais cedo ou mais tarde o poder aquisitivo e os investimentos necessários para restabelecer a prosperidade e, finalmente; 5) a dos "estagnacionistas seculares", que simplesmente acreditavam que o capitalismo, como sistema, não mais funcionava e que extensa intervenção e controle sociais eram a única solução. A geração mais antiga, anterior, de economistas que acreditavam que a melhor cura anticíclica era simplesmente esperar e nada fazer, estava muito mal representada em Washington e permaneceu de modo geral silenciosa, atraindo atenção cada vez menor da mídia e dos economistas.

Do outro lado do Atlântico, no entanto, uma mensagem estava sendo irradiada. Em uma carta famosa ao *The New York Times*, John Maynard Keynes revelou a essência da "solução", que exporia com detalhes três anos depois. "Dou a mais absoluta ênfase ao aumento do poder aquisitivo nacional resultante de gastos do governo, financiados por empréstimos."[6] Em 1936, ao ser publicado seu *The General Theory of Employment, Interest, and Money*, os acontecimentos haviam criado uma platéia altamente receptiva, embora não fosse claro na época que ela seria de fato receptiva. Enquanto Keynes dava os retoques finais na obra, pouco antes do Natal de 1935, o desemprego americano permanecia encalhado em 20% (tendo chegado, em 1933, a 25%) e o produto nacional (a preços constantes) se situava em 17% abaixo do produto de 1929. Permanecendo alto o desemprego e baixo o produto, um número crescente de economistas chegou à conclusão — que era também a de Keynes — de que "o poder aquisitivo insuficiente", que havia sido sempre uma característica da fossa do ciclo, era também a *causa* de uma queda permanente.

The General Theory, de Keynes

The General Theory constituiu um ataque implacável às já cercadas carroças dos teóricos do mercado tradicional, ou o que Keynes chamaria mais tarde, quase desdenhosamente, de *economia clássica*. Uma após outra, destruiu-lhes as suposições teóricas: que não poderia haver superprodução de bens a longo prazo; que a longo prazo não havia esse tal de desemprego involuntário; que preços, salários e taxas de juros eram flexíveis e eficazes como sinais para induzir o apropriado comportamento desobstruidor do mercado; e mais importante, que uma economia livre e sem restrições tendia, por sua própria tendência natural, para o equilíbrio pleno alto emprego/produto.

Imediatamente, Keynes proclamou o que numerosos economistas praticantes já estavam começando a aceitar e que era universalmente inaceitável para os "testas-de-ferro" da tradição econômica clássica que ele se dispunha a destruir: isto é, que longe de ter uma tendência natural para crescimento e equilíbrio, as economias capitalistas tinham propensão inerente para desequilíbrio periódico e crises crônicas de estagnação. Simultaneamente, as idéias de Keynes pareciam chocantemente radicais, mas paravam bem antes da crítica macroeconômica algo semelhante de Marx, que previa a derrocada revolucionária do capitalismo. Keynes não procurava destruir o sistema de produção-para-lucro, embora evidentemente sentisse pouco respeito pelos empresários e por suas práticas individuais e coletivas. Queria apenas reformá-lo.

O objetivo de Keynes em *The General Theory* era mostrar o caminho para uma economia de alto emprego. Seu enfoque enfatizava aspectos agregados, e não microeconômicos, como faziam os analistas ortodoxos. Em primeiro lugar, os níveis agregados do emprego dependiam da demanda total de bens, incluindo compras pelos consumidores, investimentos das empresas e gastos do governo. Em segundo, o principal culpado da queda cíclica de uma economia era a atividade dos investidores, uma vez que é através de mudanças em gastos de investimentos que mudanças na demanda total de bens e serviços são afetadas mais diretamente. Os gastos dos consumidores eram uma função razoavelmente constante da renda total, subindo e descendo diretamente na medida em que flutuava a renda nacional. Os gastos do governo eram pequenos e, em condições de depressão, tendiam a se tornar menores, uma vez que os governos tentavam viver de acordo com a doutrina ortodoxa de orçamentos anualmente equilibrados.

A análise de Keynes levava inexoravelmente à conclusão de que só através de níveis mais altos de demanda agregada, artificialmente induzidos, seria possível estabelecer o pleno emprego e a plena utilização de fábricas e equipamento. O caminho era claro. Os investimentos das empresas tinham que ser estimulados, os gastos do governo precisavam ser aumentados, ou alguma combinação das duas medidas devia ser tentada. Dado o estado de pouca confiança do mundo dos negócios em meados da década de 30, era evidente para Keynes que todo o fardo teria que ser carregado pelo governo, o qual deveria recorrer a doses maciças de despesas, com formação de déficits.

Ele acreditava piamente que *The General Theory* mudaria a maneira como os economistas encaravam os assuntos econômicos. Estava convencido de que teria uma platéia, mesmo no caso de um trabalho denso e de argumentação difícil como a contida no livro. Desfrutava considerável *status* internacional, tendo servido como pequeno funcionário do Tesouro britânico durante a elaboração do Tratado de Paz de Versalhes em 1918, escreveu alguns livros importantes e era editor da influente revista *The Economic Journal.* Na verdade, seu *status* era tamanho que fora convidado à Casa Branca para um encontro com Roosevelt em 1934. Lá pelo final de *The General Theory*, admitiu que a mudança das idéias econômicas só ocorreria lentamente, observando: "... no campo da economia e da filosofia política, não são muitos os que se deixam influenciar por novas teorias depois que completam os 25 ou os 30 anos de idade..."[7] Se era sincero no que dizia, não deve ter ficado muito aborrecido com as resenhas das revistas acadêmicas que, polidamente, ainda que demonstrando certo desinteresse, mencionavam o novo livro e seus argumentos, mas dificilmente lhe davam o destaque que marcaria uma época, como viria a acontecer. Por que foi assim?

Keynes pode ter tido alguma razão sobre o fator idade na aceitação de novas idéias. Paul Samuelson — que mais tarde seria laureado com o prêmio Nobel e escreveria o livro-texto de economia, um *bestseller,*[*] que muito fez para popularizar as idéias de Keynes — teve provavelmente razão quando disse: "Ter nascido como economista antes de 1936 foi uma bênção — sim. Mas, não, ter nascido muito tempo antes."[8] O grande motivo para a lenta partida de Keynes nos Estados Unidos, contudo, foi que a economia iniciou uma pequena recuperação em fins de 1936 e muitos economistas prenderam a respiração, enquanto esperavam para ver se o pior realmente havia passado. A reação, porém, não durou. Roosevelt, ainda crente em orçamentos equilibrados, havia cortado os gastos do governo quando a economia deu sinais de recrudescimento e essa diminuição logo se fez seguir de outro declínio econômico geral.

A longo prazo, talvez o resultado mais importante da queda de 1937 tenha sido a súbita credibilidade adquirida por John Maynard Keynes. Nunca tímido quando funcionários públicos erravam, Keynes previra em 1937 que as medidas econômicas de Roosevelt produziriam, sem falta, uma queda da atividade econômica. As ações de Keynes subiram exatamente no momento em que a economia caiu. Raramente um teórico teve suas idéias confirmadas com tal rapidez. No governo Roosevelt, o aspecto básico da política anticíclica de Keynes — a tese de que déficits em épocas de contração econômica eram bons, uma vez que estimulavam o produto e o emprego — tornou-se a doutrina aceita. Além desse ponto, no entanto, permaneceu um grande abismo entre as idéias de Keynes e a prática econômica real do New Deal. Roosevelt tolerava déficits porque, evidentemente, não lhe restava alternativa. Conforme vimos antes, ele disse, após sua primeira reunião com Keynes em 1934, que não havia compreendido o economista britânico. Claramente, tinha sido algum "escrevinhador acadêmico" que Roosevelt ouvira, se é que ele realmente ouvia algumas vozes. Mais de duas décadas se passariam antes que outro ocupante da Casa Branca escutasse atentamente as idéias do economista britânico. As conversões na profissão econômica nos Estados Unidos, porém, tornaram-se muito mais rápidas.

Alvin Hansen, da Harvard University, foi talvez o mais influente e atento converso acadêmico de Keynes, embora houvesse em poucos anos na *academia* muitos que achavam irresistível a crítica de Keynes ao capitalismo e sua receita para curar a depressão. Hansen foi profundamente afetado pelo colapso da Bolsa e pela depressão, mas, em data tão tardia como 1933, era ainda contra os déficits do governo resultantes de "escorvamento da bomba" ou "gastos compensatórios", baseado no fundamento de que o financiamento desses déficits simplesmente reduzia o conjunto de fundos privados que, de outra maneira, financiariam os investimentos e os gastos privados. Entretanto, tornando-se mais densas as trevas da depressão, Hansen abandonou sua fé típica, mais antiga, no equilíbrio natural das forças do mercado. Em 1938, na qualidade de presidente da Associação Econômica Americana, aceitou um ponto de vista de "estagnação secular", que sustentava que a combinação de declínio da população, o fim das oportunidades de investimento na fronteira oeste e a queda dos investimentos estrangeiros geravam uma diminuição crônica do crescimento econômico. Procurando compensar esses declínios seculares nos gastos, Hansen encontrou a solução em Keynes, em especial no apelo do inglês para que se usasse a dívida pública a fim de deter as tendências estagnacionistas. Considerando o pleno emprego como a única meta final respeitável de qualquer política econômica, Hansen finalmente aceitou a cura keynesiana como o único meio aceitável para a consecução desse fim. E levou Keynes um passo adiante. Não só a abertura da torneira dos gastos do governo nas quedas de atividade econômica poderia acabar com a depressão, como também fechá-la nos tempos de prosperidade controlaria o crescimento e os preços, ao mesmo tempo gerando superávits orçamentários que compensariam déficits *anteriores* durante todo o período do ciclo econômico.

Alvin Hansen não deu a última palavra sobre a teoria de Keynes, mas pouco surgiu nas várias décadas seguintes de desenvolvimento da "economia keynesiana" que ele não tivesse previsto. Em um aspecto, porém, ele provou que Keynes tinha errado: era possível que alguém com mais de 30 anos de idade mudasse de idéia. A odisséia individual de Hansen, de crente na economia clássica, passando por pessimista da estagnação secular, até tornar-se keynesiano ardente, constitui um exemplo muito bom do que aconteceu ao estado de espírito coletivo dos economistas americanos durante a década de 30. Nem todos eles se deixaram converter, mas, à medida que os anos passavam, os conversos logo superaram os incréus. Em fins da década de 30, era praticamente impossível que as crenças econômicas coletivas pudessem voltar à sabedoria da década de 20, com sua opinião de que os ciclos econômicos eram naturais, basicamente sem importância do ponto de vista teórico e, de qualquer modo, autocorrigíveis.

A Segunda Guerra Mundial e a Recuperação no Pós-Guerra

Embora as estratégias implícitas em *The General Theory* fizessem alguns conversos entre os conselheiros de Roosevelt e um crescente número de simpatizantes entre os economistas acadêmicos, após 1939 foi a força dos fatos e não das idéias que provou a validade do argumento keynesiano. Coube à Segunda Guerra Mundial — não a Keynes e nem mesmo ao New Deal — dissipar as nuvens sombrias da depressão e permitir que o país retornasse ao pleno emprego. Algumas informações estatísticas simples constantes da Tabela 3-1 comprovam esse argumento.

Com o advento da Segunda Guerra Mundial, no início lentamente, à medida que os EUA, ainda não participantes do conflito, abasteciam os aliados, e em seguida como uma torrente, após 7 de dezembro de 1941, as despesas do governo em material de guerra expandiram-se. De um bilhão de dólares ao ano em 1939, os gastos com a defesa nacional

Tabela 3-1. Dados Econômicos Selecionados

	PNB (US$ correntes)	Desemprego (% da força de trabalho)	Mudanças anuais dos preços (em %)	Gastos federais (em bilhões de US$)	Arrecadação federal (em bilhões de US$)	Dívida federal total (em bilhões de US$)
1929	104,4	3,2	—	3,1	3,8	16,9
1930	91,1	8,7	-2,5	3,3	4,1	16,2
1931	76,3	15,9	-9,8	3,6	3,1	16,8
1932	58,5	23,6	-10,2	4,6	1,9	19,5
1933	56,0	24,9	-5,2	4,6	2,0	22,5
1934	65,0	21,7	3,3	6,6	3,0	27,7
1935	72,5	20,1	2,5	6,5	3,7	32,8
1936	82,7	16,9	1,0	8,4	4,0	38,5
1937	90,8	14,3	3,5	7,7	5,0	41,1
1938	85,2	19,0	-1,8	6,7	5,6	42,0
1939	91,1	17,2	-1,4	8,8	4,9	45,9
1940	100,6	14,6	0,1	9,1	5,1	48,5
1941	129,8	9,9	5,1	13,3	7,1	55,3
1942	159,1	4,7	10,7	34,0	12,5	76,9
1943	192,5	1,9	7,1	79,4	21,9	140,8
1944	211,4	1,2	1,7	95,0	43,6	202,6
1945	213,6	1,9	2,3	98,3	44,4	259,1
1946	210,7	3,9	8,4	60,3	39,7	269,9
1947	234,3	3,6	14,4	38,9	39,7	258,4
1948	259,4	3,9	7,7	32,9	41,4	252,4
1949	258,1	5,9	-0,9	39,5	37,6	252,7
1950	284,6	5,3	0,9	39,5	36,4	257,4

Fonte: Relatório Econômico do Presidente, 1965.

incharam para 81 bilhões de dólares em 1945, absorvendo naquele ano 82% de todos os dispêndios federais e quase 40% da produção de bens e serviços do país. Entre 1939 e 1945, os gastos militares totais excederam 250 bilhões de dólares. A maior parte dessa soma foi financiada por déficits governamentais. Muito embora esses déficits possam ter sido incorridos por bons objetivos patrióticos (praticamente ninguém se queixou de gastos em déficit durante o tempo da guerra), eles produziram exatamente o efeito que Keynes havia argumentado que gerariam. O desemprego caiu de 19% da força de trabalho em 1938 para 1,9% em 1945 (embora, claro, 11 milhões de homens e mulheres fardados contribuíssem também para reduzir o desemprego civil). O PNB real, após ajustamentos para levar em conta aumentos de preços, subiu 80%.

No lado negativo, os preços de fato subiram e teriam subido ainda mais se o governo não tivesse imposto rigorosos controles de preços e racionamento. Roosevelt só seguiu em parte o conselho de Keynes no tempo da guerra, de elevar bastante os impostos para absorver o súbito aumento de poder aquisitivo numa época em que havia poucos bens civis para consumo. Roosevelt, cuja filosofia política o havia levado antes a procurar o equilíbrio orçamentário contra os conselhos de Keynes, nesse momento permitiu que os déficits aumentassem, mas por um diferente conjunto de razões políticas. Ele duvidava francamente da profundidade do apoio patriótico americano à guerra, se os impostos engolissem os ganhos da renda nesse período.

Mais surpreendente do que o surto de crescimento durante a época do conflito, porém, foi a prosperidade do pós-guerra. Como regra empírica confirmada pela experiência de todas as guerras em que a nação se envolveu, entendia-se que todas elas se faziam seguir de uma queda inicial dos negócios após o conflito. Na verdade, uma pequena diminuição no ritmo foi observada em 1946 e 1947. Com mais de 250 bilhões de dólares em poupança acumulados durante aqueles anos e 15 anos ou mais de necessidades insuficientemente atendidas — no início sufocadas pelos níveis baixos de renda na depressão e depois pelas carências do tempo de guerra — os americanos atingiram um nível de gastos pessoais e investimentos que conduziu a economia até meados da década de 50. As leis do ciclo econômico, claro, não haviam sido revogadas. Houve quedas fortes e curtas em 1949 e em 1953-1954, mas, em contraste com o passado imediato, elas foram meros soluços econômicos.

Antes que o ritmo de expansão do pós-guerra esfriasse, em fins da década de 50, e um debate geral se reacendesse na esteira das preocupações da década de 30 sobre estagnação e crescimento, os Estados Unidos desfrutaram uma década de expansão não superada por nenhum período semelhante em nossa história. Entre 1941 e 1955, o PNB cresceu 4,7% ao ano. Exceto durante os dois períodos de recessão, o desemprego permaneceu abaixo de 4% (mesmo nos anos ruins nunca chegou a 6%, o que era ainda apenas uma fração do nível de desemprego no pior ano da depressão, 1933).

A guerra e os gastos do governo nesse período teriam provado que a análise de Keynes estava correta? Pelos dados, se poderia concluir facilmente que sim, mas, segundo entendiam os líderes políticos e o público, isso não acontecia. Não há nada de tão salutar para fazer com que o povo esqueça os maus tempos do que a chegada de bons tempos. Formuladores de política na década que se seguiu imediatamente à guerra, embora às vezes recordassem nervosamente a década de 30, cada vez mais pensavam que aquela década havia sido anormalmente ruim e que a de 50 era um retorno a tempos bons. A análise econômica de Keynes era considerada, quando isso acontecia somente por parte dos formuladores de política, como "economia de depressão", útil apenas quando a economia caía brusca e profundamente. Só com a diminuição do auge do pós-guerra, em fins da década de 50, e com as recessões de 1957-1958 e 1960, é que a mensagem econômica dos anos de guerra voltou a ser lida e a análise keynesiana foi elevada para os níveis do debate político. Aproximando-se do fim a década de 50, muitos economistas, que haviam aprendido ou estavam aprendendo com Keynes, preparavam-se silenciosamente para a reabertura do debate sobre a estagnação econômica, suas causas e curas.

A Lei do Emprego de 1946

Em janeiro de 1945, quando a Segunda Guerra Mundial entrava em seu último e vitorioso estágio, um projeto de lei foi apresentado no Senado (S. 380), dispondo que o governo federal deveria assumir responsabilidade pela manutenção do "pleno emprego". A S. 380 não apenas determinava que o "pleno emprego" deveria tornar-se a lei da terra, mas criava também, com alguns detalhes, mecanismo específico através do qual seria atingido esse objetivo. O documento era puro keynesianismo, uma vez que se baseava nas teorias de demanda agregada e na aplicação da política fiscal cíclica de seu criador.

Na ocasião em que foi apresentada a legislação, travava-se um debate caloroso entre a maioria dos economistas e muitos políticos a respeito de que condições econômicas a paz poderia trazer. A S. 380 refletia as opiniões daqueles que acreditavam que, logo que terminassem os gastos de guerra do governo, haveria um retorno aos níveis de desemprego da Grande Depressão. Entre os defensores da lei alinhavam-se praticamente todos os keynesianos e muitos liberais do New Deal, que queriam comprometer a economia americana com um grau mais alto de planejamento central. Diante das evidências, um observador de hoje poderia sensatamente perguntar-se quem, de fato, se opunha ao projeto, e por quê? As evidências não estavam realmente ao lado dos keynesianos?

Esta última pergunta provavelmente teria resposta afirmativa, mas isso não importava. Praticamente ninguém fez, nem poderia fazer, a alegação de que os gastos durante a guerra fizeram qualquer outra coisa que não estimular a economia. Na verdade, era a prosperidade ocasionada por esses gastos que, nesse momento, reduzia o apoio à S. 380 ou a qualquer legislação semelhante sobre pleno emprego. Qualquer que fosse a angústia pessoal provocada pela guerra, ela havia produzido um reerguimento econômico. Não havia muitos entre o público geral, como pensavam os keynesianos, que previssem uma volta aos duros tempos. O debate sobre a S. 380 em 1945 despertou pouco interesse público e, possivelmente, em 1946, qualquer interesse porventura gerado seria, ao que tudo indicava, negativo, uma vez que a economia fazia uma agradável transição da prosperidade da guerra para a prosperidade da paz. Entre os grupos empresariais, no entanto, era acirrada a oposição à S. 380. Keynes, certa vez, lisonjeara Roosevelt pelo seu hábito de atacar publicamente os interesses empresariais, estratégia que o presidente havia descoberto que rendia benefícios políticos na década de 30, quando grande parte do público acreditava que as empresas eram culpadas da depressão. Nesse momento, do ponto de vista de numerosos líderes empresariais, leis de pleno emprego, economia keynesiana e política fiscal compensatória eram partes da parafernália do New Deal, que devia ser abandonada. Talvez *tivéssemos* saído da depressão recorrendo a gastos, mas, uma vez fora dela, não havia mais razão para voltar ao "New Dealismo". Caso o colapso econômico, e não a prosperidade, tivesse se seguido à guerra, o resultado poderia ter sido diferente, mas o melhor que os keynesianos e os políticos liberais puderam conseguir do Congresso foi a Lei de Emprego de 1946 (note-se que a expressão "pleno emprego" foi abandonada). Essa legislação não propunha nenhum programa radical, e apenas timidamente pedia que "o governo federal" usasse todos os meios praticáveis compatíveis com "... suas necessidades e obrigações e outras considerações essenciais de política nacional... a fim de coordenar e utilizar todos os seus planos, funções e recursos para o objetivo de criar e manter... condições nas quais sejam oferecidas oportunidades úteis de emprego... e promover o emprego, produção e poder aquisitivo máximos."[9]

Na década e meia seguinte, a Lei do Emprego de 1946 foi mantida longe da obscuridade apenas pelos keynesianos, que fingiam que ela constituía uma vitória, uma espécie de mandado oculto para a manutenção, pelo governo federal, da "grande trindade" das metas econômicas: altos níveis de emprego, preços estáveis e crescimento econômico.

Celebravam vitória também com a criação pela lei do Conselho de Assessores Econômicos do Presidente, e a exigência de que este apresentasse anualmente ao Congresso o *Relatório econômico do presidente*. Pelo menos na ocasião, o endosso entusiástico de Alvin Hansen da Lei de Emprego de 1946, como sendo a "Magna Carta do planejamento governamental para o pleno emprego", parecia um pouco exagerado.[10] Particularmente, um bom número de keynesianos acreditava que o momento político fora perdido, o que aumentou ainda mais o pesar que sentiram após 21 de abril de 1946, quando John Maynard Keynes faleceu em sua casa em Tilton, Sussex, aos 62 anos de idade.

A Lei do Emprego de 1946 e as idéias keynesianas, no entanto, sobreviveram à década de prosperidade do pós-guerra como mais do que simples pedras de toque dos "crentes autênticos" na formulação de política anticíclica. Em salas de aula e de seminários, uma geração de estudantes de economia aprendia as possibilidades de administração da demanda, enquanto seus professores empurravam as possibilidades teóricas da formulação de política macroeconômica para novos limites ainda mais distantes. Tudo o que era necessário para lançar esse corpo formidável de crenças no centro do palco era a força dos fatos econômicos.

CAPÍTULO 4

Relembrando, II: O Estado de Graça e a Queda, 1950-1988

A manutenção do pleno emprego através de gastos do governo financiados por empréstimos tem sido amplamente discutida nos últimos anos. Essa discussão, no entanto, concentrou-se nos aspectos puramente econômicos do problema, sem a devida consideração às realidades políticas. É falaz a suposição de que o governo manterá o pleno emprego numa economia capitalista, se apenas souber como fazer isso. Neste particular, as apreensões das grandes empresas com a manutenção do pleno emprego mediante gastos do governo revestem-se da mais alta importância. Essa atitude foi claramente demonstrada na grande depressão da década de 30, quando as grandes empresas se opuseram invariavelmente, em todos os países, ao aumento do emprego mediante gastos do governo, exceto na Alemanha nazista. Não é fácil explicar essa atitude. Evidentemente, maior produção e emprego beneficiam não apenas os trabalhadores, mas também os empresários, uma vez que sobem seus lucros. E a política do pleno emprego baseada em gastos do governo financiados por empréstimos não prejudica os lucros, já que não envolve qualquer tributação adicional. Os empresários em crise anseiam por um reaquecimento dos negócios. Por que, então, não aceitam o reaquecimento "sintético" que o governo lhes pode oferecer?[1]

Michal Kalecki

Limitando nossa perspectiva à década e meia aproximadamente demarcada pelo Grande Estouro e o fim da Segunda Guerra Mundial, é notável a amplidão com que se transformaram o pensamento econômico e a formulação de política. Em 1945, agregados econômicos, e não mais mercados individuais, ocupavam o centro do palco, e a intervenção do governo, a fim de manter a economia nacional, havia substituído a fé individualista mais antiga em uma ordem econômica natural, auto-reguladora. Muito embora a Lei do Emprego de 1946 não tivesse incluído toda a máquina intervencionista desejada por seus proponentes, mesmo truncada foi uma declaração em favor de um papel econômico mais forte do governo. Todavia, é digno de nota também que, nos 16 anos seguintes, economistas e formuladores de política tomaram direções independentes. Os governos Truman e Eisenhower trataram com indiferença a Lei do Emprego de 1946, uma vez que o estado de espírito político do país era levado à postura conservadora por uma economia florescente e aparentemente não-afundável. Embora as recordações da Grande Depressão nunca desaparecessem de todo, os bons tempos davam a muitos cidadãos a oportunidade de reconsiderar se fora sábio tudo o que se tinha feito em nome da restauração da ordem econômica. As intervenções nem sempre sutis no mercado eram nesse momento descritas como mudanças perigosas para o coletivismo, implicando altos custos em termos de liberdades individuais perdidas. Essas interpretações se tornaram ainda mais comuns e politicamente atraentes quando a Guerra Fria pegou fogo e uma mitologia do tipo "nós contra eles" (liberdade *versus* totalitarismo) empolgou a imaginação pública.

Por outro lado, muitos profissionais de economia americana ficaram fora da corrente principal da opinião pública, uma vez que suas recordações das agonias da Grande Depressão eram muito mais duráveis do que as dos servidores públicos encarregados de formulação de política. Esse fato impôs duas condições — ou limitações — à economia profissional nos Estados Unidos. Em primeiro lugar, fundiu a profissão em uma identificação basicamente unânime com as idéias keynesianas (excetuados alguns bastiões, como a Universidade de Chicago, que se mantinham fiéis à economia baseada no mercado). Em segundo, estimulou a mais alta vigilância profissional quanto a um "segundo advento", ou seja, o aparecimento de quaisquer sinais do esperado retorno da estagnação econômica. Em fins da década de 50, muitos keynesianos estavam certos de que tinham avistado uma estrela no Leste.

Camelot

Os últimos três anos do governo Eisenhower demonstraram sinais inconfundíveis de demorada queda na atividade econômica, com uma profunda recessão em 1957-58, seguida por uma difícil recuperação e nova queda em 1960. O desemprego chegou a 6,8% em 1958 e nunca mais desceu abaixo de 5,5% nesse período. Em 1958, o PNB real caiu de fato pela segunda vez desde a desmobilização em 1945 (havia ocorrido uma curta e violenta queda em 1953-54).

Ao procurar um tema para a campanha presidencial de 1960, John F. Kennedy escolheu "pôr novamente a economia em movimento". A retórica da campanha de JFK explorou interminavelmente a situação competitiva adversa dos Estados Unidos frente à União Soviética. Havia defasagem na questão de mísseis, com vantagem para a União Soviética. Estávamos perdendo a corrida espacial. E, mais importante que tudo, a taxa de crescimento econômico da Rússia havia superado a nossa. Ainda assim, não foram a retórica de Kennedy ou sua economia — que permaneceu obscura durante a campanha — que lhe deram a vitória na eleição. A derrota de Nixon foi obra de Eisenhower, que, desejando deixar o cargo com superávit orçamentário após vários anos de déficits não intencionais e ridicularizados, instituiu políticas econômicas que trouxeram de volta condições de recessão em pleno ano eleitoral. Via de regra, os americanos votam com sua carteira de notas e o governo republicano conseguiu votos suficientes contra si mesmo para inclinar a eleição na direção de Kennedy.

Ao contrário de um mito que surgiu mais tarde, Kennedy não era keynesiano na época da eleição. Sua educação econômica em Harvard evidenciava pouco mais conhecimentos especializados do que Roosevelt havia obtido como estudante, e nem as notas que recebeu nos cursos que realmente fez indicavam aptidão nesses assuntos. No entanto, um casamento de conveniência foi arranjado entre economistas profissionais e a campanha Kennedy. Sentindo um novo vento econômico e político soprando forte, Kennedy procurou os conselhos de economistas ilustres em alguns temas de campanha, especialmente as luzes de Paul Samuelson, de Seymour Harris, e de seu próprio professor em Harvard, John Kenneth Galbraith. Todos eles eram keynesianos convictos. Conquanto seja incerto o impacto que produziram sobre Kennedy e os resultados da eleição de 1960, as idéias econômicas keynesianas logo depois ganhariam relevo no novo governo.

Não se deixando abater pela apertada vitória na eleição, que dificilmente poderia ser considerada como um mandado para efetuar vastas mudanças políticas ou econômicas, Kennedy criou uma "força-tarefa de economia". Dirigido por Samuelson, esse grupo fez certas recomendações de política, incluindo a indicação de nomes de economistas profissionais para constituir o Conselho de Assessores Econômicos do presidente. O presidente desse conselho, Walter Heller, desempenharia um papel de grande influência na construção das políticas da "Nova Fronteira" de Kennedy e gozaria de um acesso à presidência nunca antes desfrutado, oficialmente, por qualquer economista profissional. Por essa altura keynesianos se infiltraram em outros cargos decisivos, para formulação de política, no Departamento do Tesouro e na Divisão do Orçamento. Nunca mais, desde os tempos de Roosevelt, havia ocorrido êxodo tão grande das faculdades de economia para Washington.

Mas antes de continuarmos, vale notar que, naquela ocasião como agora, a economia keynesiana se apresentava sob grande número de variedades. O trabalho do governo para estimular a demanda agregada podia seguir uma das duas rotas básicas de política fiscal ou, claro, uma combinação de ambas. Em primeiro lugar, poderia haver um simples aumento dos gastos do governo, seguindo a estrada "compensatória" da década de 30 e as despesas de guerra da década de 40. Em segundo, poderia haver uma redução dos impostos, o que elevaria a demanda agregada ao aumentar as rendas disponíveis (gastáveis) dos consumidores e a oferta de fundos de investimentos pelas empresas. O método de corte de impostos tinha sido inadvertidamente seguido após a Segunda Guerra Mundial, com redução dos impostos sobre os lucros extraordinários e a renda pessoal e um efeito muito salutar sobre a economia.

A estratégia de gastos era muito popular, sobretudo com os velhos seguidores do New Deal, alguns dos quais ainda sobreviviam entre as fileiras de políticos ativos e entre os keynesianos de "esquerda". Para este grupo, a vantagem de utilizar gastos do governo para estimular a economia era que admitia um alto grau de engenharia social, permitindo que recursos fossem canalizados para objetivos sociais desejáveis, tais como obras públicas, treinamento para o emprego e coisas assim. John Kenneth Galbraith era o franco defensor desse ponto de vista. Havia argumentado eloqüentemente, em 1958, em seu livro *The Affluent Society* que os EUA caíram em um desequilíbrio social paradoxal: enquanto um rico setor privado esbanjava riqueza em confortos pessoais supérfluos, um empobrecido setor público sofria com serviços sociais inadequados e infra-estrutura esgotada.

Os defensores da tese de corte dos impostos tendiam a ser um pouco mais politicamente conservadores. Após a redução dos impostos em 1964, uma parte considerável dos líderes empresariais americanos alistou-se nesse grupo. Afora a atratividade política de aplicar estímulo fiscal mediante corte de impostos e de permitir que as decisões de gastar permanecessem essencialmente privadas em seu foco principal, os cortes de impostos, ao serem adotados, tinham a vantagem de afetar a demanda de bens, enquanto os gastos exigiam a criação demorada de agências incômodas para administrar os recursos.

Tanto a estratégia fiscal como o corte dos impostos ou o aumento dos gastos do governo pressupunham, para que tivessem eficácia, a criação de déficits. Sobre este ponto, em seu primeiro ano, Kennedy hesitou, mas, no fim, seus tutores keynesianos, principalmente Walter Heller, venceram. Em famoso discurso de começo do ano letivo na Yale University em junho de 1962, ele anunciou ao país sua conversão ao keynesianismo. Atacou o mito persistente de que "déficits federais criam inflação e que superávits orçamentários a evitam".[2] Lembrando que os superávits após a Segunda Guerra Mundial não impediram as pressões inflacionárias e que tampouco os déficits acidentais de Eisenhower nos dois últimos anos haviam levado os preços a subir, Kennedy prosseguiu, justificando déficits propositadamente criados e com claros objetivos de política em mente. Em janeiro de 1963, resolveu tomar o caminho de redução dos impostos e, falando diante do Economic Club, na cidade de Nova York, explicou a lógica desse método. Os déficits no passado recente haviam sido causados não por gastos excessivos ou receita fiscal insuficiente, mas por crescimento econômico inadequado. A busca de um orçamento equilibrado, a política preferida de seu antecessor, impedia o crescimento, o que na verdade resultava em déficits crescentes. Uma redução de impostos estimularia o crescimento, dessa maneira melhorando as possibilidades de aumento da receita.

Galbraith e os keynesianos "esquerdistas" haviam perdido a luta pela mente econômica de Kennedy. Como embaixador na Índia (algumas pessoas sugeriram que ele fora exilado para Nova Déli porque importunava demais o presidente), Galbraith não pôde mais combater os argumentos de Heller e outros economistas. Na ocasião, isso não foi considerado fundamental por muitos economistas, que julgavam a conversão de Kennedy a algum tipo de versão do pensamento keynesiano realmente digna de nota. Não obstante, à luz de fatos posteriores, a decisão de Kennedy de aceitar a redução de impostos foi momentânea. Galbraith havia colocado diretamente a questão para Kennedy. A redução de impostos era a estratégia errada porque estabeleceria um mau precedente, que os conservadores fiscais e políticos rapidamente aceitariam e, em seguida, utilizariam sua própria lógica de orçamento equilibrado para atacar os gastos sociais do governo. Duas décadas depois, Galbraith teria a confirmação de seus receios nas estratégias fiscais de Reagan.

Os meses restantes do governo Kennedy presenciaram um debate sempre mais amplo sobre a idéia, até então jamais ventilada, de criação intencional de um déficit em tempos de paz com a finalidade de estimular a economia. Três meses depois do assassinato de Kennedy, um projeto de lei dispondo sobre 11 bilhões de dólares em isenções fiscais para a pessoa física e 2,6 bilhões de dólares para as jurídicas foi aprovado no Congresso e transformado em lei pelo presidente Johnson. Dentro de um ano, seus efeitos pareciam ser melhores do que os previstos. O desemprego, que não havia caído abaixo de 5,2% em qualquer um dos anos Kennedy, baixou para 4,5% em 1965 (e para menos de 4% no ano seguinte). O crescimento do PNB quase duplicou, a partir dos níveis de 1963, para 4,5% em 1965.

O governo Kennedy foi curto demais para que se possa fazer uma estimativa muito exata quanto ao seu desempenho econômico real. Na verdade, a redução de impostos foi provavelmente aprovada no Congresso devido à morte do presidente e não por causa de conversões em massa ao raciocínio econômico keynesiano. JFK, no entanto, havia declarado que aceitara a nova economia. Elevara o debate econômico para o nível presidencial. E trouxe economistas para um papel ativo de formulação de política. Camelot pode ter terminado prematura, trágica e inconclusivamente, mas de fato produziu um legado. Quando Lyndon B. Johnson venceu Barry Goldwater com uma enxurrada de votos em 1964, numa campanha que jogou a ideologia intervencionista, do Grande Governo, de LBJ contra o *laissez faire* tradicional de Goldwater, a conversão de Kennedy à nova economia pareceu justificada. Para muitos, os anos Kennedy passaram a ser vistos nesse momento como o início real de uma nova era econômica.

A Maré Alta da Nova Economia, 1964-1967

O ponto culminante da "Nova Economia" foi alcançado cedo no primeiro e único mandato de Johnson. Em termos gerais, o público veio a compreender que a nova economia do programa "Grande Sociedade" de Johnson era muito mais do que a aplicação prática da teoria keynesiana. O presidente, que havia feito seu aprendizado político à época de Roosevelt, elaborou um amplo programa social e econômico destinado a completar toda a velha agenda do New Deal e mais alguma coisa.

Aceitando e estendendo os ganhos com a redução de impostos, Johnson instaurou sua própria política fiscal expansionista. Mas, ao contrário de Kennedy, optou por programas de gastos internos maciços, destinados a "eliminar a pobreza em nossa época". O retreinamento para o emprego, subsídios educacionais mais altos, reforma urbana, programas de direitos de bem-estar social mais amplos e profundos e uma grande variedade de programas de obras públicas constituíram as peças centrais memoráveis do esforço da Grande Sociedade. Entre 1964 e 1967 (o último ano antes que os gastos com a Guerra do Vietnã começassem com toda força), o orçamento federal cresceu quase 40%, de 65,2 bilhões para 90,9 bilhões de dólares. Na época, os gastos pareceram produzir um efeito útil sobre a economia, elevando o PNB em 25% e mantendo o desemprego abaixo de 4%.

Em relação à administração geral da economia, reinava nesse momento a convicção de que, não só entre economistas profissionais como também entre líderes empresariais, a mídia e o público geral, o ciclo econômico tenha sido derrotado. A "sintonia fina" havia entrado no vocabulário da economia. Em simples palavras, o conceito afirmava que, através de medidas hábeis tomadas pelos formuladores de política e com acomodação apropriada pelas autoridades monetárias, a torneira keynesiana poderia ser ajustada no fluxo de demanda agregada não apenas para expandir o produto e o emprego, na medida do necessário, mas também para controlar situações de demanda excessiva que poderiam ser inflacionárias. Este último elemento da sintonia fina, porém, permaneceu mais como uma questão de conjectura teórica do que fato provado, uma vez que quase duas décadas haviam passado desde a última situação inflacionária grave. Ainda assim, para uma nação que desfrutava, em princípios de 1967, cinco anos de crescimento econômico sustentado, esses e outros argumentos da nova economia pareciam muito sensatos. Realmente, os novos economistas haviam despertado o interesse de quase todas as pessoas e gozavam um nível de respeito e atenção até então desconhecido. Artigos sobre Keynes e a economia keynesiana ornamentaram as páginas da *Time*, *Newsweek*, e outras publicações, enquanto a nação comemorava, prematuramente, como se viu depois, a vitória sobre as trevas da recessão e depressão.

Atualmente, lembramos mais a década de 1960 como uma época de tribulações nacionais — assassinatos políticos, uma guerra impopular, rebelião da juventude, distúrbios raciais, mudanças culturais angustiantes, embora, para a maioria dos americanos, pelo menos até o último terço da década, ainda parecesse uma época de sólidas realizações sociais e econômicas. Só mais tarde, na sombria década de 70, é que "os anos sessenta" adquiriram uma dimensão sinistra. Estudamos essa década com alguns detalhes no Capítulo 2, mas a verdade é que os valores e crenças econômicos e sociais desse período continuam tão importantes para o deslindamento das atuais perspectivas que vale realmente a pena retomá-los.

Algumas das crenças dominantes, que serviram como bússola social durante a primeira parte da década de 60, justificam uma atenção especial, uma vez que revelam um otimismo que logo depois se transformaria em cinismo no nível político e em incerteza em assuntos econômicos. Em primeiro lugar, havia uma nova opinião sobre o velho problema da insegurança econômica. Para a crescente classe média, que conhecia apenas bem-estar material desde o fim da Segunda Guerra Mundial, a segurança econômica para si e para seus filhos era aceita como natural, situação que poucos de seus pais haviam conhecido na década de 30 ou antes. Além disso, os programas da Grande Sociedade e as Leis dos Direitos Civis de 1964 e 1965 prometiam nesse momento estender as possibilidades de segurança econômica a grupos que haviam sido excluídos antes: negros, hispânicos, moradores de guetos, americanos rurais, idosos e outros. Em segundo, a experiência dos anos de depressão, apesar da perspectiva, e realidade, de aumento da prosperidade de alguns indivíduos, era ainda uma recordação dolorosa para muitos cidadãos. Na medida em que a intervenção do governo era vista como importante para reverter a depressão e melhorar as condições econômicas gerais, muitos americanos consideravam a economia mista de administração econômica limitada, mas não excessivamente limitada, por parte do governo como basicamente desejável. E haviam manifestado sua preferência ao rejeitar a filosofia de mercado livre de Barry Goldwater na eleição presidencial de 1964.

Outra constante do pensamento nacional em meados da década de 60, e acompanhando a fé da nação na manutenção da segurança econômica interna, era a expectativa de que os Estados Unidos desempenhavam, e continuariam a desempenhar, o papel dominante na economia internacional. O reverso dessa crença era a opinião de que o poder militar e político americano poderia ter que ser usado em todo o mundo, quando seus interesses vitais fossem ameaçados. Contrariamente a algumas interpretações posteriores, os americanos não foram "arrastados" para o conflito do Vienã, mas, no princípio pelo menos, apoiaram entusiasticamente a decisão de Johnson de ampliar a luta. E foi, claro, nesses baixios, aparentemente sem ligação com os interesses econômicos internos e objetivos da formulação de política, que a nova economia acabaria por afundar. E enquanto afundava, arrastava as esperanças e as realidades da Grande Sociedade.

O envolvimento americano na Primeira e Segunda Guerras Mundiais e Guerra da Coréia havia começado em épocas em que a economia interna estava menos fortalecida. Como resultado, grande quantidade de capacidade industrial ociosa e trabalhadores subutilizados estavam disponíveis para se desincumbir (inicialmente, pelo menos) da tarefa de prover os bens de guerra, sem transferir recursos da produção de tempos de paz. Expandindo-se esses conflitos, especialmente nos casos das duas guerras mundiais, os "canhões" de fato substituíram a "manteiga". Todavia, no caso do Vietnã, o envolvimento militar americano começou perto do pico de uma longa expansão econômica. A nação trabalhava arduamente produzindo manteiga. O aumento dos gastos de guerra — sem reduções compensadoras em outras despesas do governo, nenhum aumento dos impostos para absorver a demanda do setor privado de bens civis, nenhuma política monetária restritiva para controlar a demanda civil — só podia provocar aumento dos preços, à medida que produtores de canhões competiam com produtores de manteiga por recursos escassos. Isso não era um fato econômico novo. Se assim fosse, como poderíamos explicar o desastre econômico que a Guerra do Vietnã impôs à economia americana? Por seu turno, Johnson, o político experiente, acreditava que o Congresso não teria aprovado a política fiscal apertada necessária para tornar possível a estratégia de canhões *e* manteiga. É bem possível que Johnson estivesse correto nessa estimativa, mas isso não o redime nem ao Congresso de um horrendo erro econômico, um erro que tornou possível outro erro, político, igualmente desastroso. Caso ele tivesse enfrentado a opção entre canhões *e* manteiga com que se confrontava, o Congresso e o povo americano teriam sido obrigados a enfrentar muito mais cedo os custos do conflito do Vietnã e a decisão nacional quanto à guerra teria sido submetida imediatamente a teste, e não mais tarde, quando a economia e a estrutura política estavam em frangalhos.

Mas, em tudo isso, onde estavam os assessores econômicos de Johnson? Os economistas, no mínimo, deveriam saber que o custo de oportunidade de mais canhões em uma economia plenamente empregada teria que ser menos manteiga. Anos depois, um tanto canhestramente, Walter Heller, o primeiro presidente do Conselho dos Assessores Econômicos de Johnson, alegou que ele e outros não haviam sido enérgicos o suficiente com o presidente porque "não haviam sido informados" da escala da preparação militar que os conselheiros militares de Johnson consideravam essencial para vencer no Vietnã. A explicação de Heller foi, claro, apenas uma desculpa para si mesmo e para os demais economistas, que haviam permanecido de lado, quase silenciosos, enquanto se iniciava o fiasco canhões *e* manteiga. No todo, o mutismo da maioria dos economistas da corrente principal de pensamento econômico pode ser explicado melhor como resultado de inexperiência e não como questão de informações insuficientes. Durante quase 40 anos, as preocupações dominantes haviam sido crescimento econômico e desemprego. Exceto por episódios curtos, como a extensa mobilização da economia para a guerra após 1942 e a desmobilização depois do conflito, a inflação raramente foi matéria de grande interesse prático. Nem os economistas nem os formuladores de política estavam bem preparados para o que deveria se seguir no rastro da escalada da guerra no Vietnã, promovida por Johnson.

O Grande Desgrudamento, 1968-1980

Quando Johnson afastou-se em 1968, sua recusa em concorrer à reeleição, contrariando a mitologia política da época, não se baseou exclusivamente na guerra cada vez mais impopular do Vietnã, mas também no acúmulo de sombrias indicações econômicas. Dois dos três principais indicadores de política macroeconômica ainda pareciam bastante sólidos em 1968 — o desemprego mantinha-se em 3,6% e o PNB real expandia-se a uma taxa anual de 4,4%, apenas ligeiramente abaixo da média dos anos Kennedy-Johnson. Os preços, por outro lado, subiam a uma taxa de 4,2%. Por essa época, claro, os economistas haviam recuperado a serenidade e, de modo geral, defendiam uma política fiscal restritiva (menos gastos sociais e mais impostos) a fim de produzir uma modesta troca compensatória de crescimento e níveis de emprego por pressões inflacionárias menores. Essa estratégia de restringir a demanda total de bens era, teoricamente falando, apenas um exercício de "sintonia fina". Como questão de política prática, no entanto, Johnson percebeu corretamente que a extensão das medidas restritivas necessárias significava realmente o fim de seus sonhos de Grande Sociedade, uma vez que, como ele nunca cansou de dizer, não conseguia encontrar uma "maneira honrosa" de sair do Vietnã. Nessas condições, tal estratégia não era ação de política menor e sem conseqüências. Embora uma inflação de 4,2% possa parecer aceitável a uma geração posterior que experimentou inflação de dois dígitos, esse era o salto mais importante no índice de preços desde 1950. Pior ainda, ocorria depois de o governo ter realmente tomado medidas modestas para esfriar a inflação em 1967 — uma sobretaxa de 10% sobre os impostos de renda de pessoa física e jurídica e uma política monetária moderadamente restritiva, destinada a desencorajar os empréstimos.

Na opinião dos que observavam atentamente a política e os fatos em 1968, a resistência das pressões dos preços em cair, mesmo diante de medidas de política restritivas, sugeria um pensamento terrível: que a tese da sintonia fina, tão fundamental para o pensamento da nova economia, poderia simplesmente não ter mérito algum e, se isso fosse verdade, todas as comemorações de vitória sobre o ciclo econômico haviam sido vãs. Esse receio logo se concretizou.

O que se tornou evidente em fins da década de 60 e princípios da de 70 foi que a estratégia dos novos economistas para administrar a economia através da manipulação da demanda agregada era *assimétrica*. Para sermos exatos, em recessões e depressões profundas, aumentos da demanda agregada levaram à expansão do produto e do emprego (e a taxas declinantes de desemprego). Do mesmo modo, reduções na demanda total provocaram queda na produção e no emprego. E, para começar, foi com base nesse comportamento observável que se propôs a sintonia fina. A assimetria surgiu, porém, em volta do comportamento dos preços. Ninguém com clareza em assuntos econômicos tinha a menor dúvida de que demanda crescente em uma época em que os recursos estavam totalmente empregados produziria sérias conseqüências econômicas. O resultado de "dólares demais perseguindo bens de menos" era amplamente compreendido. Alguns haviam observado também que preços poderiam subir lentamente antes que uma economia fosse plenamente empregada, como havia acontecido nos primeiros meses da Segunda Guerra Mundial, quando contenções e carências em certos mercados de recursos levaram a altos custos dos mesmos, que eram em seguida repassados pelos produtores aos consumidores. No fim, esses custos apareciam como preços mais altos ao consumidor. O verdadeirc ponto controverso, porém, era em que condições os preços poderiam cair ou, pelo menos, diminuir a sua pressão. Apesar de Keynes, em seu ataque inicial à ortodoxia econômica clássica, ter refutado a tese dos clássicos de desobstrução do mercado através de preços flexíveis e ter afirmado que eles não eram flexíveis para baixo, os defensores da sintonia fina haviam suposto que as reduções administradas da demanda agregada deteriam pelo menos as pressões dos preços. Infelizmente, eles iriam descobrir que, sob restrições razoáveis à demanda (ou pelo menos o que na época era considerado como restrições politicamente razoáveis), os preços exibiam uma obstinada insensibilidade. Pode-se argumentar que as restrições efetivamente aplicadas não afetaram o suficiente as pressões da demanda. E pode haver muita verdade nesse argumento, uma vez que Johnson e, mais tarde, Richard Nixon, sentiam muito medo das conseqüências políticas da aplicação firme demais de freios econômicos. Certamente uma recessão entorpecedora teria detido a pressão inflacionária. Tinha feito isso em 1981. Mas isso não equivaleria a uma justificação dos argumentos de sintonia fina. Ela era, afinal de contas, uma tentativa de evitar as agonias das oscilações econômicas. Usar a recessão para matar a inflação, como questão de política, com certeza não era apenas um salto qualitativo além das correções violentas do velho e "natural" ciclo econômico.

Os fatos iriam logo depois alargar essa rachadura no dique da sintonia fina, até o ponto em que a economia pareceu que ia ser sufocada por uma torrente infindável de desastrosas notícias econômicas. Ao assumir em 1969, o novo governo Nixon encontrou uma recessão. O crescimento do PNB real tornou-se negativo pela primeira vez em 11 anos, e, pela primeira vez desde 1961, o desemprego passou de 6%. Pior ainda, não houve trégua na frente inflacionária, numa mudança inesperada de expectativas, uma vez que até então uma das "boas" coisas das recessões tinha sido a queda dos preços. Os preços subiram 5% em 1969 e 6% em 1970. A "estagflação", como a chamaria mais tarde Paul Samuelson, havia fincado as garras — altas taxas de desemprego e crescimento lento ou inexistente *juntamente* com altas taxas de inflação.

A queda de 1969-1970 constituiu um golpe terrível na confiança americana. O mercado acionário iniciou uma de suas baixas mais pavorosas desde 1929. A mídia, que apenas alguns meses antes comemorava a vitória da nova economia, nesse momento anunciou-lhe a morte. Defensores ardentes da sintonia fina em particular, e da economia keynesiana em geral, ainda apareciam de tempos em tempos, mas cada vez menos e sem repercussão. Enquanto isso, o governo Nixon seguia várias políticas confusas, agravando mais o sofrimento e a incerteza: um mal-aconselhado esforço de controle direto dos preços, a continuação dos gastos com a Guerra do Vietnã e os mais altos déficits até então registrados em "tempos de paz" na história americana.

A ainda dominante maioria dos economistas keynesianos ficou nesse momento sob cerco, suas fileiras dizimadas incessantemente, enquanto antigos "crentes autênticos" escapuliam nas caladas da noite. Na verdade, a ortodoxia keynesiana estava sob ataque em ambos os flancos. Na direita, notava-se um visível revigoramento da economia de mercado livre. Embora aparecendo sob formas variáveis, esses herdeiros da fé clássica compartilhavam a decisão comum de combater o "Grande Governo", e em seus ataques fizeram a acusação de que a nova economia não apenas não funcionara, como era, na verdade, a causa dos problemas correntes. No flanco esquerdo, um radicalismo bastante nativo, alimentado pela crítica de Marx ao capitalismo e por sua própria oposição, freqüentemente pessoal, à guerra no Vietnã, ao racismo e à existente distribuição da renda e poder na sociedade, atacou a tradição keynesiana, considerando-a como um trabalho ineficaz para disfarçar as falhas básicas da sociedade de produção-para-lucro. Se não as escutássemos atentamente em princípios da década de 70, as retóricas puras da direita e da esquerda pareciam às vezes ser idênticas. Na verdade, só compartilhavam um ponto de vista comum: que uma economia capitalista com alto grau de intervenção e regulamentação do governo simplesmente não funcionava.

Se a década de 60 é principalmente lembrada pela "vitória" da Nova Economia, a de 70 o é por sua alta falta de rumo econômico e pelo alto grau de oportunismo político que foi introduzido na formulação da política. A Nova Política Econômica de Nixon, de congelamento inicial de salários, preços e aluguéis por 90 dias após 15 de agosto de 1971, e, em seguida, nos 14 meses seguintes, de uso de três novos órgãos federais (um conselho de custo de vida, uma comissão de preços e uma junta de salários), a fim de administrar os controles de preços e salários, mostram bem essas férias da razão econômica. Embora a maioria dos economistas faça sérias ressalvas sobre o emprego de controles de preços e salários em tempos de paz, julgando-os altamente ineficientes, alguns os defendem. Entre estes, figura John Kenneth Galbraith, que vem argumentando há muito tempo que os controles de preços são o único instrumento realmente útil contra a inflação. Mas até mesmo ele teve poucas palavras bondosas para a Nova Política Econômica (NEP). Administrativamente, carecia do pessoal e poder necessários para ser realmente eficaz e sua natureza temporária sugeria a todas as partes afetadas que os controles logo depois seriam suspensos e que se seguiria rapidamente um esforço maciço dos preços para se emparelharem com os aumentos que haviam sido proibidos. Pensadores econômicos conservadores atacaram a política, considerando-a como uma traição, por um presidente conservador, do princípio do mercado livre. (Naturalmente, eles haviam ficado furiosos com a observação de Nixon, na campanha de 1968, de que "todos nós somos agora keynesianos".) Liberais consideravam a NEP como jogo político para a arquibancada e atacavam Nixon por exercer excessivo poder presidencial. Alguns observaram também, corretamente, que as agências de controle estavam profundamente viciadas em favor dos interesses empresariais, enquanto os radicais, em sua maioria, aplaudiam nas gerais, uma vez que a NEP era uma prova viva da incapacidade do capitalismo de funcionar corretamente.

No entanto, em meados de 1972, alguma recuperação da recessão foi conseguida e as pressões inflacionárias haviam relaxado um pouco. A mini-alta de 1972-1973 foi provavelmente resultado de medidas da Reserva Federal para aumentar o meio circulante. Enquanto isso, a NEP, a curto prazo pelo menos, havia aplicado alguma pressão descendente sobre os preços. A ação do Fed provocou críticas de numerosos economistas, que a consideraram como mera manobra para dourar Nixon com bons tempos econômicos pouco antes da eleição presidencial de 1972. Tanto keynesianos quanto não-keynesianos esperavam que os efeitos a longo prazo dessa medida, juntamente com as pressões retardadas dos preços, resultantes da NEP, trouxessem uma nova onda inflacionária. E não seriam decepcionados em suas expectativas de inflação, muito embora, para sermos justos, caiba observar que 1973 foi o último ano em que a economia teve menos de 5% de desemprego (4,9%).

Os deuses enlouquecem primeiro aqueles que querem destruir. E assim seria pelo resto da década de 70.

Em nenhum lugar da caixa de ferramentas keynesiana, nem mesmo nas teorias dos defensores do mercado livre da época, havia qualquer coisa que preparasse a nação para o que viria em seguida. Apesar de os mais antigos proponentes do sistema econômico capitalista — Thomas Malthus e David Ricardo — sempre haverem sofrido com a perspectiva de esgotamento de recursos essenciais do mundo, o pensamento econômico moderno não dava nenhuma importância especial a essas opiniões. Em 1973, deficiências no suprimento de certos bens de importância fundamental, que até então eram aceitos como de fornecimento certo, puseram às claras essas falhas no raciocínio e na formulação de política da época.

Em primeiro lugar, houve o problema auto-infligido, ocasionado pelo comércio de cereais com a Rússia em 1972. Dezenove milhões de toneladas de cereais, praticamente toda a reserva dos Estados Unidos, foram vendidas à União Soviética, que, como a maioria do resto do mundo, passava por um ciclo de grave quebra de safra. Com os suprimentos de cereais para consumo interno radicalmente reduzidos, os preços dos artigos vendidos em supermercados, do pão à cerveja e à carne começaram a subir lentamente em 1973. Em segundo, o cartel da OPEP (Organização dos Países Exportadores de Petróleo) fechou por algum tempo a torneira do óleo no inverno de 1973-1974, forçando, em um ano, um aumento de 50% em todos os preços de energia. O embargo de petróleo de 1973, ostensivamente uma reação ao apoio americano a Israel contra os árabes na Guerra do Iom Kippur de 1973, seria repetido novamente em 1977. Os preços do petróleo subiriam eventualmente de 2,59 dólares o barril em 1973 para 12 dólares em 1976, e mais de 35 dólares em 1980. Como haviam se tornado dependentes do exterior para o suprimento de quase metade de seu petróleo, o resultado do aumento imposto pelo cartel do petróleo aos Estados Unidos foi o de elevar os custos de produção de praticamente todos os bens e serviços. Em terceiro, em 1973 e 1974, as carências mundiais de outros metais e minerais de importância crucial geraram a impressão geral, ainda que não totalmente a realidade, de que "estava havendo falta de tudo".

Esses denominados choques de oferta, juntamente com as insistentes pressões estagflacionárias, lançaram a economia numa recessão em 1974 (a NEP de Nixon foi abandonada nessa época após um segundo e ineficaz congelamento de preços em 1973). Agravando essa loucura econômica, ocorria a desintegração de toda a vontade política de enfrentar os choques de oferta e o agravamento da estagflação. Em outubro de 1973, depois de declarar que "não contestaria" as acusações de sonegação fiscal, o vice-presidente Spiro Agnew renunciou ao cargo. Um ano depois, Nixon teria que renunciar também no rastro do escândalo de Watergate. Durante esse período, praticamente cessou a liderança do ramo executivo do governo, exatamente no momento em que o Congresso se preocupava com os problemas do executivo. Era vaga e confusa a atenção aos assuntos econômicos, apesar da queda em espiral da economia geral (11% de inflação e 5,6% de desemprego em 1974, seguidos por 9,1% de inflação e 8,5% de desemprego em 1975).

Uma indicação do nível de confusão ficou evidente no curto governo Ford, o qual, depois de pedir ao Congresso um aumento de impostos para combater a inflação (um caminho de político "razoável" na época), inverteu sua posição, pleiteando e conseguindo do Congresso uma grande redução dos impostos (também um caminho político "razoável" na época). Previsivelmente, esse estímulo de corte dos impostos acarretou uma pequena recuperação em 1976, mas as recuperações não eram mais o que costumavam ser. O desemprego caiu apenas para 7%, enquanto os preços continuaram a aumentar a uma taxa anual de quase 6%. A redução de impostos, que não surpreendeu ninguém, ocorreu durante um ano de eleição presidencial, mas não conseguiu produzir resultados suficientes para eleger Gerald Ford, que subira à presidência em conseqüência das renúncias de Agnew e de Nixon.

A volta dos democratas à Casa Branca com Jimmy Carter em 1977 podia ter sido esperada como um retorno a algum tipo de estilo New Deal-Nova Fronteira-Grande Sociedade de formulação da política econômica. Isso não aconteceu. Em vez disso, a estratégia econômica, na medida em que havia algum plano econômico, funcionou à sombra de algumas realidades limitadoras. Os preços continuaram a subir lentamente, com aumentos anuais do IPC (Índice de Preços ao Consumidor) chegando a 6,5% em 1977, 7,5% em 1978 e 11% em 1979. Após o segundo embargo do petróleo, em 1977, o governo Carter preocupou-se com a formulação de uma política de energia, esforço que produziu resultados apenas banais. No último ano do governo, não houve iniciativas de política econômica, uma vez que a Casa Branca estava praticamente imobilizada pela crise dos reféns no Irã. Em 1980, surgiram sinais em toda parte de que a situação de estagflação crônica estava prestes a degenerar em uma grande recessão. Os desembolsos em investimento nivelaram-se e o desemprego permaneceu encalhado entre 6 e 7,5%. No entanto, nenhum colapso aconteceu antes de fins de 80, principalmente porque os gastos de consumo permaneciam altos, provavelmente, como observou a maioria dos economistas, porque a inflação premiava gastadores e penalizava poupadores.

A recordação que os americanos tinham da Grande Depressão e do compromisso com uma economia administrada, de pleno emprego, contudo, não havia desaparecido de todo. Em 1978, o Congresso aprovou a Lei de Pleno Emprego e Crescimento Equilibrado (conhecida também como Lei Humphrey-Hawkins). O diploma legal (que entraria em vigor em 1983) especificava uma taxa de 4% de desemprego (taxas de 3% para os que tivessem mais de 20 anos de idade) e uma taxa de inflação de 3%. Além disso, estabelecia que o combate ao desemprego seria a meta principal em qualquer ação de política envolvendo troca compensatória com a inflação. A lei reconheceu implicitamente os fracassos das políticas monetária e fiscal na criação do pleno emprego ao pedir uma grande variedade de medidas diretas (treinamento para o emprego, controles de preço etc.) a fim de combater o desemprego e a inflação e promover o crescimento. Pressupondo a necessidade de maior planejamento econômico centralizado para obter esses resultados, a lei exigia também melhor coleta de dados e coordenação do planejamento a longo prazo entre o presidente, o Sistema da Reserva Federal e o Congresso.

A Humphrey-Hawkins mal justifica uma nota de pé de página nos textos econômicos modernos. Um ano depois de sua promulgação, seus alvos de emprego-estabilidade de preços foram adiados para 1988. Na verdade, em meados da década de 80, os alvos haviam sido totalmente esquecidos. A era do pleno emprego na formulação da política pública havia chegado ao fim e, por volta de 1980, acabou também o domínio da ortodoxia keynesiana entre os economistas.

Renascimento Conservador — A Revolução Reaganômica, 1980-1988

A eleição de Ronald Reagan em 1980 assinalou o fim de uma volta de 360 graus no pensamento econômico americano que havia começado quase meio século antes. Propondo uma filosofia econômica que se aproximava mais das de Calvin Coolidge e Herbert Hoover do que da sabedoria econômica de décadas recentes, Reagan pregava a defesa intransigente dos princípios do mercado livre. Suas propostas econômicas específicas reuniram dois grandes temas do pensamento conservador contemporâneo — a tradição monetarista, mais antiga, e a análise da economia de oferta, relativamente mais recente. O primeiro retroagia à fé clássica no governo mínimo, nos orçamentos equilibrados e na pressuposição de que regras econômicas, e não regulamentação, eram o melhor guia para a formulação da política econômica. O segundo propunha uma doutrina mais controvertida, isto é, que a economia podia ser estimulada por várias medidas do governo voltadas para o lado da produção (ou oferta) da atividade econômica.

Aglutinando essas duas teses, o programa econômico de Reagan pedia orçamentos equilibrados, reduções de impostos (contrabalançados por cortes nas despesas), diminuição das atividades gerais de administração econômica do governo e desregulamentação. Essa volta à disciplina do mercado provavelmente acabaria com a inflação, criaria empregos e estimularia o crescimento. Além disso, tanto defensores da economia de oferta quanto monetaristas anunciaram que suas preocupações não eram estritamente domésticas. Ao prometerem pôr a inflação sob controle, prometiam também melhorar a posição comercial externa, em deterioração, dos Estados Unidos. Mercadorias americanas de preço mais baixo venderiam mais no exterior e reduziriam eficazmente a penetração, no mercado nacional, de concorrência estrangeira de baixo preço.

A eleição, embora não fosse uma vitória esmagadora, tampouco foi, como sustentaram muitos liberais empedernidos, mera sorte. A economia liberal ortodoxa estava em dificuldades. Emperrada no topo da crise estagflacionária de alto desemprego e do crescimento em baixa, acompanhados por altas taxas de inflação, a teoria keynesiana parecia praticamente a todo mundo não estar à altura da missão a que se propunha. Agravando ainda mais a situação, Carter, o esperado paladino da engenharia social liberal e do intervencionismo, provou ser intelectualmente mal preparado, seja para compreender as crises econômicas em que estava mergulhada a economia ou, mesmo falhando a compreensão, para fingir que possuía espírito de decisão.

Enquanto isso, pensadores econômicos conservadores já vinham trabalhando ativamente há algum tempo para levar o público americano a aceitar uma perspectiva econômica a que dera as costas cinco décadas antes e que rejeitara totalmente apenas 16 anos antes na eleição em que concorreram Johnson e Goldwater. Durante os anos de 1979 e 1980, os artigos e os editoriais do *The Wall Street Journal* e *The New York Times* começaram a publicar textos de autoria de Jude Wanniski, Paul Craig Roberts e outros que trabalhavam na defesa de uma grande variedade de programas ligados às novas teorias de economia de oferta. A publicação do livro extraordinariamente popular de Milton Friedman, *Free to Choose*, lançado em conjunto com uma série de televisão igualmente popular com o mesmo nome, exemplificou uma bem-sucedida estratégia de "chegar ao público" com idéias e análises econômicas que haviam sido antes reservadas aos livros-texto e debates em sala de aula. Enquanto os keynesianos, duas ou três décadas antes, fizeram suas conversões nos cursos de economia, os novos economistas clássicos levaram seus argumentos diretamente ao público. A propósito, os argumentos de Friedman, em linguagem coloquial, em favor de uma economia simples, baseada no mercado, não devem ser subestimados pelo número de conversos que conseguiu entre a população geral mais pensante, incluindo um bom número de economistas universitários. Mas, mesmo ignorando-se trabalhos bem-feitos de convencimento como esse, os americanos estavam abandonando, em grandes quantidades, a corrente econômica principal dos últimos 20 anos. Sempre pragmáticos, podiam ver perfeitamente que não estava funcionando a sabedoria dominante.

Tampouco se impressionaram muito com os argumentos liberais, de que as idéias expostas pelo candidato Ronald Reagan haviam sido experimentadas e consideradas deficientes meio século antes.

A nível de política macroeconômica, Reagan resolveu eliminar a tendência inflacionária, atacando simultaneamente os problemas de crescimento e inflação. (O desemprego, no contexto econômico clássico, não desempenhava o papel central que lhe atribuíam os keynesianos e, de qualquer modo, não era considerado um problema se a economia pudesse ser estimulada.) De acordo com a estratégia reaganômica, os problemas de produção (oferta) seriam combatidos através da política fiscal, enquanto a inflação passaria a ser o alvo da política monetária — um pouco de economia de oferta e um pouco de monetarismo. A Lei de Reforma Fiscal de 1981, o principal instrumento da economia de oferta para estimular a poupança e os investimentos, dispunha sobre reduções diretas de 25% no imposto de renda da pessoa física, escalonados nos três anos fiscais seguintes. A advertência de Galbraith a Kennedy, de que o estímulo através do corte de impostos teria grande atração para os conservadores, reverberou nesse momento depois de anos. Todavia, enquanto a retórica predominante pedia grandes cortes nas despesas para coincidir com a redução dos impostos, os gastos do governo na verdade aumentaram, em vez de diminuir. Embora alguns programas de gastos sociais na "lista de prioridades" de Reagan sofressem violentos ataques, essas reduções foram mais do que compensadas pelos aumentos dos gastos militares do presidente. Ignorando totalmente considerações econômicas, a "restauração da capacidade de defesa dos EUA" foi um dos grandes temas da campanha de Reagan e era assunto de grande interesse pessoal para ele.

A combinação de redução de impostos e aumentos de despesas militares deu origem a uma grande hemorragia de tinta vermelha. Como qualquer bom keynesiano teria esperado, uma combinação de impostos reduzidos (T) e gastos governamentais em alta (G) teria que ser expansiva. Um tal declínio de T e elevação de G teriam gerado com toda certeza pressões inflacionárias (o IPC já estava subindo a uma taxa de 10%), caso o governo não tivesse aplicado sua cura monetária para a inflação. A cura era uma política de dinheiro escasso com altas taxas de juros que paralisou a tomada de empréstimos e produziu uma recessão assustadora. O desemprego disparou para os níveis da Grande Depressão, 10% em 1982 e 1983. Os aumentos de preços, porém, estacionaram, em menos de 4% ao ano em 1983.

A estratégia reaganômica de reduções de impostos e moeda escassa foi comparada pelos críticos como guiar um carro pisando até o fim, simultaneamente, o acelerador e os freios. Neste caso, pelo menos, o freio da política monetária pareceu ser o mais eficaz. No entanto, em 1983, pareceu que as reduções de impostos surtiam efeito, e iniciou-se uma longa recuperação. O governo, claro, assumiu o crédito, apontando para sua "vitória" sobre a inflação como a chave do sucesso.

Os aumentos anuais de preços caíram de 10,4% em 1981 para 3,2% em 1983 e em seguida permaneceram nesse patamar nos anos restantes do governo. Mais teimoso, o desemprego caiu para apenas 7% em 1986, antes de mergulhar para 5,5% em 1988, o que não era obtido desde o último ano de Nixon na Casa Branca. Mas o crescimento econômico não foi tão impressionante como se esperava. Só o aumento para 5,6% no PNB real *per capita* é que se mostrou digno de nota.

Os que tinham inclinações keynesianas não ficaram impressionados com "o surto de atividade econômica dos anos Reagan". Desse ponto de vista, a recuperação após 1983 resultou de uma boa e velha dose de estímulo fiscal por parte do governo. A redução de impostos da "economia de oferta" realmente não se distinguia de uma redução do "lado da demanda", e gastos do governo em bens militares sempre demonstraram ser economicamente estimulantes. O fato de a recessão de 1981-1982 ter também retardado os aumentos de preços tampouco tinha alguma coisa de notável, do ponto de vista keynesiano. Sempre se podia esperar que recessões realmente profundas, da ordem de 10% de desemprego, esfriassem as pressões dos preços. E, naturalmente, os preços mais baixos após 1982 refletiam também os benefícios da queda dos preços do petróleo, quando a OPEP se desintegrou, pelo menos temporariamente. Entretanto, quaisquer que fossem os elementos keynesianos disfarçados no uso, por Reagan, de políticas fiscais e monetárias, poucos keynesianos liberais estavam dispostos a abraçá-lo. E, de qualquer modo, não podiam contestar o argumento básico: qualquer que fosse a estratégia, Reagan vencera onde os keynesianos haviam fracassado.

Houve, contudo, um passivo a considerar no balanço macroeconômico geral dos anos Reagan. Da mais alta importância foi o déficit federal, que, rapidamente, passou de uma grande hemorragia para uma verdadeira inundação, conforme mostra a Tabela 4-1. Durante o mandato de Reagan, a dívida pública federal pendente cresceu em cerca de um trilhão de dólares, chegando a 2,6 trilhões de dólares, e houve também o segundo dos terríveis "déficits geminados", o abismo cada vez maior entre as exportações e importações — o déficit comercial. Resultado em parte de condições estruturais sobre as quais Reagan exercia pouco controle e, até certo ponto, um problema herdado dos anos de alta inflação, o desequilíbrio comercial agravou-se fortemente, à medida que crescia a dívida federal. A fim de atrair fundos — uma grande quantidade de origem estrangeira — para financiar os déficits crescentes, as taxas de juros permaneceram altas para os títulos americanos. As altas taxas de juros, especialmente entre 1983 e 1987, aumentaram a demanda externa de dólares americanos, para investimento nos Estados Unidos. Em conseqüência, elevou-se o preço do dólar em relação às demais moedas. "Fortalecendo-se" o dólar, o preço das mercadorias americanas subiu em comparação com as estrangeiras, abrindo o mercado local a vendedores estrangeiros e fechando decisivamente os mercados externos aos produtos locais. Em 1986, o déficit na balança comercial era mais ou menos da mesma proporção do déficit federal, e os Estados Unidos haviam se transformado na principal nação devedora no mundo.

Tabela 4-1. Déficits do governo federal (-), 1978-1988

Ano	Déficit (em bilhões de US$)
1978	- 59,2
1979	- 40,2
1980	- 73,8
1981	- 78,9
1982	- 127,9
1983	-207,8
1984	-185,3
1985	-212,2
1986	-221,2
1987	-149,7
1988	-155,1
1989 (est.)	-161,5
1990 (est.)	-92,5

Fonte: Relatório do Conselho de Assessores Econômicos do Presidente, 1989.

Os déficits comercial e orçamentário não eram nenhum segredo, embora as reações ao déficit fossem relativamente moderadas, em quase toda a década de 80, com exceção de alguns conservadores convictos, que achavam que Reagan havia abandonado princípios econômicos sensatos, e um número pequeno (mas crescente) de devotos da tese do

"Dia do Juízo Final", que nada viam senão calamidade no fim da estrada da dívida. O público geral, quando entrevistado nas pesquisas de opinião, havia muito concordava que déficits federais crônicos constituem o aspecto isolado mais perturbador da economia moderna. No entanto, quando o público teve oportunidade de eleger um democrata liberal que concordava com essa opinião e prometia eliminar o déficit com um aumento dos impostos, mais uma vez escolheu Ronald Reagan em 1984. Além disso, Reagan freqüentemente manifestava suas próprias ressalvas sobre o déficit federal, atribuindo-o a um Congresso que acusava de não votar os cortes orçamentários que propunha. Antes de 1987, porém, sua preocupação não parecia excepcional. Por sua parte, o Congresso cedeu à preocupação do público e às perspectivas de exploração política e votou sua própria legislação para equilibrar o orçamento. Pouco antes do Natal de 1985, a Lei Gramm-Rudman-Hollings foi aprovada. Escolhendo o ano de 1991 como meta para equilibrar receitas e despesas, a lei estabeleceu um mecanismo "automático" de corte orçamentário, a fim de manter os déficits dentro dos alvos prescritos. Entretanto, até que o mercado de ações, que atingiu novos e inesperados índices de crescimento durante a explosão do déficit, irradiasse sinais de perigo em outubro de 1987, o debate sobre o déficit careceu de urgência.

O programa de Reagan, naturalmente, não se limitou a reduções de impostos e, em outros assuntos, pelo menos durante algum tempo, recebeu elogios. A desregulamentação também provocou grandes elogios não só pelos defensores do mercado livre. Sua oposição à legislação que protegia o comércio foi considerada um passo positivo. A relaxação no cumprimento das leis antitruste, juntamente com o recuo no cumprimento, antes obrigatório, de medidas de proteção ao meio ambiente, aos consumidores e aos empregos, muito embora lamentada por numerosos liberais, foi considerada sensata por muitos economistas, especialmente em virtude da queda da "competitividade" das empresas americanas nos mercados mundiais.

O exame final dos anos Reagan aguarda a passagem do tempo. Todavia, nos capítulos restantes, enquanto tentarmos compor um quadro do estado contemporâneo do pensamento econômico e da formulação da política, submeteremos muitas das políticas da era Reagan a um exame mais minucioso do que fizemos aqui. Ainda assim, ignorando as avaliações a que finalmente chegaremos, esse período permanecerá notável pela reabertura do debate econômico sobre muitos assuntos antes considerados resolvidos e por ter proposto soluções antes consideradas inviáveis.

CAPÍTULO 5

O Contexto do Moderno Raciocínio Macroeconômico

> As principais idéias de Keynes foram, na verdade, muito simples. Muitas coisas que aconteceram desde então sugerem que elas são um pouco mais complicadas. Descobriu-se, por exemplo, que a política fiscal tem conseqüências que ele sequer tinha visto. Claro que, sendo um homem muito sábio, Keynes enxergara coisas longe. No *The General Theory* pode-se encontrar referências a quase tudo. Se o lermos com atenção, acharemos pelo menos a semente em seus escritos. Mas acho que a mensagem que ele passou foi simples. Não há dúvida de que uma parte essencial desse novo paradigma foi a conclusão de que políticas de estabilização eram necessárias. Uma vez que o sistema se ajustará, na melhor das hipóteses, por si mesmo, lentamente, há necessidade de a política pública aumentar-lhe a eficiência, e isto totalmente dentro do contexto capitalista.[1]
>
> *Franco Modigliani*

Os dois capítulos precedentes estenderam-se sobre os contornos mais salientes das últimas seis décadas do desenvolvimento econômico americano, com particular atenção à evolução da teoria e da formulação da política macroeconômica. Nosso exame revelou, por igual, sucessos e fracassos a curto prazo e, em todo o período, um enfoque adaptativo e experimentalista na elaboração de estratégias para cuidar das dimensões agregadas do crescimento econômico, desemprego e estabilidade dos preços. Nosso foco foi histórico e não dirigido diretamente para um exame muito sofisticado ou detalhado da teoria econômica subjacente. Neste capítulo, no entanto, retomamos os fios teóricos numa tentativa de tecer um quadro do estado atual do raciocínio macroeconômico e da formulação da respectiva política.

Levando adiante nosso argumento de que o raciocínio econômico contemporâneo possui os instrumentos analíticos e a necessária experiência para formular políticas econômicas viáveis para a década de 90 e depois, este capítulo e o seguinte equivalerão a um inventário da política macroeconômica moderna. Em primeiro lugar, tentaremos desenhar um quadro teórico geral da macroeconomia, dedicando especial atenção à identificação de componentes e variáveis econômicos de importância decisiva. Passaremos em seguida à avaliação do grau de sucesso (se algum) com que nossos instrumentos habituais de administração macroeconômica parecem se adequar às atuais e iminentes realidades econômicas.

Embora a estrutura do que se segue possa parecer terrível, e complicada a tarefa, o trabalho será muito mais simples se adotarmos uma perspectiva histórica, não esquecendo os fatos e tendências da história econômica americana recente. Não menos do que no passado, podemos esperar que a formulação da política econômica exiba, a curto prazo, sucessos e fracassos e que, como sempre, seja necessária adaptabilidade para enfrentar novas condições.

O Rude Despertar — A Segunda-Feira Negra

O colapso do mercado de ações em 1929 e a longa depressão que gradualmente surgiu após esse fato marcaram o início da era econômica moderna. Em especial, assinalaram o aparecimento da formulação da política macroeconômica. Numerosos observadores, quando isso aconteceu, escolheram a Segunda-Feira Negra, 19 de outubro de 1987, como marco igualmente importante na história econômica americana. Era coisa muito fácil de fazer, num momento em que repórteres de noticiários de TV falavam em "mercados financeiros que se desintegravam" e os mercados de títulos em todo o mundo permaneciam agitados durante todo o inverno de 1987-1988. Na primavera, no entanto, a crise subseqüente pouco mais era do que uma recordação distante. Dezoito meses depois, a maioria dos americanos praticamente havia esquecido o incidente. Entre os economistas, porém, sobretudo entre os que estudavam atentamente os mercados financeiros, a recordação da Segunda-Feira Negra desapareceu mais devagar. No momento em que escrevemos estas palavras, persiste ainda o debate se 19 de outubro de 1987 foi ou não apenas um mal-educado arroto financeiro ou o começo de um caso grave de indigestão econômica.

Entre os que afirmam que a Segunda-Feira Negra foi mais do que um acidente alarmante — e certamente este autor deve ser contado nesse grupo —, é lembrado que o dia 29 de outubro de 1929, a Terça-Feira Negra, terrível na época, também recuou logo para o fundo da consciência econômica do público e dos economistas. Na verdade, ao fim desse ano, *The New York Times*, provando a muitos sua falibilidade em assuntos econômicos, escolheu como "notícia do ano" a viagem do almirante Byrd ao pólo Sul. Quase dois anos depois, surgiram as sombras indefinidas da contração econômica geral, e quatro anos se passaram antes que a economia virasse de pernas para o ar.

Ainda assim, mesmo entre os alarmistas, poucos achavam que a Segunda-Feira Negra guardasse um paralelo muito estreito com a Terça-Feira Negra. Muito embora se percebessem notáveis semelhanças entre esses dois colapsos de mercados em alta, tanto na seqüência quanto na sincronização dos fatos propriamente ditos e entre os conjuntos gerais de condições que alimentaram os dois desastres financeiros, havia uma grande diferença. Em tudo o que se seguir a 1987, temos 1929 e tudo que se seguiu a essa ruptura como precedentes e experiência acumulados para fornecer alguma direção útil à formulação da política. A longa e às vezes cega luta durante as décadas de 30 e 40 para elaborar uma estratégia e um programa econômico coerentes para enfrentar a crise não será recontada aqui. Ainda assim, como salientamos tantas vezes antes, economias estão passando sempre por mudanças e novas circunstâncias configuram a improbabilidade de que qualquer estratégia funcione duas vezes.

Deixando de lado a maneira como a história finalmente registrará a importância dos fatos reais de 19 de outubro de 1987, a Segunda-Feira Negra já se tornou uma espécie de divisor de águas. Antes dos choques financeiros daquele dia, a nação estivera flutuando com a maré de uma expansão econômica que já tinha quatro anos de duração. Poucos se importavam em estudar atentamente as forças econômicas fundamentais que mantinham a economia em crescimento, embora houvesse a crença geral de que por baixo de uma razoável prosperidade reinava grande podridão. O choque da Segunda-Feira Negra focalizou a atenção nos mercados financeiros, mas os olhos passaram rapidamente de Wall Street para a Main Street e em seguida para Washington, enquanto a nação lutava para compreender, em primeiro lugar, por que ocorreu a crise e, em segundo, quais seriam os efeitos e reações a prazo mais longo. Essa mudança de foco era previsível, uma vez que, nos últimos 80 anos, oito dos nove grandes colapsos de mercado em alta (os que produziram perdas de 35% ou mais) foram seguidos por grandes recessões ou depressões.

Nos meses que se seguiram à Segunda-Feira Negra — e é isso que assegurará ao fato alguma importância como divisor de águas histórico —, o debate e as discussões sobre alternativas de formulação de política econômica produziram um nível de atenção desconhecido em anos recentes. Para sermos exatos, grande parte da disposição inicial de examinar problemas fundamentais, como o déficit federal e da balança de pagamentos, diminuiu à medida que os meses passavam. De fato, a eleição presidencial de 1988 chegou e passou sem que qualquer candidato delimitasse posições claras ou criativas de política econômica. A comunidade econômica, porém, iniciou de fato uma reavaliação animada e não totalmente inútil da direção em que se encaminhava a política macroeconômica. Em especial, grande estudo e críticas concentraram-se nas políticas dos anos Reagan. Tal como o menino que disse que o rei estava nu, a Segunda-Feira Negra serviu para abrir a discussão sobre muita coisa que antes não tinha sido assunto de debate durante grande parte da era reaganômica. Para o bem ou para o mal, a Segunda-Feira Negra reacendera o interesse pela macroeconomia.

Velhas e Novas Correntes no Pensamento Macroeconômico

Curiosamente, à medida que prosseguia a reavaliação da formulação da política macroeconômica, tornava-se evidente que, apesar de todas as discordâncias teóricas das décadas de 70 e 80 e da refocalização das direções da política na década de 80, os instrumentos fundamentais da análise macroeconômica haviam mudado muito pouco. Calor nem sempre produz luz e os atritos teóricos entre keynesianos, neokeynesianos, pós-keynesianos, monetaristas, os defensores da economia de oferta, lafferitas, expectantes racionais e outros contingentes analíticos pouco haviam produzido que fosse realmente original *e* útil. Houve acréscimos e modificações na sabedoria macroeconômica geral, e assuntos de crença profunda foram considerados inovações teóricas realmente importantes, mas a verdade é que, em fins da década de 80, a substância do raciocínio macroeconômico pouco diferia do que havia sido uma ou duas décadas antes. Essa observação, no entanto, não deve ser mal-interpretada. Evidentemente, não havia consenso entre os economistas, como existiu na década de 60. Na verdade, nesse momento existiam muitas escolas de pensamento diferentes, cada uma delas acrescentando, à sua própria maneira, uma dimensão conceitual importante ao todo da análise macroeconômica. Uma recapitulação das mais destacadas dessas diferentes posições será útil para determinarmos exatamente *o que os economistas sabem* sobre a macroeconomia moderna.

Apesar da surra que levou na estagflacionária década de 70, pelo menos como contexto geral de análise macroeconômica, o keynesianismo continua vivo e bem de saúde, ainda que mais moderado em defesa de sua política e aplicações. A crítica original de Keynes havia enfatizado uma economia colhida nas malhas de uma depressão grave e geral. Havia explicado essa contração crônica como resultado de gastos privados insuficientes e argumentado que a correção dessa situação exigia despesas compensatórias maciças por parte do governo. Muito embora, conforme vimos acima, os fatos da depressão e da guerra parecessem dar razão a Keynes, descobriu-se, em fins da década de 60, que as medidas keynesianas de administração da demanda não funcionavam quando o foco da atenção da política era sobre uma economia quase no pleno emprego ou em condições de pleno emprego completo. Embora alguns dos adeptos de Keynes defendessem a sintonia fina — ou, simplesmente, abrir ou fechar a torneira dos gastos conforme as condições exigissem —, os fatos demonstraram que fechá-la exigia remédios muito dolorosos e, por isso mesmo, muito impopulares. Os políticos logo perceberam os benefícios de políticas econômicas expansionistas, como também os efeitos suicidas de políticas contracionistas que exigiam aumento de impostos e redução de gastos do governo. Realmente, tanto quanto qualquer outra coisa, foi essa politização do keynesianismo que transformou o que era, basicamente, um defeito técnico em uma deficiência quase catastrófica.

As idéias keynesianas, no entanto, não desapareceram, mesmo que fossem denunciadas as limitações da sintonia fina e da política antiinflacionária. Baseando-nos exclusivamente num exame do conteúdo dos textos econômicos dos novos economistas e dos editoriais do *Wall Street Journal*, torna-se óbvio que a maioria dos economistas ainda usa às identidades e causalidades keynesianas na elaboração do contexto da análise macroeconômica (como, aliás, fazemos também em nosso resumo do raciocínio macroeconômico nas páginas seguintes). A maioria dos textos conserva a idéia keynesiana de que as economias de produção-para-lucro ainda tendem "naturalmente" para estagnações periódicas. E ainda descreve os usos potenciais de política pública com vistas a remediar essas situações, embora esses exercícios sejam claramente mais teóricos do que orientados para política, refletindo as limitações impostas pelas experiências da década de 70. No entanto, os que aceitam o arcabouço keynesiano (usem ou não o rótulo) dedicam muito mais atenção agora do que no passado ao papel desempenhado pelos investimentos privados na manutenção a longo prazo de altos níveis de emprego. É também importante notar que a política monetária, pela qual os keynesianos demonstravam apenas interesse moderado, atualmente merece um tratamento muito mais extenso e mais simpático.

Política e profissionalmente mais conservadoras, pelo menos três versões de filosofias econômicas mais antigas, centradas no mercado, têm exercido uma influência visível no raciocínio macroeconômico recente. Os *monetaristas*, seguindo a conhecida liderança de Milton Friedman, opõem-se a todas as medidas intervencionistas do governo, em especial às políticas fiscais que geram crescentes déficits federais. Uma vez que esse grupo julga a inflação o problema econômico *básico* e a considera como resultado, principalmente, de emissões de moeda para financiar a dívida ou de medidas expansionistas independentes pelas autoridades, os monetaristas defendem duas regras básicas para a política macroeconômica: uma exigência constitucional de orçamento federal equilibrado em todos os anos e uma taxa fixa de expansão do meio circulante, na qual as autoridades não poderiam mexer. A observância dessas medidas de contenção fariam com que o mercado desenvolvesse sua inclinação para a autocorreção quando enfrentasse tendências econômicas adversas. Conforme vimos no último capítulo, a reaganomia baseou, durante algum tempo, sua estratégia no argumento monetário, embora, logo depois, as necessidades políticas e os pavorosos déficits de Reagan tenham expulsado os monetaristas do governo.

A influência prática dos monetaristas chegou ao auge em 1981, quando o Fed estrangulou a inflação implementando uma política de dinheiro escasso para provocar recessão. Quando o Fed voltou mais tarde a uma política de crédito fácil, exatamente no momento em que as reduções de impostos e aumento dos gastos militares de Reagan geravam déficits enormes, os monetaristas previram confiantemente a volta a uma inflação de dois dígitos. Em vez disso, o surto de prosperidade, com aumentos de preços apenas relativamente modestos, continuou durante meados e fins da década de 80. A influência dos monetaristas foi muito solapada pelo fracasso dessa profecia, muito embora a ênfase nas preocupações monetárias, como veremos logo a seguir, tenha sido informalmente absorvida pelo conjunto geral do pensamento macroeconômico.

A *economia de oferta* apareceu na década de 70 como uma variante do enfoque clássico que empregava pensamento e instrumentos semelhantes aos keynesianos. Os ofertistas sustentavam que o crescimento econômico, o emprego crescente e a estabilidade dos preços só seriam possíveis com a redução dos preços de oferta, isto é, tomando-se medidas que aumentassem os lucros e investimentos das empresas. A expansão da base produtiva, e não da demanda agregada, era vista como o caminho para a prosperidade sem inflação. Conseqüentemente, medidas de política fiscal e monetária deviam ser tomadas, juntamente com outras, como a desregulamentação dos negócios, a fim de estimular a economia. As reduções de impostos, por exemplo, eram aconselháveis (e foram executadas em 1981) com vistas a aumentar a poupança privada (de pessoas físicas e jurídicas), que se esperava fornecesse recursos para o aprofundamento e alargamento do capital e o aumento da produtividade. Ao mesmo modo, os ofertistas, de acordo com a boa tradição clássica, pediam a retirada do governo de todas as áreas da economia, ou "tirar o governo de cima do cangote do empresário", de maneira a reduzir os custos de oferta e elevar a rentabilidade. Os keynesianos liberais, naturalmente, consideraram a redução de impostos como um instrumento keynesiano que era usado para fins políticos reacionários, diminuindo a conta de impostos dos ricos. Poucos economistas encontram algo elogioso a dizer sobre a economia de oferta, da forma como foi praticada na década de 80. A poupança caiu, em vez de subir, após o corte de impostos de 1981, e a frouxa política fiscal dos ofertistas produziu uma explosão monumental da dívida pública federal. Por outro lado, eles deixaram um legado teórico. A ênfase que punham na base produtiva como um elemento digno de consideração macroeconômica, juntamente com a preocupação clássica geral com a inflação de preços gerada pela demanda, tornou a macroeconomia realmente bidimensional, interessada não só nos componentes de demanda keynesianos, mas também nas forças que afetam o produto total.

A mais nova das escolas conservadoras, a *teoria das expectativas racionais* (às vezes chamada de "nova economia clássica"), sustenta simplesmente que qualquer tentativa de dirigir a economia através de medidas discricionárias, sejam fiscais ou monetárias, está fadada ao fracasso, uma vez que o público terá reações que tornarão ineficaz o esforço de estabilização. O público, argumenta, aprendeu ao longo do tempo que os formuladores de política estão sempre procurando enganá-lo. Em seu auto-interesse, indivíduos racionais logo aprenderam a ignorar as políticas discricionárias ou tomar contra elas as medidas que melhor lhes convenham. Dessa maneira, uma política monetária expansionista pode ser entendida pelo público desconfiado como significando que é melhor que se esforce para obter salários mais altos, preços mais altos e taxas de juros mais altas *agora* do que depois de a expansão ter induzido a inflação que, com toda certeza, será a conseqüência dessas medidas. O resultado é que a política monetária expansionista, em vez de estimular o crescimento econômico, o que foi sua intenção, produz pouco crescimento e gera pressões imediatas de alta dos preços. No mundo das expectativas racionais, políticas anticíclicas podem gerar efeitos procíclicos na pior das hipóteses, ou nenhum impacto, na melhor. Em ambos os casos, os teóricos das expectativas racionais voltam à velha opinião clássica de que é melhor que se deixe que os movimentos de mercado e cíclicos sigam seu próprio curso — que é, em última análise, mais previsível do que o que acontecerá se medidas anticíclicas forem adotadas. Durante algum tempo, a teoria das expectativas racionais pareceu ser uma inovação analítica promissora, embora, num exame mais atento, a maioria dos economistas tenha reconhecido nela a velha economia clássica em nova roupagem. Exceto alinhar argumentos contra a formulação discricionária de política, a teoria não ofereceu nenhuma solução.

A macroeconomia começou praticamente com John Maynard Keynes e, apesar de todas as inadequações e retumbantes fracassos nos anos do "alto keynesianismo", esse enfoque da indagação econômica não perderá tão cedo, se é que isso venha a acontecer, contato com suas raízes. Embora os contra-revolucionários monetaristas, ofertistas e expectantes racionais procurassem, sem exceção, arrasar Keynes, não conseguiram. Na verdade, grande parte de suas críticas foi absorvida, ainda que um tanto canhestramente, pelo keynesianismo. De fato, esse ecletismo constitui um dos aspectos mais notáveis da macroeconomia emergente.

A Macroeconomia Dissecada

A Figura 5-1 fornece uma representação esquemática geral da maneira como os economistas modernos vêem as relações estruturais e de formulação de política que funcionam em uma economia de produção-para-lucro. O leitor deve lembrar-se, claro, que a simetria e a ordem da ilustração são apenas criações artísticas. Os fluxos e as relações no mundo real não são expressados com tanta elegância assim.

Figura 5-1. Relações Macroeconômicas

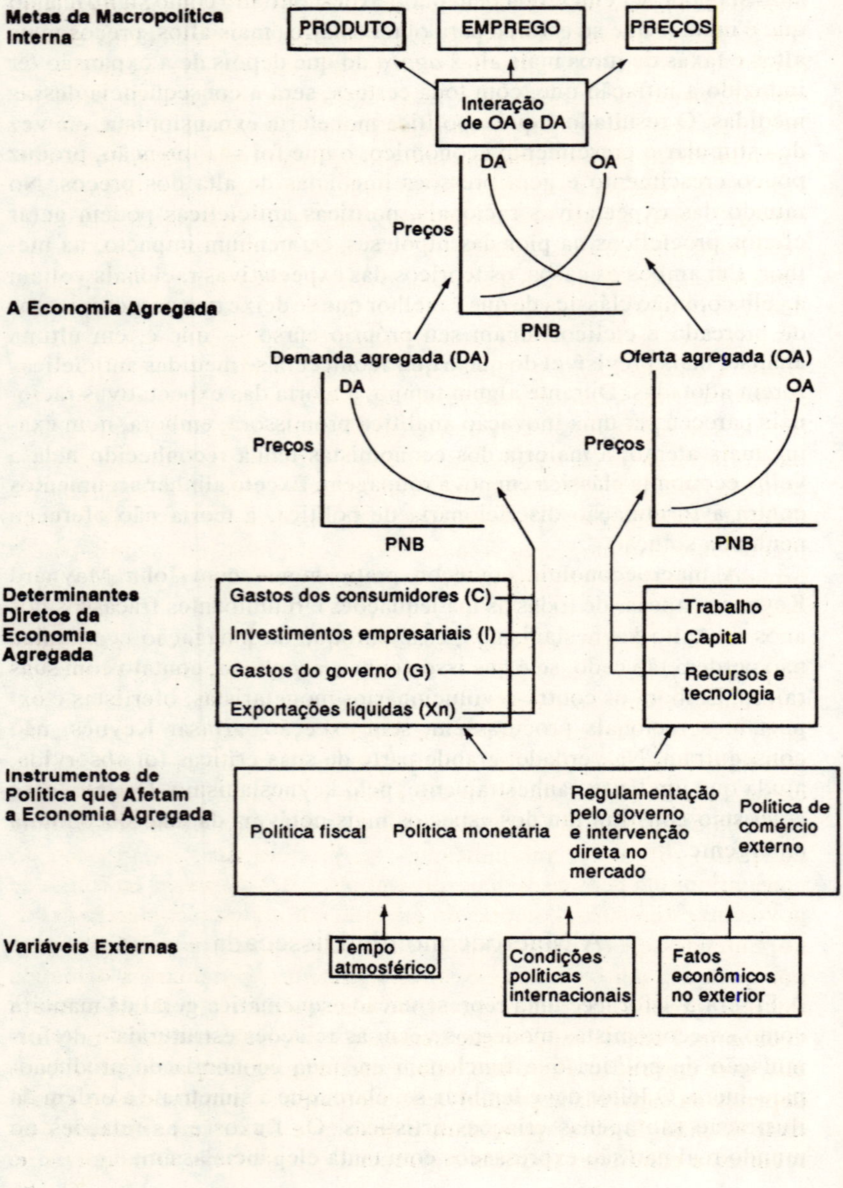

Os objetivos da política macroeconômica moderna são, em sua formulação mais simples, triplos: a manutenção de níveis aceitáveis de crescimento econômico (PNB real *per capita* moderadamente ascendente), manutenção de altos níveis de emprego (baixas taxas de desemprego), manutenção de preços estáveis (níveis mínimos de pressões inflacionárias). Essas metas formam juntas "A Grande Trindade" da formulação da política macroeconômica. Como objetivos nobres, certamente retroagem aos primeiros trabalhos em raciocínio econômico, embora, como questão de formulação prática de política, tenham origens imediatas nos anos sombrios da Grande Depressão. Como objetivos obrigatórios da política pública, tiveram início com a promulgação da Lei do Emprego de 1946.

As três metas não se situam separadas nem despertam necessariamente a mesma lealdade. Em primeiro lugar, aceita-se que o nível de produto de uma economia é o principal determinante do emprego e dos preços. Em segundo, sabe-se que os níveis de emprego e preço guardam uma relação mais ou menos inversa entre si (com exceção da estagflacionária década de 70). Economistas de diferentes correntes teóricas ou ideológicas podem erigir como principal consideração a estabilidade de preços ou o alto emprego, com os liberais reconhecendo geralmente o primado dos empregos, enquanto os conservadores destacam a estabilidade de preços.

A maioria dos economistas concordaria que os níveis existentes do produto real, com seus níveis correspondentes de emprego e preços, são fundamentalmente determinados pela interação da *demanda agregada* e *oferta agregada*. Isso quer dizer que o produto (e, por conseguinte, os níveis de emprego e preços) é simultaneamente o produto da capacidade da sociedade de produzir bens e de sua capacidade e disposição de consumi-los. O nível imediato da demanda de bens é a soma de quatro diferentes reivindicantes ao produto nacional: gastos do consumidor em bens e serviços, desembolsos das empresas na forma de novos investimentos, compras do governo e líquido do comércio externo. Entende-se, *ceteris paribus*, que um aumento na compra do produto por qualquer um ou todos esses reivindicantes aumentará a demanda total do produto, gerando um efeito claramente estimulante sobre a economia. Pode-se esperar que demanda total declinante, *ceteris paribus*, gere contração. Por outro lado, a oferta agregada potencial de bens depende da capacidade produtiva da economia — a quantidade e qualidade de mão-de-obra, quantidade e qualidade do capital existente e os recursos e condições técnicas e gerenciais disponíveis. Obviamente, o aprofundamento e alargamento de qualquer um ou todos esses fatores produtivos, *ceteris paribus*, presumem uma expansão da oferta agregada, ou capacidade produtiva, enquanto a contração dos mesmos supõe uma redução da oferta agregada.

Uma Digressão sobre Demanda Agregada e Oferta Agregada

A esta altura, talvez seja útil demorarmo-nos um pouco mais sobre nossos conceitos de demanda agregada e oferta agregada, uma vez que são fundamentais para compreendermos as possibilidades e limitações das políticas macroeconômicas.

Poucas idéias em economia, ou pelo menos na economia das duas últimas décadas, são novidades. No entanto, às vezes, velhas idéias são reformadas e, com uma nova roupagem, voltam a ser lançadas no campo de batalha. E, ocasionalmente, essas idéias se saem muito melhor na segunda tentativa. É isso o que acontece com os conceitos de demanda agregada e oferta agregada. Como regra geral, os estudantes devem desconfiar quando economistas tentam "simplificar" um conceito analítico, uma vez que a simplificação, em qualquer sentido comum da palavra, raramente é o resultado, embora este não seja o caso com a análise da demanda agregada-oferta agregada. Pelo menos nos níveis mais amplos de generalização, e quando não se requer muita especificidade, essa ferramenta ilustra maravilhosamente os contornos gerais da teoria e política macroeconômicas.

Há poucos anos, economistas introduziram os estudantes nos mistérios da análise macroeconômica através de um mecanismo denominado "cruz keynesiana". Os níveis de equilíbrio do produto eram o ponto focal de um gráfico bidimensional que plotava níveis de *gastos totais* (o que identificamos antes como despesas de consumo, investimentos, governo e líquido da balança comercial) em contraste com níveis de *produto total* (geralmente medidos como Produto Nacional Bruto ou Produto Nacional Líquido). A Parte A na Figura 5-2 mostra esse mecanismo.

O objetivo desse exercício era, em primeiro lugar, provar o óbvio, isto é, que a economia tendia para uma posição de equilíbrio, na qual os gastos totais seriam iguais ao produto total. Em segundo, se supusermos que a tendência fundamental da economia era para um equilíbrio menor que o nível de pleno emprego de produto, a interseção da cruz keynesiana (onde os gastos totais, ou o que Keynes chamaria de "demanda agregada", cruzava a linha de 45 graus) poderia ser contrastada com o nível de produto de pleno emprego, ilustrando dessa maneira o hiato recessivo que precisava ser fechado por algum aumento das despesas totais.

Tratava-se de um mecanismo útil, que demonstrou a várias gerações de estudantes que um aumento da demanda agregada, ou gastos —

Figura 5-2. Demanda Agregada e Oferta Agregada

Parte A

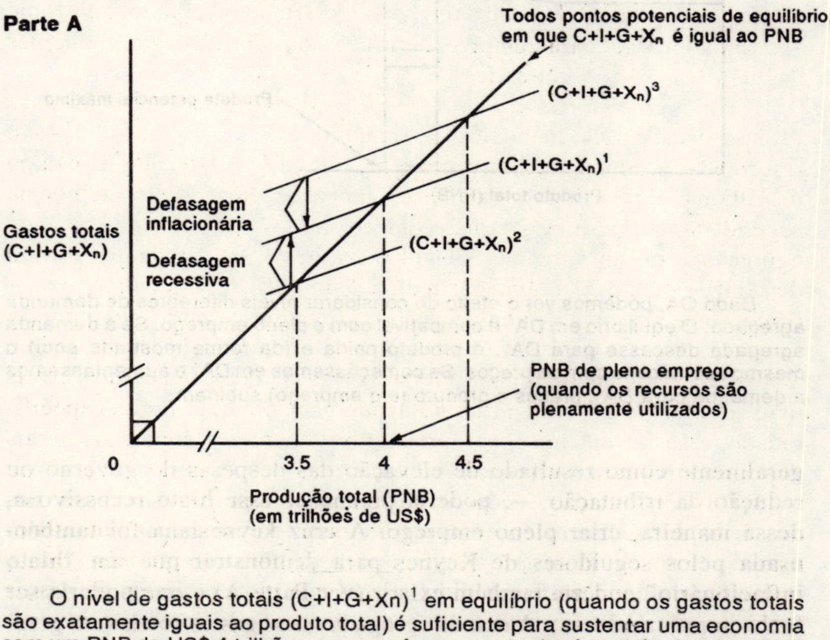

O nível de gastos totais $(C+I+G+Xn)^1$ em equilíbrio (quando os gastos totais são exatamente iguais ao produto total) é suficiente para sustentar uma economia com um PNB de US$ 4 trilhões, que, conforme mostrado, é também igual ao PNB do pleno emprego.

O nível de gastos $(C+I+G+Xn)^2$, que está abaixo de $(C+I+G+Xn)^1$ no volume de uma dada defasagem recessiva, produz um nível de equilíbrio do PNB de US$ 3,5 trilhões, bem abaixo do nível de pleno emprego de US$ 4 trilhões. *Solução*: aumentar os gastos totais $(C+I+G+Xn)^2$ no valor da defasagem recessiva e obter o equilíbrio do pleno emprego.

O nível de gastos $(C+I+G+Xn)^3$, que está abaixo de $(C+I+G+Xn)^1$ no volume de uma dada defasagem inflacionária, produz um nível de equilíbrio do PNB a US$ 4,5 trilhões, um nível impossível do PNB real. *Solução*: Reduzir os gastos totais $(C+I+G+Xn)^3$ no nível da defasagem inflacionária e obter o equilíbrio do pleno emprego.

Figura 5-2 *(continuação)*

Parte B

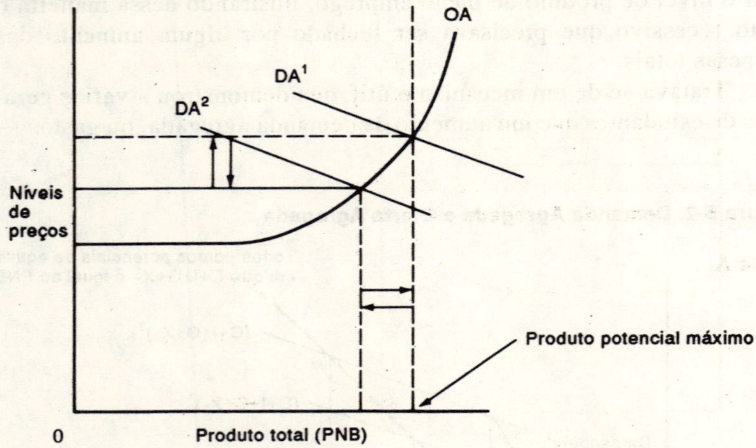

Dado OA, podemos ver o efeito de considerar níveis diferentes de demanda agregada. O equilíbrio em DA^1 é compatível com o pleno emprego. Se a demanda agregada descesse para DA^2, o produto cairia e (da forma mostrada aqui) o mesmo aconteceria com os preços. Se começássemos em DA^2 e aumentássemos a demanda para DA^1, preços e produto (e o emprego) subiriam.

geralmente como resultado de elevação das despesas do governo ou redução da tributação —, poderia preencher esse hiato recessivo e, dessa maneira, criar pleno emprego. A cruz keynesiana foi também usada pelos seguidores de Keynes para demonstrar que um "hiato inflacionário" poderia também existir (ver Parte A) e que poderia ser fechado reduzindo-se a demanda agregada ou os gastos totais (em geral pela diminuição dos gastos do governo ou pela elevação dos impostos). Com o tempo, a destreza e o espírito de inovação dos economistas no uso desse instrumento tornou-se, pelo menos profissionalmente, motivo de considerável autocongratulação. No entanto, a técnica, tal como a análise gráfica, sofria de uma falha básica, que não pôde mais ser ignorada na estagflacionária década de 70. O modelo keynesiano, à medida que era aperfeiçoado e praticado, supunha estabilidade de preços em todos os níveis do produto até o pleno emprego. Embora, conforme veremos adiante, todo o conceito de "pleno emprego" fosse

Figura 5-2 *(continuação)*

Parte C

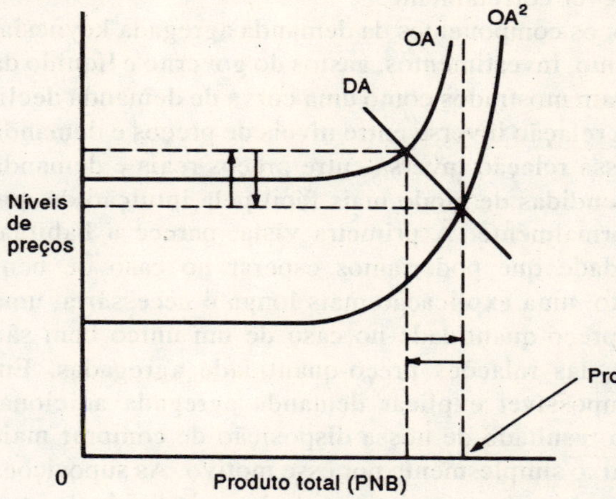

Dado DA, podemos ver os efeitos das duas curvas de oferta agregada. Com OA^1, o equilíbrio é obtido a nível mais alto de preços e nível mais baixo de produto. Uma mudança para OA^2 reduz os preços, ao mesmo tempo aumentando o produto. Uma mudança na direção oposta pela oferta agregada, de OA^2 para OA^1, claro, produz os efeitos opostos.

em si matéria de debate, a suposição de rigidez dos preços não tinha nenhuma relação com a prova empírica — exceto, talvez, em condições de desemprego excessivamente alto. Muito ao contrário, diferentes níveis de produto e demanda correspondiam a diferentes níveis de preços. Nesse ponto, na década de 70, entrou em cena a técnica demanda agregada-oferta agregada (ver Figura 5-2, Partes B e C).

A análise que dava substância a essa técnica era tudo, menos original. Na era pré-keynesiana, os economistas compreendiam a existência da demanda agregada e oferta agregada, mesmo que esses termos raramente fossem usados e apesar de a macroeconomia, como a conhecemos agora, não ter nenhuma importância. Segundo a opinião clássica, a economia estava sempre "naturalmente" em um estado de equilíbrio a longo prazo entre oferta agregada e demanda agregada e, mais uma vez a longo prazo, esse equilíbrio era alcançado no pleno emprego. Com o acréscimo de algumas modificações keynesianas, o equilíbrio da oferta agregada e demanda agregada podia ser usado para demonstrar certas condições do mundo real que nem os keynesianos nem as escolas clássicas pareciam prever corretamente.

Nesse momento, os componentes da demanda agregada keynesiana mais antiga (consumo, investimentos, gastos do governo e líquido da balança comercial) eram mostrados como uma curva de demanda declinante, ilustrando uma relação inversa entre níveis de preços e demanda total. Explicações dessa relação inversa entre preços reais e demanda agregada são compreendidas de modo mais fácil pela intuição do que quando são dadas formalmente. À primeira vista, parece a habitual relação preço-quantidade que poderíamos esperar no caso de bens individuais. Entretanto, uma explicação mais longa é necessária, uma vez que as relações preço-quantidade no caso de um único bem são totalmente diferentes das relações preço-quantidade agregadas. Em outras palavras, é impossível explicar demanda agregada adicional como sendo apenas o resultado de nossa disposição de comprar mais bens de preço mais baixo simplesmente por esse motivo. As suposições que temos que fazer sobre preços relativos de bens individuais, que explicam a relação inversa de preço e quantidade no caso de um bem individual, não se sustentariam quando consideramos mudanças no nível geral de preços que afetam todas as mercadorias.

A curva de demanda agregada em queda é vista, em vez disso, como resultado de três efeitos. Em primeiro lugar, temos o "efeito saldo real", no qual indivíduos experimentam uma elevação no valor líquido de seus ativos como resultado de preços em queda. Com os preços em queda produzindo um senso mais forte de riqueza e bem-estar, as pessoas descobrem nesse momento que têm um excesso sobre seus níveis anteriormente aceitáveis de ativos e, em conseqüência, se mostrarão dispostas a comprar mais. Inversamente, preços ascendentes reduzem o valor dos ativos e, para fins de proteção, encorajam menos gastos, num esforço para voltar aos níveis de ativos reais anteriormente mantidos. Há também um "efeito taxa de juros", resultante do fato de preços mais altos serem naturalmente compatíveis com taxas de juros mais altas (e preços mais baixos com taxas de juros mais baixas). A elevação (ou queda) das taxas de juros gera um declínio (ou elevação) dos investimentos, o que é consistente com nossa curva de demanda agregada em queda. Por último, o "efeito comércio externo" confirma também as suposições de nossa curva de demanda. Neste caso, altos preços internos desencorajam as exportações e estimulam as importações, enquanto preços mais baixos produzem o efeito oposto. Conseqüentemente, seria de esperar maior demanda estrangeira e interna de nosso produto a níveis gerais de preços mais baixos do que mais altos.

Já a curva de oferta agregada em alta é mais fácil de compreender. Conforme vimos, ao estudar uma economia deprimida e com alto desemprego, Keynes supôs que o produto podia ser aumentado com uma pequena pressão sobre os preços. Com os números de vendedores de recursos excedendo em muito os candidatos às compras, as taxas salariais, as taxas de juros e os custos das matérias-primas permaneceriam baixos. Como os EUA, no entanto, iriam descobrir na Segunda Guerra Mundial, e mais uma vez nos anos do Vietnã, a expansão do produto levou finalmente a economia a um choque com os limites externos de sua capacidade de produzir. Muito antes de ser encontrada essa condição de pleno emprego, porém, uma falta crescente de fatores produtivos disponíveis levou ao aumento dos preços dos recursos, o que, por seu lado, traduziu-se em níveis gerais de preços ainda mais altos, à medida que volumes maiores de produto eram alcançados.

Reunindo as duas curvas nas Partes B e C da Figura 5-2, estabelecemos a existente condição de equilíbrio preço-produção. Mais importante do ponto de vista analítico do que determinar o equilíbrio exato preço-produção, porém, é a dinâmica macroeconômica que nosso modelo mostra ao explicar mudanças a partir dessa condição de equilíbrio. Tomando-se uma dada posição de equilíbrio, mantendo a oferta agregada constante e aumentando a demanda agregada — como poderia ser o resultado de medidas tais como redução de impostos, aumento dos gastos do governo ou expansão das exportações líquidas —, ocorre um movimento para a direita da curva de demanda agregada e um aumento no produto e, talvez, nos preços. Naturalmente, uma mudança para baixo na demanda produzirá efeitos opostos. Do mesmo modo, manter a demanda agregada constante e aumentar a oferta agregada — como poderia resultar de um aumento de produtividade, de acuidade empresarial ou de preços em queda dos recursos —, mudaria para fora nossa curva de oferta agregada, criando um novo equilíbrio compatível com níveis de preços mais baixos e aumento do produto nacional. Claro que uma queda na oferta geraria efeitos opostos.

Conforme vimos, a simplicidade é a virtude da análise da demanda agregada e da oferta agregada, uma vez que sua concentração parcial nos preços evita uma deficiência fundamental da técnica da cruz keynesiana. Poder-se-ia argumentar que esse instrumento é tão simples que não necessitava do espaço que aqui reservamos para sua explicação. Esperamos, contudo, que nossa digressão não tenha sido inteiramente desnecessária e que forneça um contexto simples mas útil para o exemplo das alternativas da moderna política macroeconômica.

O que não deve ser ignorado em qualquer elogio da utilidade pedagógica da análise oferta agregada-demanda agregada é o valioso resultado de reunir duas opiniões divergentes sobre o funcionamento da economia de produção-para-lucro em um único esquema: a ênfase clássica tradicional na produção, ou na economia de oferta, e a ênfase keynesiana na demanda. O argumento clássico de que a produção cria sua própria demanda e a tese keynesiana de que a insuficiência crônica da demanda é a principal causa das tendências para a estagnação, em vez de serem vistas como extremos ideológicos irreconciliáveis, podem ser integradas em um único instrumental analítico. Teoricamente falando, pelo menos, é possível encontrar terreno comum, onde o consenso econômico — mesmo entre posições de pontos de vista muito diferentes — pode ser uma possibilidade técnica.

Passando em Revista os Instrumentos de Política

Nos dois últimos capítulos, observamos a evolução dos instrumentos de política macroeconômica. Entretanto, não os examinamos sistematicamente dentro do contexto geral da análise macroeconômica. Em um esforço para obter uma visão mais ampla do esquema macroeconômico, dentro do qual terão que trabalhar os formuladores da política econômica, passamos agora a uma avaliação formal e crítica da cesta disponível de políticas e seu impacto potencial sobre nossos determinantes de demanda agregada e oferta agregada.

São quatro as categorias gerais de instrumentos de política disponíveis para afetar os níveis de demanda agregada e oferta agregada. Provavelmente, a mais importante é a política fiscal, que abrange todas as medidas tomadas pelo governo nas áreas de impostos, gastos e transferência de fundos (para indivíduos ou empresas). Conquanto a maioria dos economistas keynesianos tenha argumentado que a política fiscal funciona principalmente no lado da demanda agregada, na última década ofertistas modernos argumentaram convincentemente que políticas fiscais afetam também diretamente a qualidade e quantidade dos fatores produtivos. Enquanto isso, a política monetária, que junto com a política fiscal ocupará nossa atenção macroeconômica neste e no capítulo seguinte, é executada principalmente através do Sistema da

Reserva Federal. A política monetária abrange as políticas de bancos centrais que afetam a quantidade e disponibilidade de moeda e crédito ou as taxas de juros de fundos para empréstimos (com taxas de juros mais altas e moeda mais escassa refletindo políticas de contração, e taxas mais baixas e crédito mais fácil refletindo expansão). Assim como acontece com medidas de política fiscal, as de política monetária, ao que tudo indica, geram maior impacto ao afetar a demanda, mas produzem também efeitos sobre a economia de oferta.

Políticas de "intervenção no mercado" abrangem uma faixa muito ampla de atividades do governo na economia, variando da imposição de políticas de renda (controles de salários e preços), à regulamentação direta e indireta através de comissões regulamentadoras independentes (fixando níveis de formação de preços e produto, fazendo cumprir leis de proteção aos consumidores e meio ambiente) e à observância das leis antitruste. Por último, temos a política de comércio exterior, que inclui a imposição de tarifas, direitos aduaneiros e quotas a mercadorias estrangeiras que entram nos mercados internos, atividades estas destinadas a facilitar ou desestimular o ingresso ou saída de capital, tecnologia e outros recursos, bem como tentativas de manipular as taxas cambiais internacionais. Essas ações do governo produzem vários impactos sobre a demanda agregada e a oferta agregada.

Por trás desses instrumentos de política, atuando sobre eles ou além deles diretamente sobre os determinantes da economia agregada, há grande número de outras variáveis externas. O tempo atmosférico, as guerras e as ameaças de guerra (bem como a paz ou ameaças de paz) e as políticas e o desempenho da economia de outras nações e suas políticas econômicas internacionais impõem limitações externas e independentes à nossa economia interna.

As possibilidades de que certas situações externas produzam alguns impactos sobre nossos próprios alvos de política macroeconômica são, claro, complexas, mas para fins ilustrativos vamos mencionar um único e simples fato, com resultados também muito simples. Suponhamos que uma guerra irrompa no golfo Pérsico, cujos efeitos imediatos sejam: 1) corte do suprimento de petróleo bruto do golfo; e 2) necessidade de aumento da preparação militar americana. Em termos de nosso esquema macroeconômico, poderíamos esperar, como uma possibilidade, a seguinte previsão: a redução dos fornecimentos mundiais de petróleo eleva os preços da energia, o que pode induzir algum grau de intervenção do governo na formação dos preços e na comercialização de produtos de energia. A carência mundial de petróleo e as medidas do governo (formação de preços, racionamento etc.) produzirão um impacto direto sobre os preços de oferta, provavelmente mudando a curva de oferta agregada da nação para a esquerda, elevando os preços de equilíbrio e reduzindo o produto, *ceteris paribus*. Enquanto isso, os gastos militares deflagrados pelo medo da guerra, se todas as coisas permanecerem iguais, devem aumentar os gastos do governo, empurrando para cima a curva agregada de demanda de bens e, assim, elevando os níveis de preço e o produto. Tal é a dinâmica interna de nosso modelo econômico agregativo.

Mas, antes de abandonar o modelo, talvez seja útil voltar para um exame mais atento às metas de política econômica interna. Conforme vimos no Capítulo 1, o produto, o emprego e a estabilidade de preços foram decepcionantes, se comparados com os resultados de umas duas décadas passadas. O leitor poderia, por conseguinte, lembrar que as taxas atualmente "desejáveis" de crescimento, níveis de emprego e preços são muito mais modestas do que viemos a esperar em meados da década de 60. Como mostramos no último capítulo, por exemplo, em data recente como 1978, o Congresso aprovou a Lei de Pleno Emprego e Crescimento Equilibrado (também conhecida como Lei Humphrey-Hawkins) que estabeleceu a meta de 4% de desemprego em 1983 (que foi, na verdade, de quase 10%) e taxas de inflação zero em 1988. Dispensa dizer que as metas foram suspensas e que se pôs de lado o ato legislativo, à medida que as novas realidades econômicas prescreviam objetivos macroeconômicos totalmente diferentes. Em fins de 1988, quando numerosos economistas aplaudiam uma economia que completava mais de 70 meses consecutivos de expansão, o crescimento real do PNB foi de menos de 3%, o desemprego oscilava em torno de 5,5% e os preços subiam a uma taxa anual de cerca de 5%. Não há dúvida de que, comparados com os padrões do passado, os resultados de política aceitáveis haviam mudado muito em uma década.

O ponto a lembrar enquanto estudamos os limites e as possibilidades da política macroeconômica é que as metas ou objetivos — o que poderíamos denominar de "agenda macroeconômica" — estão sujeitos a novas interpretações e significados. Não apenas há variação entre os processos pelos quais a política é traçada e implementada, mas os objetivos da política (exceto em termos bem gerais) ficam sujeitos também à mudança.

Novas Idéias sobre os Obstinados Problemas de Desemprego e Inflação

Conforme discutido no Capítulo 3, notou-se na década de 1970 uma tendência incipiente entre os economistas americanos, que continuavam em estado de choque à medida que se desintegrava a sabedoria dominante, para levantar as mãos para o céu quando se tratava do problema da estagflação. Teoria e experiência haviam ensinado muito tempo antes que desemprego e inflação ocorriam apenas nas extremidades opostas do ciclo econômico. A ocorrência simultânea de ambos parecia desafiar a compreensão de muitos, talvez colocando esses fatos para sempre além da capacidade de explicação da economia predominante. Mas isso não aconteceria. As taxas crescentes de inflação e desemprego da década de 70, e as taxas altas "normais" a que nos acostumamos desde então, têm uma explicação e possíveis curas. A fim de deslindar esse dilema, precisamos compreender desemprego e inflação e como eles se relacionam.

De modo geral, a maioria dos economistas modernos reconhece a existência de três diferentes tipos de desemprego. O *desemprego friccional* surge principalmente com o ingresso normal de novos trabalhadores ou reentrada de trabalhadores mais velhos na força de trabalho, assim como com as mudanças, em sua maioria voluntárias, que ocorrem quando eles mudam de um emprego para outro, de acordo com seus desejos. A maioria dos economistas não considera o desemprego friccional como um grande problema, uma vez que esses futuros trabalhadores respondem por uma parte muito pequena de todos os desempregados e nada mais são do que um subproduto aceitável, e talvez desejável, de uma sociedade livre.

O *desemprego estrutural*, no entanto, cria um problema mais grave. Surge quando empregos são eliminados devido a mudanças nas necessidades das especializações, à introdução de métodos automatizados de produção, ao declínio permanente de uma indústria ou a relocalização geográfica dos empregos na indústria (interna ou internacionalmente). Em grande quantidade, o desemprego estrutural é encontrado em bolsões, tais como nas comunidades de mineradores de carvão nos Apalaches, nas cidades siderúrgicas do Meio-Oeste, nos campos de petróleo do Texas, ou nos guetos das grandes cidades. As taxas de desemprego nesses locais podem ser cinco ou dez vezes mais altas do que a média nacional. O que existe em todos esses casos de desemprego estrutural é um descompasso na oferta de trabalho disponível, a seus níveis existentes de especialização, e a demanda desse trabalho. Mais importante, no entanto, é que é improvável o aumento da demanda dessa mão-de-obra, quaisquer que sejam as condições econômicas gerais da economia nacional agregada. Tecnicamente, pelo menos em termos de um modelo de "comércio puro" de emprego e salários, duas condições podem solucionar esse problema ao longo do tempo: em primeiro lugar, os salários devem cair abaixo do ponto em que o trabalhador anteriormente de alto preço, mas nesse momento desnecessário, pode ser absorvido lucrativamente por novos empregadores (que, a salários mais baixos, podem achar que os estruturalmente desempregados podem ser empregados produtivos). Em segundo, o trabalho deve ser móvel, para que os trabalhadores se mudem de localidades de excesso relativo de mão-de-obra para lugares onde existem carências relativas.

Bela em teoria, talvez, uma idéia como esta lamentavelmente tem pouca relação com a realidade. No mundo real, os salários nunca são muito flexíveis para baixo. Trabalhadores não se sentem motivados para procurar emprego com salário menor, mesmo que tais cargos existissem, uma vez que contam com numerosos sistemas de segurança sociais e familiares que amortecem os golpes imediatos do desemprego e indicam pouca vantagem em procurar empregos que paguem menos. Mas ainda que os trabalhadores estivessem dispostos a aceitar padrões de vida inferiores, iguais ou ligeiramente superiores acima dos níveis de seus sistemas de segurança, há o problema da imobilidade da mão-de-obra. A maioria dos petroleiros desempregados do Texas não sabe da existência ou não quer se mudar para o setor de serviços em expansão na área de Boston. Negros no sul de Boston não podem conseguir os cargos vagos no corredor de alta tecnologia de Boston-Worcester. Conseqüentemente, o desemprego estrutural alto (talvez 90% de todos os desempregados em períodos de prosperidade estejam estruturalmente desempregados) e em elevação continua a ser um osso duro de roer. Apesar da urgência do problema, contudo, não se trata de fato extraordinário. Desemprego estrutural de um tipo ou de outro é tão velho como a mudança da economia pastoril para a industrial. Os dois últimos séculos ou mais estão repletos de exemplos de grandes grupos de trabalhadores que perderam seus meios de sustento como resultado de mudanças na tecnologia da máquina e exigência de novas especializações.

Ainda assim, alegar que o desemprego estrutural constitui apenas decorrência do progresso é, em nosso tempo pelo menos, inaceitável por muitos motivos. Ignorando as considerações éticas e morais, o desemprego estrutural provoca um problema político muito real. Voltaremos adiante, por isso mesmo, a esse problema. É suficiente dizer a esta altura, contudo, que o desemprego estrutural *não* é sensível a políticas macroeconômicas gerais destinadas a eliminar o desemprego através de expansão do produto nacional.

O *desemprego cíclico*, por outro lado, é a falta de trabalho que resulta diretamente de uma queda geral dos níveis globais da atividade econômica no país. Trata-se do único tipo de desemprego sensível a políticas fiscais ou monetárias anticíclicas. O desemprego cíclico é o centro principal dos instrumentos de política discutidos neste capítulo.

Mas, antes de seguir adiante, vale a pena estudar brevemente a maneira como os desempregados são contados. Para ser oficialmente desempregado, o indivíduo deve ter procurado ativamente trabalho no mês anterior, estar esperando para ser chamado de volta ao trabalho ou aguardando para se apresentar a um novo emprego. Para ser contado como empregado, ele precisa apenas ter realizado algum trabalho pago no mês da pesquisa. Os que estão ausentes do trabalho (provavelmente sem receber salário) devido a doença ou greves são contados como empregados. Alguns economistas acreditam que essas normas subestimam demais o desemprego nos Estados Unidos, sobretudo a extensão do desemprego estrutural, caso em que o desânimo após muito tempo parado pode levar o indivíduo a abandonar definitivamente a força de trabalho (conseqüentemente não será contado como desempregado) e também nos casos em que trabalho ocasional em tempo parcial (quando, na verdade, o que ele quer é trabalho em tempo integral) faz com que seja contado como "empregado".

Pensando-se bem nessa dissecação do "desemprego", torna-se claro que qualquer discussão de "pleno emprego" tem que significar mais do que desemprego zero. Uma economia no auge do ciclo econômico, utilizando plenamente sua capacidade produtiva instalada e, por conseguinte, com desemprego cíclico zero, pode, ainda assim, ter quantidades consideráveis de desemprego friccional e estrutural. Nas duas ou três últimas décadas, na verdade, o nível de emprego associado a condições de pleno emprego subiu ininterruptamente de 3,5% para 4, 5 ou 6%, e mais alto ainda, de acordo com algumas estimativas. Essa propensão, bem como as tendências gerais de desemprego e preços nas décadas de 70 e 80 (ver Tabela 5-1), começaram, em inícios da década de 80, a aconselhar que se repensassem as políticas macroeconômicas antiinflacionárias e para combater o desemprego.

Em conseqüência, o desemprego no pleno emprego deu origem entre os economistas a uma nova idéia do desemprego aceitável comum: *a taxa natural de desemprego*. Segundo essa tese, a "taxa natural", ou socialmente aceitável, de desemprego é a mais baixa possível compatível com um nível aceitável de aumentos de preços. A popularidade recente desse conceito reflete o reconhecimento crescente na última década de que as medidas de política macroeconômicas para manter níveis de desemprego antes aceitáveis produziram efeitos inflacionários muito grandes e prejudiciais, e conseguiram apenas melhoramento insignificante e temporário da situação. Relembrando nossa discussão anterior sobre demanda agregada-oferta agregada, podemos perceber que o efeito de aumento da demanda produziria, após certo ponto, maior impacto sobre os níveis de preços do que sobre o produto e os empregos. O conceito de "taxa natural" vai obviamente além do enfoque mais antigo de pleno emprego, uma vez que vincula os problemas do desemprego e da inflação de uma maneira não muito compreendida até recentemente.

Por sua vez, a inflação foi e ainda é explicada como sendo, em grande parte, resultado de uma ou ambas as condições seguintes: *pressão da demanda* ou *elevação dos custos*. A pressão da demanda, mais conhecida como "dólares demais perseguindo mercadorias de menos", surge quando a demanda total do produto aproxima-se dos limites mais externos do potencial de uma economia (como ocorre quando a demanda agregada corta uma curva de oferta agregada em alto crescimento). Nessa situação, o aumento da demanda agregada do produto eleva necessariamente os preços dos recursos e dos bens finais, sem um grande aumento real do produto. Isso acontece porque, com praticamente todos os recursos empregáveis sendo usados, é fisicamente impossível aumentar muito o produto. A elevação dos custos, às vezes chamada de "inflação de oferta", resulta de aumentos de preços gerados totalmente no lado da oferta (conforme mostra o deslocamento para a esquerda da curva de oferta agregada). Entre os fatores típicos que afetam as inflações geradas pelo aumento dos custos, os quais foram citados na década de 70 como responsáveis por custos em alta, poderíamos ter aumentos salariais negociados por sindicatos em excesso dos ganhos de produtividade, "intromissão" do governo em assuntos empresariais (como exigência de padrões antipoluição, proteção ao consumidor e normas de segurança no trabalho) e, claro, os embargos decretados pelo cartel da OPEP e outras medidas que aumentaram em muito os custos da energia.

Tabela 5-1. Crescimento Econômico, Desemprego e Taxas de Inflação, 1950-1988

Ano	% de Mudança Anual do PNB real	% Anual de Desempregados	% Anual de Aumento dos Preços
1950	8,5	5,3	1,0
1951	10,3	3,3	7,9
1952	3,9	3,0	2,2
1953	4,0	2,9	0,8
1954	-1,3	5,5	0,5
1955	5,6	4,4	-0,4
1956	2,1	4,1	1,5
1957	1,7	4,3	3,6
1958	-0,8	6,8	2,7
1959	5,8	5,5	0,8
1960	2,2	5,5	1,6
1961	2,6	6,7	1,0
1962	5,3	5,5	1,1
1963	4,1	5,7	1,2
1964	5,3	5,2	1,3
1965	5,8	4,5	1,7
1966	5,8	3,8	2,9
1967	2,9	3,8	2,9
1968	4,1	3,6	4,2
1969	2,4	3,5	5,4
1970	-0,3	4,9	5,9
1971	2,8	5,9	4,3
1972	5,0	5,6	3,3
1973	5,2	4,9	6,2
1974	-0,5	5,6	11,0
1975	-1,3	8,5	9,1
1976	4,9	7,7	5,8
1977	4,7	7,1	6,5
1978	5,3	6,1	7,7
1979	2,5	5,8	11,3
1980	-0,2	7,1	13,5
1981	1,9	7,6	10,4
1982	-2,5	9,7	6,1
1983	3,6	9,6	3,2
1984	6,8	7,5	4,3
1985	3,4	7,2	3,6
1986	2,8	7,0	1,9
1987	3,4	6,2	3,7
1988	2,9	5,5	4,2

Fonte: Relatório Econômico do Presidente, 1989.

Embora essas duas explicações de inflação há muito constem dos manuais de economia, elas assumiram novo significado nas estagflacionárias décadas de 70 e princípios da de 80. Enquanto isso, a ligação entre políticas para combater o desemprego e antiinflacionárias recebeu também novo sentido. Há muito tempo acostumados a considerar a inflação e o desemprego como um menu onde só podíamos ter o decréscimo de um à custa do aumento do outro desses males gêmeos, os economistas haviam acreditado que, em última análise, poderiam controlar ambos simplesmente tomando medidas periódicas de trocas compensatórias entre os dois, conforme exigissem as situações e preferências políticas. No entanto, quando preços e desemprego começaram a subir, a simples troca compensatória de desemprego por inflação tornou-se de resultado duvidoso e, de qualquer modo, tão dispendiosa que toda a relação teve que ser repensada. Conseqüentemente, surgiram várias mudanças importantes na análise.

Em primeiro lugar, tornou-se óbvio que as pressões dos preços provocadas pela demanda começaram muito antes que fossem alcançados os velhos níveis de produto com pleno emprego (o que chamamos no último capítulo de *assimetria* das variações dos preços). Isso sugeria que grande parte do desemprego corrente era simplesmente insensível a medidas na economia de demanda para melhorar as condições da economia. Em outras palavras, o desemprego estrutural era grande e crescente, elevando, assim, para níveis de preços inaceitáveis as habituais políticas de combate ao desemprego. Era também óbvio que mesmo nos casos em que a economia ficava bem abaixo de seu potencial de produto, os preços permaneciam altos e, às vezes, em elevação. Parte do aumento podia ser atribuída a choques excepcionais de elevação de custos, tais como os embargos do petróleo, mas isso não explicava todas as pressões inflacionárias. O que se tornou evidente foi que, à medida que a inflação emergia na década de 70 como uma condição crônica e esperada da vida econômica, todas as pessoas pensaram que ela continuaria e agiram para se proteger, ajustando preços, salários e taxas de juros para cima, como defesa contra os preços mais altos que viriam. Essas pressões *expectantes* ou *inerciais* funcionaram como um estímulo de elevação dos custos sobre a economia de oferta a fim de manter os preços em alta mesmo quando os níveis da demanda agregada eram relativamente baixos.

O velho jogo compensatório inflação-desemprego não havia desaparecido. Era simplesmente jogado nesse momento com apostas mais altas. Ou como dizia a teoria que então surgiu: a nação enfrentava nesse momento um nível mais alto de desemprego no pleno emprego *e* uma inflação inercial que mantinha os preços altos e em elevação. Os níveis mais antigos, mais baixos, de desemprego eram impossíveis de atingir, enquanto permanecessem altos o desemprego estrutural e a "rigidez" geral do mercado de trabalho. Entretanto, a inflação inercial prometia sempre reaparecer em uma taxa alta e persistente — mesmo que caísse o ritmo de atividade da economia — enquanto os fornecedores de recursos e produtos esperassem aumentos de preços.

Voltamos agora ao conceito de taxa natural de desemprego. Esse enfoque liga as duas novas realidades sobre desemprego e inflação. Aceita a idéia de que o desemprego pode ser alto e em elevação devido a condições basicamente estruturais da economia e insiste, conseqüentemente, na aceitação social e política desses níveis, uma vez que políticas expansionistas apenas produzirão inflação gerada pela demanda. Esse procedimento colocará também sob controle a inflação inercial, uma vez que recuem as expectativas inflacionárias. E por aí foi o argumento em meados da década de 80, sem convencer todos os economistas, mas, em grande parte por falta de alternativa, emergindo como sabedoria convencional quanto ao problema crônico da estagflação. De acordo com essa interpretação, a questão do desemprego envolve teoria e política muito mais complicadas do que na era do alto keynesianismo. O desemprego em geral está agora vinculado aos preços. O desemprego estrutural — na medida em que se insiste em alguma cura que não simplesmente esperar que seja eliminado com o transcorrer do tempo — é uma questão de treinamento para o emprego, melhoramento da mobilidade do mercado de trabalho ou eliminação das redes de segurança que alguns economistas conservadores acreditam que impedem o ajustamento do mercado de trabalho às forças inexoráveis da mudança econômica.

O enfoque da taxa natural, embora seja, no fundo, politicamente conservador em suas origens, aparece neste momento em numerosas variedades ideológicas e produz dois importantes efeitos a longo prazo sobre a formulação da política macroeconômica. Em primeiro lugar, reduziu o papel teórico e prático da política fiscal no controle dos níveis de produto nacional. Teoricamente pelo menos, parece fazer mais sentido recuar um pouco nos objetivos de alto emprego do que seguir a velha reação automática de aplicar políticas expansionistas quando surgem más notícias sobre o emprego. Em segundo, a aceitação de variações da lógica da taxa natural sugere que a inflação, e não o emprego, tornou-se a preocupação central dos formuladores da política macroeconômica, principalmente porque, ao que tudo indica, medidas de política inflacionária terão maior probabilidade de sucesso do que medidas de política contra o desemprego.

A agenda macroeconômica, por conseguinte, pelo menos quanto ao desemprego e à inflação, mudou de ênfase nos últimos 25 anos, na medida em que preocupações com preços substituíram preocupações com o emprego como objetivos principais da política. Muito embora economistas de diferentes ideologias políticas possam divergir, conforme veremos, sobre estratégias exatas para implementar essa nova agenda, há um surpreendente acordo teórico entre conservadores e liberais sobre esse ponto geral.

CAPÍTULO 6

Chegando aos Limites Externos da Formulação da Política Macroeconômica

> Déficits orçamentários que consomem dois terços da poupança privada reduzirão profundamente, em uma economia de alto emprego, os recursos disponíveis para formação de capital. Grandes déficits na balança comercial e captação contínua de recursos no exterior impõem um pesado fardo aos setores da economia que não têm condições de competir nos mercados internacionais. Além disso, a rápida acumulação de dívida interna e externa acarreta altos custos às futuras gerações. Finalmente, as economias em desenvolvimento descobrem que têm que reservar uma parcela muito maior da receita de exportação simplesmente para resgatar os custos de juros sempre maiores sobre a dívida pendente, deixando-lhes muito pouco espaço para expansão da economia nacional. Verificam que estão em franca concorrência, com os países mais ricos do mundo, pela poupança nos mercados financeiros internacionais. Muito embora preguem que os países mais pobres devam reduzir o consumo interno e viver dentro de seus recursos, os Estados Unidos se recusam a seguir seu próprio conselho.[1]
>
> *Barry P. Bosworth*

Um corolário grosseiro de nosso argumento de que a prática e os processos do raciocínio econômico são evolutivos pode ser acrescentado aqui: isto é, que, em tempos recentes, as atitudes do público sobre o papel do governo na administração geral da economia têm demonstrado uma tendência cíclica. Ou melhor, desde pelo menos o surgimento da moderna sociedade industrial e das sociedades anônimas na última metade do século XIX, têm havido oscilações recorrentes de apetite popular, de condições minimalistas, pró-mercado livre, para o gosto pelo intervencionismo governamental e a engenharia social.

As últimas décadas do século XIX presenciaram o auge da crença no *laissez faire* (ainda que nem sempre a prática). A esse período se seguiu o compromisso da Era Progressista com várias mexidas sociais relativamente tranqüilas, que resultaram em um sistema bancário basicamente centralizado, numerosas iniciativas regulamentadoras em relação a certas indústrias, elaboração de novas leis antitruste e modestas tentativas de regulamentação social nas áreas de proteção aos consumidores, condições e horas de trabalho e reconhecimento do direito dos trabalhadores de se organizarem. No desencanto americano com o governo em geral e a autoridade em particular após a Primeira Guerra Mundial, o pêndulo pendeu para o outro lado, para uma ordem econômica mais aberta, centralizada no mercado. Conforme vimos nos capítulos anteriores, essa época foi seguida por uma defesa vigorosa da engenharia social nos anos da Grande Depressão e da Segunda Guerra Mundial, pelo descaso benévolo da era Eisenhower, pela engenharia social da década de 60 e por um conservadorismo ressurgente em princípios e meados da década de 80.

Não é perfeita, contudo, a simetria de nossas oscilações históricas. Tal como uma bola que salta, cada movimento ascendente sucessivo para condições de mercado livre foi um pouco menos forte do que o precedente. Ignorando-se a retórica, poucas pessoas sustentarão que os anos Reagan sequer se aproximaram da ênfase nos mercados desregulamentados e assuntos econômicos entregues a si mesmos dos anos de Harding e Coolidge, ou que a década de 20 foi tão livre como a de 1880. Em outras palavras, a extensão e profundidade do compromisso do governo com a direção das atividades econômicas aumentaram, mesmo quando persistiam as oscilações de e para mercados livres. Esse ponto não é de todo esotérico, porquanto deve nos dizer alguma coisa sobre as atuais tendências e seu provável resultado.

Só pessoas totalmente desconhecedoras da história peculiar da economia política americana no século XX poderiam ter ficado muito surpresas quando, em 1987-1988, políticas que defendiam diversas variedades de intervencionismo governamental voltaram a ganhar certa preferência popular e política. No rastro do fracasso do conservadorismo reaganita em solucionar certos problemas econômicos, e à sombra imediata da quebra do mercado de ações na Segunda-Feira Negra e de tudo que isso revelou em relação às vulnerabilidades internas e internacionais dos Estados Unidos, ocorreu um surto de iniciativas pró-ação do governo. Ouviu-se o imediato e não surpreendente pedido de aumento de regulamentação dos mercados de títulos pelo governo (parte da agitação mais veemente veio de alguns corretores de ações). A AFL-CIO e democratas liberais, após longo período de invisibilidade, conseguiram aprovar no Congresso legislação dispondo que empregadores teriam que dar um aviso prévio de 60 dias no caso de fechamento de fábricas. Enquanto isso, problemas diversos, percorrendo toda a faixa desde o emprego de informações privilegiadas à difícil situação das associações de poupança e empréstimo e penosa conjuntura dos agricultores, agravada pela terrível seca de 1988, resultaram em campanhas fortes que pediam maior intervenção do governo. Foi também de alguma importância que nenhum candidato sério à indicação de seu partido em 1988, e nenhum dos dois candidatos no outono, quis se identificar demais com uma ideologia minimalista, de mercado livre.

Voltaremos adiante a essas questões, mas, por ora, elas servem apenas como introdução útil ao estudo dos limites que são, neste momento, impostos à formulação da política macroeconômica.

Entre os beneficiários dos fatos ocorridos nos anos finais do governo Reagan figurou a economia keynesiana. O reacendimento das fogueiras keynesianas depois da Segunda-Feira Negra foi comentado com grande exatidão pela *U.S. News and World Report*. Em princípios de 1988, seus editores observaram:

> Após uma década de descrédito, voltaram as receitas de Keynes para a intervenção do Estado quando os mercados tropeçam... Até certo ponto, o keynesianismo voltou a contar com apoio quase que por omissão. O monetarismo e a economia de oferta, duas doutrinas que forneceram a maior parte do poder de fogo intelectual ao ataque de Ronald Reagan ao grande governo, provaram que eram incapazes de evitar ou explicar a atual agitação.[2]

O ponto importante da observação era que as idéias keynesianas estavam voltando "por omissão". Para alguns leitores, uma citação de Karl Marx pode vir bem a propósito. Observando o segundo namoro da França com Napoleão na década de 1860, Marx disse: "Quando a história se repete, ela surge inicialmente como tragédia e, depois, como farsa." Farsa ou não, a caixa de ferramentas keynesiana, antes considerada carente de instrumentos apropriados para prover estabilidade macroeconômica, estava sendo novamente rebuscada. É um pouco cedo ainda para julgar se esse renascimento da economia keynesiana será ou não um fenômeno de longo prazo. Não é de surpreender, haja vista os ciclos no pensamento econômico, que o intervencionismo tenha atrações. E, na ausência de qualquer outra coisa no nível macroeconômico, só resta recorrer a Keynes. De qualquer maneira, uma nova era keynesiana terá que ser muito diferente da que ocorreu no passado. Certamente, carecerá da exuberância e certeza autoconsciente da década de 60, porque nunca mais seremos tão inocentes como fomos nos anos da nova economia. Mas, afora esse fato, idéias keynesianas, ou qualquer outro trabalho de formulação de política macroeconômica, enfrentam limitações muito sérias. Em parte, essas limitações são inerentes à natureza da política e instituições políticas americanas. E em maior extensão ainda, as limitações à nossa capacidade de elaborar políticas macroeconômicas apropriadas são funções de um meio econômico muito alterado.

Limitações Políticas

No Capítulo 1, examinamos o papel da ideologia na configuração das idéias e na elaboração das agendas e políticas econômicas. Na verdade, as interpretações estão sempre sujeitas a diferentes maneiras políticas de ver as realidades econômicas. Conservadores tendem a considerar a inflação e as forças inflacionárias como os problemas macroeconômicos fundamentais, enquanto os liberais geralmente sustentam que o desemprego é mais importante. Monetaristas enfatizam o papel decisivo do volume do meio circulante, e, por inferência, de políticas monetárias e fiscais racionais e restritivas. Keynesianos — tanto os demandistas tradicionais quanto os de inclinação ofertista — pedem política fiscal mais ativa. Porém, os expectantes racionais negam utilidade a qualquer formulação de política econômica, baseados na crença de que indivíduos e instituições ignoram esforços nesse sentido, agindo de um modo que efetivamente os anulam. E por aí vão. Essas divergências "políticas" entre economistas, no entanto, enriquecem o raciocínio e a formulação da política econômica, e em hipótese alguma os limitam. As restrições políticas que focalizaremos aqui procedem de outras direções e refletem outros interesses.

Uma das restrições a ser notada é que a execução da política macroeconômica não é a única função econômica política do governo. À parte a estabilização econômica, espera-se que o governo moderno estabeleça outras metas econômicas, tais como o fornecimento de "bens públicos" (estradas de rodagem e educação pública, por exemplo), resolva os problemas dos "transbordamentos", ou externalidades econômicas (mantendo a qualidade do meio ambiente, a proteção ao consumidor, etc.), preserve condições competitivas no mercado (cumprimento da legislação antitruste) e solucione problemas inaceitáveis de distribuição de renda. As políticas do governo nessas áreas, por conseguinte, podem realmente colidir com os objetivos de estabilização. Uma deterioração grave dos meios de transporte, por exemplo, ou de outros serviços de infra-estrutura, pode ter que ser corrigida com total independência de quaisquer considerações do impacto desejável ou indesejável do resultante aumento dos gastos governamentais.

Seguindo de perto a primeira limitação, há políticas macroeconômicas que enfrentam invariavelmente grupos de interesses possuidores de músculos políticos *e* objetivos econômicos próprios. A indústria de construção civil e os sindicatos, por exemplo, defendem interesses próprios na "melhoria da malha rodoviária". Do mesmo modo, idosos têm interesse em tratamento médico, proprietários de moradias nas taxas de juros, fornecedores de equipamento militar, seus operários — e as comunidades onde estão — em gastos com defesa, e desempregados e pobres em programas de treinamento para o emprego e em pagamentos de transferências. Em certas ocasiões, esses interesses fazem com que sejam sacrificados os objetivos de estabilização. A maioria dos americanos idosos, que como grupo, segundo as probabilidades, são os que mais acreditam nas virtudes de não dever nada a ninguém, querem equilíbrio no orçamento federal, mas não ao custo de "sua" seguridade social. A indústria de construção e candidatos à compra da casa própria certamente se opõem à inflação, mas sentem preferência por baixas taxas de juros, quaisquer que sejam as tendências gerais vigentes dos preços e o programa de estabilização que tais tendências exigem. O conselho dos grupos de interesses a economistas e políticos é muito simples: "Não me ferre!"

Para o político que quer conservar o mandato, a fidelidade às políticas macroeconômicas "ideais" que visam à estabilização é, freqüentemente, diluída pela necessidade de comparar o benefício político e/ou prejuízo de escolher certos objetivos macroeconômicos com os interesses de política microeconômica de seus eleitores. Na política, como na economia, está sempre em operação a lei do custo de oportunidade. Claro que a concorrência de diferentes interesses econômicos pela atenção do político é um aspecto muito antigo das decisões políticas. Todavia, em nossa época, a proliferação de grupos de interesse politicamente poderosos, que foram em si estimulados pela escala do governo moderno, transformou uma tendência comum em uma condição crônica e freqüentemente debilitante. Como resultado, na prática, a formulação da política macroeconômica raramente fica à altura dos modelos da maioria dos economistas — qualquer que seja sua orientação ideológica.

Um terceiro elemento político atuante é a conexão entre o nível de atividade econômica geral na época da eleição, ou pouco antes dela, e o sucesso dos candidatos aos cargos. O resultado ficou conhecido como "ciclo econômico político". Tipicamente, os que ocupam os cargos tentam prometer as melhores condições econômicas, o que tem significado, com freqüência, medidas de política fiscal e/ou monetária expansionistas pouco antes da eleição, ignorando-se seus efeitos a prazo mais longo. Em geral, depois da eleição, a expansão é estrangulada por uma mudança de política, em um ano não-eleitoral, para a contração, e a alta é substituída pela recessão. Praticamente todos os governos foram acusados de seguir essas estratégias, figurando geralmente Johnson e Nixon como os mais inspirados na tomada dessas medidas.

De acordo com a teoria do ciclo econômico político, as condições políticas, e não as econômicas, foram com freqüência as que desempenharam papel de maior vulto em oscilações cíclicas recentes. Em um ambiente como esse, a elaboração de uma macropolítica coerente e estável é sempre vítima das necessidades eleitorais. Deve-se notar, contudo, que trabalhos estatísticos para provar a existência de ciclos econômicos políticos despertaram reações conflitantes entre os economistas, com mais ou menos o mesmo número de estudos reconhecendo a existência, e outros negando, desses ciclos. Certos fatos, porém, não estão sujeitos a controvérsias.

Nas quatro vezes em que um partido no governo foi derrotado no nível presidencial desde 1956 (1960, 1968, 1976 e 1980), por exemplo, a renda disponível (após a dedução dos impostos) ou estava caindo (em duas ocasiões) ou permanecia a mesma (em duas ocasiões) no ano eleitoral. Coincidentemente, todas as quatro derrotas eleitorais ocorreram quando os impostos, como percentagem da renda disponível, subiram. Por outro lado, nos quatro exemplos desde 1956, nos quais o partido no governo conservou a presidência (1956, 1964, 1972, 1984 e 1988), a renda disponível subiu em quatro desses cinco anos eleitorais. (Não houve mudança na renda em 1972.) No Congresso, parece haver uma correlação mais forte entre programas econômicos de apelo eleitoreiro dos candidatos e o voto que foi realmente depositado, quando passamos à questão da orientação que os impostos estão tomando. Em 12 casos desde 1956, em que o partido majoritário perdeu grande número de assentos em ambas as Casas (seis na Câmara dos Deputados e seis no Senado), dez foram casos de eleições realizadas em anos em que subiam os impostos, como percentagem da renda disponível. Em sete casos, em que o partido majoritário aumentou significativamente seus números (cinco vezes na Câmara dos Deputados e duas vezes no Senado), seis ocorreram em anos em que os impostos declinavam como parcela da renda disponível.

Ora, nada disso *prova* que os eleitores americanos podem ser subornados por elaboração de política com fins eleitoreiros, nem que os políticos votarão em programas apenas de acordo com opiniões preconcebidas de seus eleitores. *Partidos foram alijados do poder em eleições.* Entretanto, parece sensato supor que os políticos não são estúpidos nesses assuntos e que, quando a "melhor" sabedoria econômica está em contradição com a "melhor" sabedoria política a curto prazo, fica necessariamente um tanto diminuída a capacidade do economista de vender suas recomendações de política ou conseguir que sejam cabalmente implementadas.

O leitor não deve interpretar mal esta digressão sobre limitações políticas. Ela não é apresentada como um meio de evitar a responsabilidade dos economistas ou como um álibi de fracasso. É, sim, oferecida como prova simples de que os economistas têm que trabalhar em um mundo real que não é exatamente igual aos modelos que funcionam tão bem na sala de aula ou nas revistas especializadas.

As Limitações dos Instrumentos de Política

No último capítulo, descrevemos os instrumentos básicos da política de estabilização e, teoricamente pelo menos, os meios através dos quais cada um deles poderia ser utilizado para gerar um dado resultado macroeconômico. Em nosso mundo, em grande parte idealizado, certa ordem de medidas políticas e resultados esperados é evidente. O modelo, no entanto, é muito menos complexo do que o mundo real. A fim de compreender as possibilidades reais das medidas modernas de estabilização, teremos que passar um pouco além da teoria e examinar alguns problemas práticos. Com essa finalidade, duas tendências recentes na política merecem estudo.

Em primeiro lugar, conforme notamos antes em um contexto diferente, a formulação moderna da política tende a dar maior destaque ao combate à inflação do que às outras metas, de alto emprego ou crescimento econômico, revertendo uma preferência que predominou desde a década de 30. Na verdade, como vimos em nossa discussão das teorias de desemprego estrutural e taxa natural, a teorização macroeconômica recente conseguiu em grande parte explicar o que, no passado, teria sido considerado como taxas de desemprego cronicamente altas.

Uma segunda tendência, e bastante ligada à primeira, foi a queda do estado de graça da política fiscal como o grande instrumento de estabilização. Claro que ela permanece como uma arma de emergência, antidepressão. Na verdade, diante de uma grave queda da atividade econômica, praticamente todos os economistas insistiriam em medidas expansionistas. No entanto, a administração econômica geral através da política fiscal está em plena retirada. Um dos problemas do que costumava ser chamado de "sintonia fina" é que a política fiscal não funciona muito bem na outra direção. Duas limitações militam contra a elevação dos impostos e corte de despesas para esfriar uma economia superaquecida: em primeiro lugar, a alta probabilidade de que não se possa ter certeza de que elas interrompam pressões inflacionárias que têm profundas raízes inerciais na economia, e, em segundo, a impopularidade geral da política fiscal restritiva.

Ainda assim, mesmo que essas limitações ao emprego da política fiscal pudessem ser descartadas, recentemente surgiu outra dificuldade, muito mais intrigante. Os déficits monumentais acumulados durante os anos Reagan causaram mudanças importantes na estrutura dos próprios déficits e na dívida propriamente dita. De modo geral, economistas não têm se preocupado muito com a dívida nacional agregada, focalizando-se, em vez disso, nas mudanças marginais, de um ano a outro (que simplesmente refletem déficits ou superávits anuais no orçamento operacional do governo). Todavia, na década de 80, com déficits anuais excedendo a taxa de crescimento do PNB e taxas de juros mais altas (tanto nominais quanto reais), o serviço da dívida exercia maior pressão sobre os orçamentos anuais. Em 1987, o governo americano estava gastando quase 5% do PNB (em comparação com 1,4% em data tão recente como 1975) no pagamento de juros a portadores de títulos. Ou em outras palavras, em 1986 o serviço da dívida federal apenas estava consumindo 25% da poupança nacional disponível, todos os anos. Essa mudança estrutural no fardo da dívida pôs fim a qualquer pretensão, para a maioria dos economistas, quaisquer que fossem suas inclinações ideológicas ou teóricas, de que "déficits não têm importância" e que "a dívida nacional não importa".

As frouxas políticas fiscais de Reagan retiraram todo sustentáculo de medidas fiscais discricionárias desse tipo. O velho argumento monetarista de que déficits públicos produziam um efeito de *expulsão* de 100% — que um dólar de dívida do governo financiado através de vendas de títulos ao público simplesmente "expulsava" um dólar de fundos que, de outra maneira, estariam disponíveis ao setor privado — ganhou certa respeitabilidade. O argumento keynesiano de *atração* — de que, exceto em condições de pleno emprego, déficits públicos geravam investimentos privados — parecia fazer pouco sentido numa época em que os déficits anuais e o custo de juros de déficits acumulados absorviam fatias tão grandes das poupanças. Na verdade, se investidores estrangeiros, atraídos pelas altas taxas de juros, não tivessem comprado cerca de um terço das novas emissões de títulos, a expulsão teria se tornado um problema muito grave.

À parte esses problemas estruturais criados pela dívida e déficits crônicos, havia as limitações diretas que déficits eternamente grandes (chegando a 5% do PNB em 1986, em comparação com menos de 1% em 1979) impunham às possibilidades de política fiscal discricionária a curto prazo. Era muito simples que os efeitos reais estimulantes ou restritivos do que poderiam ser consideradas medidas fiscais razoáveis fossem muito limitados nos casos em que déficits habituais se tornam muito grandes. Abrir e fechar uma torneira no meio de uma inundação dificilmente se notaria. Em conseqüência, nossa experiência recente em matéria de déficit junta-se a nossos receios inflacionários como séria limitação a confiar na política fiscal como instrumento estabilizador sempre à disposição, como fizemos durante toda a década de 60 e princípios da de 70.

E, também, há a política monetária. Tradicionalmente, os keynesianos sempre fizeram pouco caso da política monetária como instrumento estabilizador. Na verdade, não há muitos anos, "política fiscal *versus* política monetária" era um codinome do debate keynesiano-monetarista. Naturalmente, o fracasso abjeto das autoridades monetárias em elaborar a política certa em fins da década de 20 e princípios da de 30 é geralmente citado como importante fator contributivo para o colapso do mercado de ações e a gravidade da depressão. Além disso, o Fed foi muitas vezes criticado nas décadas de 50 e 60 por adotar políticas pró-ciclo — expandindo o meio circulante e, dessa maneira, estimulando gastos em épocas de pressão inflacionária e restringindo-os em períodos de recessão. Mesmo depois de ter sido obtida alguma coordenação, em fins da década de 60 e princípios da de 70, entre as autoridades monetárias e seus colegas da área fiscal no Tesouro e no

Departamento do Orçamento, as duas políticas raramente funcionaram bem harmonizadas.

Um problema básico na coordenação das duas foi o de sincronização. Ambas sofrem com a questão das "defasagens". Há, em primeiro lugar, os hiatos dos dados e do reconhecimento, ou, simplesmente, de identificar para onde está indo a economia. No caso da política fiscal, há em seguida um hiato legislativo, uma vez que uma mudança discricionária nos impostos ou gastos para fins de estabilização tem que passar pelo Congresso e obter a sanção presidencial. Esse processo pode ser trabalhoso e consumir muito tempo. Os dados de 1962, por exemplo, e o reconhecimento que justificava um corte de impostos resultaram em um projeto legislativo em 1963, mas que só se tornou lei em 1964. (Alguns autores argumentam que quando finalmente a redução dos impostos aconteceu, o problema para o qual fora pedida já estava desaparecendo.) Por outro lado, a redução de impostos de 1981 passou com grande rapidez pelo Legislativo. Aliás, a defasagem na elaboração da política monetária é muito curta, apenas o necessário para que o comitê de formulação de política (o Comitê de Mercado Aberto da Reserva Federal reúne-se todos os meses) chegue a uma decisão. Nesse momento, porém, as medidas de política monetária enfrentaram um demorado hiato de eficácia, talvez de seis a 18 meses, antes que a política realmente "fizesse efeito". Por outro lado, o hiato de eficácia em uma mudança de política fiscal que deve ser aprovada pelo Congresso é relativamente curto, uma vez que mudanças nos impostos e gastos produzem resultados razoavelmente rápidos. As diferentes considerações de defasagem das políticas monetária e fiscal, e a incerteza sobre o marco temporal de cada defasagem, continuarão a tornar muito difícil a coordenação. Cabe notar também que o Fed, dada sua facilidade em elaboração de política, pode reagir mais prontamente a novas condições, e seus sinais (atualmente voltados para uma estratégia que visa a atingir as taxas de juros), podem, por seu próprio peso, enviar imediatamente uma mensagem. Entretanto, examinando toda a história da política monetária, os monetaristas são contra a que ela seja usada apenas para finalidades discricionárias a curto prazo. Em vez disso, têm insistido há muito tempo em uma "regra monetária", com fixação em lei do aumento anual do meio circulante.

De 1979 a 1982, enquanto a economia se tombava sob o peso de uma inflação crônica, o Fed adotou outra tese monetarista. A inflação era principalmente resultado de criação excessiva de nova moeda, atribuível aos déficits do governo. *Nessas condições*, a intervenção era justificável. Em conseqüência, o Fed fechou as torneiras do dinheiro, provocou uma profunda depressão e, conforme vimos, reduziu em muito a taxa de inflação. O episódio 1979-1982 exemplifica uma contradição básica na formulação da política. Como questão prática, a política fiscal tem sido usada para combater o desemprego, enquanto a política monetária é adotada para combater a inflação. A tolice fundamental dessas medidas é óbvia, basta lembrar que essa política de dinheiro escasso chocou-se de frente com o início de um corte direto de 25% nos impostos. A longo prazo, os preços realmente baixaram e, muito mais tarde, o desemprego caiu de um pico quase igual ao da depressão, a que fora levado pela política monetária de recessão, embora a década de 80 ostentasse também as taxas de juros mais altas da história americana recente e o maior déficit jamais incorrido em tempos de paz. Ambos resultados produziram efeitos sobre os investimentos privados que, apesar de bons, podiam ter sido melhores em outras circunstâncias. E os maus efeitos sobre os investimentos implicavam a probabilidade de o crescimento econômico ser prejudicado.

O que podemos fazer, então, conhecendo as limitações técnicas às políticas fiscal e monetária como armas contracíclicas? Uma possibilidade, caso os déficits diminuam muito, é continuar o que vimos fazendo, isto é, usar a política fiscal para estimular e a monetária para retardar a economia. Ainda assim, esse enfoque, acelerador fiscal-freio monetário, não acaba com o ciclo monetário, simplesmente o institucionaliza, tornando recessão induzida por política a cura da inflação, e vice-versa — o que certamente não constitui nenhuma grande vitória de formulação de política.

Há, contudo, outra possibilidade: abandonar o emprego da política fiscal como instrumento anticíclico importante e confiar mais na política monetária. Dadas as visíveis deficiências da política fiscal e os atuais dilemas do déficit, a primeira parte dessa estratégia parece tecnicamente viável. No entanto, a perda de *status* da política fiscal como principal instrumento estabilizador, quaisquer que sejam os méritos econômicos do caso, não será obtida facilmente, uma vez que requer que o Congresso e o presidente abdiquem de seus papéis de formuladores da política econômica. Economistas que acreditam no "ciclo econômico político" poderiam aplaudir esse fato, mas, como observam os críticos dessa estratégia, neste momento o poder de administração econômica ficaria exclusivamente nas mãos das autoridades monetárias do Fed, um grupo que pode ter sua visão política própria e é em grande parte independente do controle público ou de qualquer grande colégio eleitoral perante o qual seja diretamente responsável.

Além desse problema de controle, contudo, existe um embaraçoso problema de política. Seria de esperar que o Fed abandonasse sua tendência unidimensional antiinflacionária e aprendesse a atuar com tanta rapidez para estimular a economia cambaleante como faz para esfriar a economia superaquecida. Mas mesmo que pudesse agir assim, funcionaria? Embora políticas de dinheiro escasso sejam claramente uma arma mais eficaz contra a inflação resultante de pressões da demanda do que as políticas fiscais, há pouca prova de que uma política monetária expansionista seja muito eficiente como instrumento anti-recessivo. Em palavras mais simples, nenhuma grande queda da atividade econômica, com excesso geral de capacidade industrial instalada e alto emprego, jamais foi detida apenas por facilidades de crédito.

É incerto o resultado desses dilemas técnicos. A ineficácia geral da política fiscal nas condições vigentes e a natureza unidimensional da política monetária constituem verdadeiros convites a reações extraordinárias de política, especialmente a possibilidade de intervenção extensa pelo governo através do emprego de medidas diretas que afetem o emprego, os preços, os salários, os lucros, os investimentos e muito mais. Evidentemente, se a administração indireta das atividades econômicas agregadas fracassa (ou pior ainda, se *parece* fracassar), a gestão direta pelo governo é o único resultado lógico. Tampouco isso é uma possibilidade apenas numa economia esvaziada ou em recessão. Considerando os altíssimos custos, em termos de desemprego, do combate à inflação com uma política monetária altamente restritiva (caso em que sabemos que a política monetária "funciona"), numerosos economistas convencionais e observadores econômicos têm se perguntado se a inflação, também, não pode ser um veículo para uma intervenção governamental muito mais profunda. No rescaldo imediato da Segunda-Feira Negra, o estudo atento dessa possibilidade foi geral em muitas das maiores instituições financeiras e empresariais do país. O paradoxo era óbvio. Num momento em que a retórica pró-mercado atingia níveis recentes nunca alcançados, falava-se também na "possibilidade" da mais extensa intervenção do governo jamais empreendida na economia. Mas à medida que a recordação da Segunda-Feira Negra recuava para o segundo plano, o mesmo acontecia com essa linha de discussões. Mas ninguém estava contestando que nossos instrumentos tradicionais de estabilização pareciam inadequados para quaisquer tarefas muito sérias.

A Segunda-Feira Negra e os "Déficits Geminados"

Após o desmoronamento do mercado acionário em 1929, foi preciso muito tempo para que economistas e outros interessados revistassem os escombros para descobrir o que realmente havia acontecido. Na verdade, um bom tempo correria antes que o fato recebesse a atenção que merecia. Mas não foi isso o que aconteceu após o colapso de 1987. A atenção foi concentrada e logo depois se chegava a um consenso sobre os problemas básicos. Sem dúvida, alguns viam nisso apenas um fenômeno puramente técnico — especulação excessiva, negociações computadorizadas e coisas assim. A sabedoria convencional, no entanto, concentrou-se nas causas e efeitos econômicos fundamentais e nas possíveis soluções e a coisa desenvolveu-se mais ou menos assim: a crise tinha sido resultado direto de dois fatos — o déficit federal em alta e os déficits crônicos da balança comercial. O primeiro era, dependendo das preferências de cada um, resultado de uma ou outra coisa: 1) gastos crescentes e superiores às possibilidades razoáveis de arrecadação dos impostos; ou 2) a redução de impostos de 1981-1983, que havia criado um buraco inaceitável na receita. O último déficit era ligado ao primeiro na medida em que, para financiar os crescentes déficits federais, nos havíamos voltado para o exterior e atraído fundos com altas taxas de juros e um dólar forte. Isso, por seu lado, equivalia a um imposto sobre as exportações americanas e um subsídio a mercadorias estrangeiras, ampliando a defasagem comercial dos americanos. Os déficits duplos, era o que dizia o argumento, solaparam o mercado acionário em alta ao gerar dúvidas sobre a capacidade de o país agüentar indefinidamente esses déficits. O mercado tinha sido finalmente empurrado para a beira do precipício por medidas do Departamento do Tesouro, tomadas vários dias antes do desmoronamento, para reduzir o valor do dólar (a fim de fechar o hiato comercial) e a aparente mudança do Fed para uma política de moeda escassa (para evitar uma esperada pressão inflacionária resultante dos déficits federais).

As soluções indicadas para a crise equivaleram a prover, pelo menos a curto prazo, crédito mais fácil para aliviar a pressão sobre os mercados financeiros, que enfrentavam crises de liquidez, e desfechar um ataque imediato à origem do problema — o déficit federal. Esta última medida, claro, foi considerada principalmente como simbólica, um sinal (todos sabiam que era apenas um sinal) de que os Estados Unidos iam levar a sério o problema de "viver além de seus recursos". Enquanto isso, todos se agoniavam lembrando-se dos paralelos com

1929 e formavam uma frente sólida contra quaisquer medidas imediatas para equilibrar o orçamento ou apertar o crédito, que pudessem deflagrar uma profunda depressão. Alguns observadores lembraram-se da Tarifa Smoot-Hawley, de 1932, e insistiram em que o emprego de tarifas para proteger os mercados americanos e reduzir os déficits na balança comercial simplesmente estimularia retaliações e o agravamento das condições econômicas.

O fato de americanos comuns terem escutado e compreendido esses argumentos é uma prova do nível mais alto da alfabetização econômica no país. No entanto, como foi inicialmente exposta, a análise induzia a erro por vários motivos. Em primeiro lugar, havia a suposição, implícita em praticamente todas as discussões do problema criadas pela Segunda-Feira Negra, de que a política macroeconômica "apropriada" poria novamente tudo nos eixos. A situação seria restabelecida com uma boa aplicação de responsabilidade fiscal. A lógica disso era óbvia. Déficits federais reduzidos ou zero aliviariam o déficit da balança comercial e as pressões da inflação, permitindo, assim, que a nação e o mundo voltassem à estabilidade. Na medida em que o argumento funcionava, ele parecia uma compreensão de livro-texto sobre o que havia acontecido e o que deveria ser feito. O problema foi que a lógica simplificada demais gerou falsas esperanças sobre a facilidade de qualquer trabalho corretivo.

O segundo erro dessa análise, decorrente do primeiro, foi que enfatizava, de forma muito questionável, o papel do déficit federal na detonação de tudo que saía errado. Embora não fosse surpresa que Wall Street logo transferiria o problema para Washington, o trabalho casual de arranjar bodes expiatórios foi digno de nota. Mesmo que o déficit tivesse sido a causa principal — seja em termos econômicos fundamentais seja como um símbolo que afetava expectativas —, a razão exigia que se perguntasse, para começar, o que havia criado o déficit. Reagan, lógico, colocou a culpa em John Maynard Keynes. Os republicanos culparam os democratas. Os democratas culparam a "economia de vodu" das reduções de impostos pregadas pelos ofertistas. Talvez houvesse um pouco de verdade em todas essas acusações, mas a verdade era que tais "explicações" não iam suficientemente a fundo.

Fundamentalmente, a dívida pública era resultado da incapacidade da economia de crescer. De uma taxa de crescimento anual de 4% na década de 60, a economia caiu para 3% na década de 70 e para quase 2% em toda a década de 80. Se uma taxa de crescimento de 4% do PNB real tivesse sido mantida durante a década de 80 até a Segunda-Feira

Negra, não teriam havido déficits crônicos, na verdade, nenhum déficit em todo esse período. E se o produto tivesse mantido uma taxa de crescimento de 4%, o déficit da balança comercial teria sido também eliminado. Dessa perspectiva, o déficit era mais um bode expiatório conveniente para os problemas econômicos reais de uma economia em estagnação do que propriamente a causa dos fatos. Durante algum tempo, o déficit forneceu exatamente o que seus autores, quem quer que tenham sido, tencionavam obter: certo grau de estímulo econômico. O estímulo, pode-se argumentar, foi em grande parte uma ilusão, mas também suficientemente real para levar a economia através do mais longo período de "prosperidade" na era do pós-guerra — fato convenientemente ignorado por muitos que, nesse momento, consideravam a dívida como motivo de grande preocupação.

Novas Dimensões do Problema do Déficit do Governo Federal

O déficit do governo federal continua — e continuará — a ser o centro da maioria das discussões políticas e econômicas. A linha de raciocínio mais popular sobre o déficit segue a tese da "expulsão", discutida acima. Resumindo, essa análise sustenta que os déficits do governo absorvem volumes maciços de poupança privada (três quartos de toda poupança interna na década de 80), desviando fundos de outra maneira disponíveis a investidores privados e, assim, contribuindo para morosa formação de capital e retardo no crescimento econômico. As soluções para o problema do déficit são óbvias: ou menos gastos do governo (G), ou elevação dos impostos (T), ou alguma combinação dos dois.

Nesta altura, no entanto, começamos a encontrar algumas das muitas ironias, paradoxos e contradições que envolvem todas as discussões a respeito de "pôr os déficits sob controle". Até mesmo os defensores mais ardentes do equilíbrio orçamentário reconhecem as dificuldades inerentes ao "ajuste" de G e T. Baixar G, uma posição retórica sempre muito popular entre os conservadores, conforme vimos acima, é muito difícil de fazer, politicamente falando. Por outro lado, elevar T, mesmo que fosse politicamente aceitável, encerra perigos técnicos próprios. O aumento do imposto sobre a renda, por exemplo, reduziria a renda disponível e, com toda probabilidade, diminuiria também a poupança privada. Embora impostos sobre consumo, vendas ou valor adicionado pudessem ser usados para desestimular o consumo e aumentar a poupança, seus efeitos são incertos. Dessa maneira, medidas mais ou menos conservadoras para acabar com a pressão dos déficits sobre a poupança podem resultar, paradoxalmente, na redução desta última.

Outros teóricos econômicos, chamam a atenção para outro possível problema, ou seja, a reação em excesso à crise do déficit. Esses economistas, variando de keynesianos liberais, como Robert Eisner, a profissionais mais conservadores que trabalham para as Câmaras de Comércio dos Estados Unidos, argumentam que o problema da dívida e do déficit pode provocar soluções que infligirão tanta dor e prejuízos quanto o problema que supostamente devem resolver. Em termos de nossa análise anterior sobre encadeamentos macroeconômicos (ver Capítulo 5), esses argumentos são muito sensatos. O problema é que os mecanismos imediatos disponíveis para redução dos déficits — redução de G ou elevação de T — reduzem a demanda agregada, principalmente através de diminuição dos gastos dos consumidores. Entretanto, foram os gastos do consumidor fiel que desempenharam um papel decisivo em manter viva a longa expansão de meados e fins da década de 80. Segundo esse grupo de críticos, aumentar T ou reduzir G enfraquecerá a demanda, provavelmente jogando a economia em uma longa recessão. E, claro, a recessão diminuiria em geral a renda disponível e, com esse abaixamento, haveria declínio da poupança. Dessa perspectiva, os prejuízos resultantes para a poupança encurtariam os fundos disponíveis para investimento.

Superficialmente, pelo menos, essas duas opiniões podem parecer divergentes. Déficits farão com que a poupança decline e provocarão crescimento lento; *acabar* com eles através dos mecanismos fiscais habituais fará com que a poupança diminua e o crescimento se atrase. Pensando melhor, porém, talvez não haja absolutamente contradição alguma. Por que não é possível que os déficits *e* as medidas necessárias para reduzi-los possam, ambos, produzir efeitos contrários e dolorosos, na verdade até os mesmos efeitos? Vistos assim, déficits vultosos e, em termos de formulação de política racional, sem finalidade, lembram o excesso tanto no vício de drogas como no de comer demais. O comportamento em si leva à dor e evitá-lo é também doloroso.

Mas o debate sobre o déficit tem outra dimensão que merece atenção, antes de passarmos adiante. E neste ponto ultrapassamos meras questões de interpretação econômica divergente e entramos no problema obstinado do desacordo frontal entre o que os economistas sabem e o que a sociedade mais ampla quer ouvir. Não há falta de argumentos que "explicam" o crônico excesso de gastos federais sobre as receitas.

Observadores econômicos podem falar na "heresia keynesiana", focalizar a politização de todo processo de arrecadação e despesas, ou mencionar deslocamentos estruturais e cíclicos fundamentais e dificuldades de crescimento em tentativas de explicar os déficits federais. Ainda assim, as diversas interpretações que podem ser oferecidas para explicar o motivo por que os gastos federais excedem persistentemente a receita, ou por que certas categorias de gastos parecem totalmente insuladas de qualquer restrição orçamentária, compartilham pelo menos um ponto de acordo filosófico fundamental. *Todos os déficits são basicamente um reflexo do fato de que as expectativas do povo, de um Estado que atue como comprador de bens e financiador de transferências, simplesmente excedem a disposição e a capacidade da sociedade em geral de realizar o sacrifício e praticar a renúncia necessários para cobrir esses desembolsos.* Economistas podem discutir se há déficits "bons" ou "ruins". Podem pôr em dúvida os efeitos a curto prazo de gastos em déficit a curto prazo. Ainda assim, nenhum economista de renome profissional ou respeitado pelo público (e isso inclui Keynes e a maioria de seus seguidores) jamais argumentou que o governo podia simplesmente iniciar o costume, como estratégia a longo prazo, de emitir continuamente "cheques sem fundos" a fim de promover prosperidade nacional permanente.

O ponto aqui em discussão não é banal. Uma parcela considerável dos cidadãos mais ponderados inclina-se a vincular déficits ao trabalho de economistas — não apenas aos profissionais que são apologistas de pontos de vista políticos liberais, mas também aos conservadores tradicionais. (Não esquecer que foi durante os "conservadores anos Reagan" que a dívida pública nacional triplicou.) Essa opinião, por um lado, ignora os economistas, como indivíduos que nada de útil têm a contribuir para deslindar a "bagunça orçamentária" e, pelo outro, gera a crença interesseira em que a crise orçamentária está, afinal de contas, realmente fora de controle. Em conseqüência, enfrentar o problema do déficit torna-se ainda mais difícil.

Embora a maioria dos cidadãos reconheça uma predisposição fundamental contra déficits — como, aliás, a maioria dos economistas —, a crença pública manifesta e a prática real divergem. A verdade é que aquelas coisas que geram déficits — aumento de G ou queda de T — produzem também efeitos a curto prazo bastante agradáveis. Ainda assim, o equilíbrio orçamentário exige, mesmo nas melhores condições, certo grau de dor e sacrifício. Enquanto forem aumentados os impostos ou reduzidos os benefícios que alguém paga ou recebe do governo, a dor é aceitável, mas não quando isso acontece conosco. Dessa maneira, o problema dos déficits federais aponta para uma grande área de conflito social e político nos Estados Unidos, não para um conflito entre os teóricos econômicos, que demonstraram opiniões surpreendentemente semelhantes sobre o problema, mas entre o raciocínio econômico sensato e o auto-interesse da sociedade mais ampla.

Nesse exemplo, como em outros que veremos adiante, os fracassos da formulação de política não resultam simplesmente de conhecimento econômico inadequado, teoria mediocremente elaborada ou consenso profissional insuficiente entre os economistas. Na verdade, as linhas de medidas de política razoáveis podem ser muito claras, embora sejam, muitas vezes, rejeitadas pelo público geral e pelos seus representantes eleitos. O que os economistas *sabem* e o que a sociedade mais ampla quer são, freqüentemente, coisas muito diferentes.

Emperrados no Dilema do Crescimento

Recuando a Segunda-Feira Negra para o rol das lembranças distantes, torna-se fácil esquecer a incrível ansiedade que ela causou imediatamente e, até que um evento de peso semelhante ou mais forte se aposse do palco econômico, é fácil retornar a velhos hábitos de pensamento. Entre as muitas coisas que a Segunda-Feira Negra e seus choques secundários deviam ter mostrado, mas que aparentemente não fizeram, há a escassez de instrumentos de política eficientes, em nossa caixa de ferramentas, para enfrentar crises econômicas graves. Ela devia ter-nos orientado também para questões mais fundamentais do que os "déficits duplos", em nosso esforço para identificar os problemas reais que a economia ora enfrenta. Simplesmente, teremos que aprender, mais cedo ou mais tarde, que nossos velhos mecanismos de estabilização são insuficientes quando o problema econômico básico é lento crescimento econômico. Que o crescimento é essencial para as medidas de estabilização econômica e tem importância crítica para a solução de praticamente todos os demais problemas econômicos que poderíamos querer tratar, é realmente uma observação com a qual a maioria dos economistas concorda. Apesar de o crescimento parecer maravilhoso, ele envolve muito mais dor do que comumente se pensa.

Tratar detalhadamente o problema do crescimento econômico a esta altura poderá acrescentar certa confusão. Nosso principal interesse nos últimos capítulos foram os objetivos de estabilização, ou anticíclicos, da política macroeconômica. O crescimento, na medida em que foi bastante discutido desde que o introduzimos em nossa "agenda econômica fundamental" no Capítulo 2, tem comparecido como aquela situação que "existe naturalmente" quando as tendências para a inflação e o desemprego estão sob controle. Muito embora a maioria dos economistas concorde que essa visão é espantosamente inexata, permanece o fato de que, uma vez que o crescimento é fundamental para a solução de praticamente todos os problemas econômicos, ele é estudado, tópica e analiticamente, como uma espécie de subconjunto da política de estabilização. Não é difícil compreender a origem desse enfoque, dada a experiência das seis últimas décadas. De modo geral, as tendências cíclicas a curto prazo monopolizaram a atenção macroeconômica até recentemente, e o crescimento cuidou de si mesmo — até há pouco tempo. Repensar a ligação entre crescimento econômico e formulação de política macroeconômica, e reconsiderar o papel fundamental que ele desempenha na solução de praticamente todos os problemas, é necessário a todos aqueles que estão interessados nos rumos presente e futuro da economia americana.

Entre as primeiras habilidades a serem dominadas por aqueles que aspiram a ser economistas, está a de coletar e torturar dados de maneiras suficientemente criativas para fazê-los "provar" o argumento que se quer passar. Durante anos, dados de crescimento econômico têm sido uma mina muito rica para aqueles que procuram exibir sua destreza no mastigamento de números, mesmo que o processo de crescimento não tenha atraído uma expressiva atenção. Dispensa dizer que os mesmos dados foram usados para incrementar ambos os lados de qualquer debate sobre se as taxas de crescimento foram ou não adequadas. Reconhecendo, claro, que tais dados são sujeitos à "interpretação", a Tabela 6-1 oferece um resumo direto da premissa deste autor, de que as taxas de crescimento foram extremamente decepcionantes nos últimos anos.

Tabela 6-1. Crescimento Médio Anual do PNB *per Capita*, em Períodos Decenais, 1938-1987

Período	Crescimento Médio Anual (%)
1978-87	1,2
1968-77	1,3
1958-67	3,1
1948-57	2,1
1938-47	4,3

Examinando em ordem retroativa períodos de dez anos, de 1987 a 1937, a década mais recente é notável por ter apresentado o mais baixo aumento médio anual no PNB real *per capita* de todas as últimas cinco décadas. Mais importante, talvez, enquanto recuamos no tempo, é descobrirmos que a nação desfrutou um crescimento médio anual substancialmente mais alto no PNB real *per capita*.

Os problemas de crescimento econômico, aliás, não foram um assunto exclusivamente americano nas últimas décadas. Examinando sete grandes economias industrializadas desde 1973 — Estados Unidos, Suécia, Alemanha, França, Japão, Grã-Bretanha e Itália —, descobrimos que todas apresentaram experiências de crescimento decepcionantes em comparação com os 15 ou 20 anos precedentes. Ainda assim, apenas uma, a Grã-Bretanha, apresentou um resultado pior do que os Estados Unidos no período mais recente. As razões exatas da recente redução do crescimento econômico americano e, por falar nisso, da diminuição em todo o mundo, não são totalmente claras. Todavia, economistas concordam em geral que o crescimento a longo prazo requer expansão do capital disponível. Somente reservando uma parte substancial do produto atual à aquisição de meios produtivos, dessa maneira aumentando a possibilidade de maior produto por um dado volume de insumos, *ceteris paribus*, poderá a sociedade esperar manter um produto crescente *per capita* da população. Ou em palavras mais simples, o crescimento depende do aumento do produto por trabalhador (produtividade em alta), o que se torna possível por aumento do uso de capital por trabalhador. Para que o capital cresça, a nação, voluntariamente ou através de medidas de política, tem que estimular poupança suficiente, porque é da poupança (a decisão de não consumir) que é formado o capital.

É claro que a poupança e a resultante formação de capital não assegurarão sozinhas o crescimento. Condições econômicas gerais no país e no mundo, alterações estruturais importantes na economia que afetam indústrias outrora dominantes, mudanças na tecnologia e na quantidade e qualidade da mão-de-obra e outros recursos, a taxa de invenção e inovação, bem como os valores e visão social de uma nação, desempenham também, todos eles, importantes papéis. Mas, sem poupança, própria ou de outrem, a nação não pode crescer durante muito tempo.

Já observamos que crescimento econômico insuficiente limita a eficácia dos mecanismos da política de estabilização. Paradoxalmente, pode-se argumentar que foram nossas políticas de estabilização que exerceram um efeito indesejável sobre o crescimento. Esse argumento não é obscuro nem irônico. A sua essência é que a estabilização, em si, não basta. Na verdade, ela é impossível no prazo mais longo sem crescimento econômico, ao passo que este depende, ao mesmo tempo, da estabilidade essencial para produzir poupança e formação de capital. O problema torna-se evidente se examinamos o corte de impostos de 1981, inspirado pela economia de oferta.

A redução dos impostos foi anunciada pelos seus proponentes como uma "política para promover o crescimento". A lógica pareceu irresistível na época: cortem-se os impostos, o que por sua vez elevará a renda disponível, aumentando a poupança e, assim, a formação de capital. Não ficou claro na época, e permanece até hoje, como isso diferia dos velhos e simples cortes de impostos de inspiração keynesiana, usados como um estímulo a curto prazo da demanda (ou como medida puramente anticíclica). De qualquer modo, o efeito foi o que a maioria dos keynesianos teria esperado. A demanda disparou para o espaço. A economia recebeu uma injeção de efeito breve, mas não os prometidos efeitos de crescimento a longo prazo. Ao subir a renda disponível das pessoas, subiu o consumo. A poupança permaneceu mais ou menos a mesma e as taxas de poupança caíram.

Keynes foi acusado, sem dúvida citado fora de contexto, de ter dito alguma coisa no sentido de que uma nação podia escolher entre poupar até ficar pobre ou gastar até ficar rica. Na verdade, se ele fez tal observação, isso aconteceu apenas em uma situação declinante de curto prazo da atividade econômica, não como uma receita para política a longo prazo. Ainda assim, a "política de crescimento" dos ofertistas, tal como muitos outros esforços anteriores, de "administrar o crescimento", acabou no lado do "gastar até ficar rico".

Por sua vez, os americanos, cuja maioria provavelmente nunca ouviu falar da receita keynesiana para o sucesso, têm colaborado alegremente com qualquer estratégia baseada em gastar. Em fins da década de 80, a poupança pessoal dos americanos, como percentagem da renda disponível, era de menos da metade da existente na Alemanha Ocidental, quase um quarto da vigente no Japão e um quinto da taxa de poupança italiana. Poupando menos de 10 *cents* de cada dólar recebido, os americanos tinham a mais baixa taxa de poupança de todos os países industrializados. Foram muitas, claro, as explicações oferecidas para esse desempenho: inflação, política de estabilização, uma visão social do tipo "compre agora, pague depois", a demografia (velhos vivem de poupança e jovens são incapazes de poupar) etc. Não há, porém, como negar os fatos e eles mostram claramente que os hábitos de poupança americanos solaparam os requisitos para taxas aceitáveis e sustentáveis de crescimento econômico.

Os contornos de toda e qualquer política de estabilização e crescimento a longo prazo, portanto, ficam bem mais claros. Muito embora sejamos obrigados a tomar medidas comuns anticíclicas de tempos em tempos, essas medidas não devem se chocar com os requisitos fundamentais para a manutenção do crescimento econômico. A elaboração consciente de políticas destinadas a estimular a formação de capital deveria ser preferida àquelas que demonstram pouca ou nenhuma inclinação nesse sentido. Como questão prática, isso pode exigir uma revisão drástica de nossa filosofia e políticas de impostos. Em vez de tributar renda de pessoas físicas e jurídicas, um imposto de consumo progressivo poderia ser adotado. O ato de "poupar" seria assim privadamente encorajado, uma vez que só gastadores teriam que pagar impostos, ou cumprido publicamente, uma vez que o imposto de consumo cobrado pelo governo equivale (do ponto de vista de toda sociedade) a uma espécie de poupança forçada. Defensores do imposto sobre o consumo sustentam que ainda seria possível ajustar esses impostos ocasionalmente, conforme ditassem as condições cíclicas, a fim de expandir ou reduzir a demanda agregada. Impostos de consumo, juntamente com uma grande variedade de outras medidas para dar às famílias incentivos para poupar e às empresas incentivos para investir e poupar, poderiam contribuir muito para lançar os alicerces do crescimento econômico sustentado. Os realistas, porém, logo observarão que os esforços necessários para estimular a poupança e a formação de capital exigem mudanças enormes nos hábitos de pensamento e ação da população geral, eventualidades difíceis de pensar, a menos que impostas à sociedade por realidades econômicas ainda mais ameaçadoras.

Economistas podem divergir sobre a estratégia preferida de estabilização a curto prazo. E também sobre a estratégia apropriada de crescimento a longo prazo. Entretanto, concordam sobre as opções básicas que a nação enfrenta quando sofre com os problemas fundamentais de crescimento e produtividade. Basicamente, só há, na realidade, duas alternativas. Em primeiro lugar, nada fazer, ou pelo menos pouco fazer para remediar a situação. Isso equivale a cortar os padrões de vida nacionais, finalmente abaixando-os ao nível da capacidade produtiva real — e não a pretendida — da sociedade. O corte, claro, não atingirá a todos uniformemente, com alguns sofrendo muito enquanto outros nada sofrem, e talvez mesmo ganhem alguma coisa. Pode acontecer sob a forma de desemprego ou cortes nos salários nominais, infligidos diretamente àqueles que ocupam cargos vulneráveis a taxas de crescimento mais baixas. Pode vir sob a forma de inflação, que ajusta para baixo a renda real de todos. Ou pode vir através de desemprego e inflação. O ajustamento para baixo não deve parecer estranho aos americanos. Depois de atingir o pico de 14,185 dólares em 1979 (em dólares de 1982), o PNB real per capita entrou em declínio, não superando esse nível até 1984. Entre os que procuram um caso mais clássico dos efeitos de crescimento insuficiente, a Grã-Bretanha das décadas de 60 e 70 proporciona um exemplo notável de situação onde esse tipo de caruncho pode levar.

A outra alternativa, que a curto prazo pode, no mínimo, ser tão dolorosa quanto o primeiro cenário, significa implementar políticas econômicas que eventualmente elevarão o potencial de produto real do país. A execução de uma estratégia de crescimento séria exigiria uma rigorosa austeridade econômica. Significaria abandonar os hábitos condicionados pelo consumo que dominam a vida americana desde a Segunda Guerra Mundial. Infelizmente, além de *não solucionar* o problema de taxas de crescimento cada vez menores e produtividade em queda, medidas para solucionar esses dilemas exigem também o corte dos padrões de vida, embora, neste caso, alguma coisa boa esteja à espera no fim do sacrifício. Ainda assim, exceto em situações que se seguiram à devastação virtualmente completa em tempos de guerra e nos casos em que não existia alternativa para enfrentar os problemas de formação de capital e produto (a Alemanha e o Japão são os exemplos mais notáveis nesse particular), a história dá poucos exemplos de nações que implementaram com sucesso uma estratégia planejada de crescimento desse tipo.

Os Estados Unidos e o Mundo

A metade comércio externo do problema do "déficit geminado" obrigou os americanos a repensar verdades há muito tidas como naturais. Não muito tempo antes, as políticas econômicas americanas concentravam-se predominantemente no país, e o resto do mundo, na medida em que sequer figurava em nossa formulação de política, não tinha valor algum. Na verdade, em assuntos caracteristicamente internacionais, tais como taxas cambiais, comércio internacional e arranjos financeiros, podíamos em geral formular e ditar a política na medida em que a julgávamos vantajosa. Entretanto, nossa maior dependência de fontes estrangeiras de matérias-primas, nossa necessidade de fornecedores estrangeiros de fundos de investimento, a internacionalização de nossos negócios e operações financeiras, o crescente poderio de muitas nações industrializadas que outrora dominamos e o agravamento da situação do comércio internacional tornaram impossível a independência econômica. Por um lado, essa situação impõe limites especiais à formulação da política econômica, uma vez que metas e programas estabelecidos para finalidades internas devem estar sempre sincronizados com diretrizes de política seguidas por outras nações e ser condicionadas pela nossa posição como devedor crônico e maior nação devedora do mundo, o que reduziu fortemente nosso poder de influenciar os assuntos econômicos internacionais. Por outro lado, nossa situação econômica internacional serve necessariamente como um estímulo para que tomemos as medidas necessárias para restabelecer o crescimento interno e, assim, aumentar nossa competitividade internacional.

Realmente, "competitividade" tornou-se uma grande e importante palavra na década de 80, época em que um pequeno exército de pensadores econômicos elaborava estratégias destinadas a melhorar as medidas de administração, investimentos e política pública americanas, na medida em que afetavam diretamente nossa capacidade de exportar. Analiticamente, o raciocínio é óbvio. Exportações líquidas em crescimento, *ceteris paribus*, geram um PNB crescente. Ao darmos uma atenção especial à nossa capacidade de exportar (nossa "competitividade"), tentamos matar dois coelhos com uma só cajadada. Em primeiro lugar, estimularíamos o crescimento econômico interno. Em segundo, na medida em que o crescimento fosse obtido, recuperaríamos certo grau de autonomia em nossa própria formulação de política econômica.

Esses argumentos, tal como o resultado esperado das próprias estratégias, são tão sedutores e agradáveis que nos sentimos inclinados a subestimar as dificuldades, internacionalmente falando, de partir de onde estamos agora para onde queremos chegar. A campanha para revitalizar os Estados Unidos como grande nação exportadora está repleta de numerosas decepções potenciais.

Para sermos exatos, a demanda externa de bens americanos é uma função de preço, qualidade e taxas cambiais — assuntos sobre os quais podemos exercer algum controle através de nossas próprias políticas e atos econômicos. Mas a demanda externa é condicionada também por numerosas variáveis sobre as quais temos pouquíssimo controle. As políticas econômicas de outras nações, por exemplo — estejam elas procurando atingir metas expansionistas ou antiinflacionárias — afetam diretamente sua demanda de bens e, portanto, sua demanda de importações procedentes dos Estados Unidos ou qualquer outra nação estrangeira. E, claro, se adotam uma política deliberadamente protecionista, isso limita as vendas de bens americanos. Além disso, o estado geral da economia mundial tem que ser levado em conta. Se o mundo descamba para a recessão, nenhuma engenhosidade ou criatividade em matéria de política por parte dos Estados Unidos lhe aumentará as exportações. Na verdade, a economia mundial mais ou menos deprimida dos últimos anos tem tornado difícil ao país vender no exterior, mesmo que tenhamos, de fato, feito muito para aumentar nossa competitividade nesse mesmo período.

Dessa maneira, em relação às exportações como fonte potencial de crescimento econômico, enfrentamos uma situação na qual não somos totalmente senhores de nosso próprio destino. Para sermos exatos, se adotarmos estratégias internas (ou absolutamente nenhuma estratégia) que resultem em preços em alta, altas taxas de juros, dólar excessivamente forte, e falharmos também na resolução dos problemas de nossa produtividade e competitividade, poderemos esperar que nossos déficits na balança comercial continuem e provavelmente se agravem. Mas mesmo que façamos tudo certo em termos de produção para exportação e estratégias de formação de preços, não podemos ter certeza de que ocorrerá uma súbita reviravolta nas vendas ao exterior.

Podemos escolher nada fazer ou fazer as coisas erradas e piorar ainda mais a situação. Podemos adotar estratégias que promovam o comércio e esperar que o melhor aconteça. Mas não podemos nos iludir, pensando que nós, apenas, controlamos o resultado dessa estratégia. Os que defendem o aumento da competitividade como estratégia apropriada estão, naturalmente, certos. Mas a solução que oferecem não é garantida. É bom lembrar esse ponto, uma vez que frustração devido à nossa incapacidade de exportar deflagrará sempre tendências para o protecionismo, que têm profundas e grossas raízes no pensamento e na prática econômica americana. E o protecionismo provocará com toda certeza retaliação e, provavelmente, ocasionará uma contração econômica mundial, como aconteceu na década de 30. Ser "parte do mundo", além das frustrações de impotência, inclui ainda o desconforto da responsabilidade.

Uma Nota sobre a "Promessa" de Crescimento Econômico

Antes de prosseguirmos, uma tendenciosidade — alguns a chamariam de falha — tem que ser reconhecida quanto a certas suposições feitas acima. Em especial, supomos até esta altura que, sem crescimento econômico, não há soluções para os problemas econômicos que pressionam tão profundamente a ordem social americana. Para muitos leitores, esse argumento pode ser bastante claro e dificilmente matéria de controvérsia. Afinal de contas, constitui praticamente um reflexo entre economistas considerar crescimento como o objetivo natural das atividades comuns de uma economia moderna. Ainda assim, alguns críticos vêm há tempos postulando uma questão fundamental sobre a inclinação dos economistas para o crescimento. *Será que o crescimento econômico em si não criará a longo prazo problemas que poderão ser mais graves do que as dificuldades que ora enfrentamos sem crescimento?* Em outras palavras, poderá o crescimento trazer calamidades mais sérias do que nenhum crescimento?

Há quase duas décadas, E.F. Schumacher, em um irritante livrinho, *Small Is Beautiful: Economics as if People Mattered*, argumentou convincentemente que o pensamento social contemporâneo inclinava-se irremediavelmente para a idéia de que a produção material em crescimento constante era não só a base da "boa vida" mas para a vida em geral.[3] As idéias de Schumacher haviam sido profundamente influenciadas pelo pensamento e atos de Mahatma Gandhi, o incansável líder nacionalista que fora tão útil para tirar os britânicos da Índia após a Segunda Guerra Mundial. Gandhi não era apenas antiimperialista, mas contrário também às práticas sociais e filosofia do capitalismo britânico. Ensinando as virtudes da vida aldeã simples e da produção artesanal auto-suficiente (mas não muito mais do que para o nível de subsistência), ele elaborou uma série de argumentos contra a centralização econômica, a produção em massa, a profunda dependência da tecnologia e as outras características das sociedades industrializadas do século XX. A preferência de Gandhi — e de Schumacher — pela vida pastoril, a indústria local em pequena escala e a vida aldeã constituía uma rejeição total de certas suposições que são fundamentais para o pensamento econômico ortodoxo.

O hábito econômico típico de destacar a "eficiência", isto é, pressionar por uma maior razão entre produto e insumos, não tem grande importância em "um pequeno mundo". Tampouco essa medida contábil de eficiência, lucro, goza de grande estima entre os defensores de "o melhor é ser pequeno". Essas idéias são, claro, fundamentalmente subversivas, um desafio aos modos dominantes de raciocínio político e econômico e, se não tivessem sido tão esquisitas e místicas e "irremediavelmente em descompasso com a história", teriam, com toda certeza, provocado alguma repressão intelectual, ainda que não política. Em vez disso, permitiu-se que as idéias de Gandhi, e a versão que delas nos deu Schumacher, vicejassem à margem do raciocínio econômico convencional, embora oferecidas apenas como bizarra nota de rodapé às discussões sobre crescimento econômico.

Contudo, essas idéias persistem, e com um número moderado mas lentamente crescente de simpatizantes. Se não entre muitos economistas, com certeza em voga entre ambientalistas e outros preocupados com a pequenez e fragilidade deste planeta, há a crença persistente de que o esforço para produzir mais é, em última análise, contraproducente, levando eventualmente a um ambiente físico empobrecido e, por conseguinte, a uma existência humana empobrecida. Entretanto, o aumento das dúvidas sobre crescimento como objetivo social humano final não deve ser superestimado. Embora tenha crescido a conscientização, talvez mesmo a expectativa, de que um Dia do Juízo Final ambiental nos espera estrada abaixo, esse sentimento não se materializou, em um esforço de formulação de política econômica, em qualquer país do mundo que rejeite o crescimento e aceite que "o melhor é ser pequeno".

Estamos apenas lentamente e de má vontade começando a aceitar a idéia de que objetivos de crescimento econômico têm que ser compatibilizados com a realidade da escassez de recursos e com as necessidades de manutenção de equilíbrio ecológico. A maior parte da população mundial, e praticamente todos os seus pensadores econômicos e políticos, quaisquer que sejam suas preferências ideológicas, continuam sem se impressionar com argumentos idealistas de que uma vida *melhor* é possível sem os penduricalhos físicos e materiais da "boa vida".

Para o bem ou para o mal, o crescimento econômico continua a ser o item principal da agenda não só dos Estados Unidos, mas também de todas as nações. A espécie humana pode aprender a viver com menos e, realisticamente falando, a maioria continuará a viver com muito pouco. Mas os argumentos em favor de uma vida menos material e de implementação deliberada de políticas que levem a isso pouco atraem aqueles que têm muito e aqueles que têm muito pouco. A busca consciente de "menos" será sempre considerada como uma alternativa irremediavelmente utópica, até que os fatos obriguem a mudanças radicais nos modos de pensamento, comportamento privado e organização institucional. Apesar dos argumentos dos defensores de "o melhor é ser pequeno", o crescimento econômico é atualmente a estratégia social com a qual todos concordam. As opções que ora enfrentamos não são entre fins, mas entre meios. Podemos resolver nada fazer e esperar que aconteça o melhor em relação ao crescimento econômico ou adotar políticas deliberadas de crescimento. Um ou outro, ou ambos esses cenários, certamente passarão antes que o "nenhum crescimento" seja considerado um programa desejável na agenda econômica da nação e do mundo.

Algumas Reflexões Finais

Se o moderno pensamento macroeconômico e a formulação correlata de política parecem estar se aproximando dos limites externos da eficácia, isso acontece principalmente porque as medidas de estabilização afundam nos baixios do crescimento insuficiente. Os americanos — incluindo os economistas — não têm sido obrigados a pensar muito em problemas crônicos de crescimento. No futuro previsível, uma boa argumentação pode ser elaborada já que o problema do crescimento econômico impõe limitações a todos os aspectos da agenda econômica do país, e não apenas à formulação da política macroeconômica, mas, conforme veremos nos capítulos que se seguem, também a políticas microeconômicas, ou de mercado.

Todas as estratégias de crescimento exigem redução do consumo corrente e aumento da poupança, mantendo-se ao mesmo tempo níveis de produção altos, conservando-se os preços sob controle, e provendo-se incentivos à expansão dos investimentos e ao aumento da eficiência. Não é uma agenda econômica fácil de cumprir e requererá destreza na formulação da política e um nível de sacrifício praticamente desconhecido por uma nação que nunca foi devastada por uma guerra. Em conseqüência, a popularidade recente de cenários do tipo "Dia do Juízo Final" não surpreende muito. Crises e colapsos são coisas intrigantes, se vistos de longe, e há provavelmente uma grande distância entre o ponto onde a economia se encontra atualmente e o desastre econômico completo. Todavia, muito tempo será necessário para formular e elaborar políticas apropriadas e, como nação, para nos ajustarmos às novas realidades que essas políticas gerarão.

Voltaremos mais tarde a esse tema de crise, porém, no momento em que deixamos nosso detalhado estudo da política macroeconômica, precisamos voltar atrás e retomar os fios de nosso argumento. Os quatro últimos capítulos examinaram a elaboração incessante de perspectivas e instrumentos para enfrentar os altos e baixos econômicos. Do ponto de vista da formulação de política, aprendemos muito sobre a maneira como a economia funciona e como certos instrumentos de política funcionam ou não. Contudo, o círculo dentro do qual os formuladores de política têm que trabalhar torna-se sempre mais apertado. Alguns, sem dúvida, interpretarão isso como reflexo de alguma deficiência inerente à disciplina da economia, prova de que os economistas, afinal de contas, não sabem muita coisa. Essa crítica, no entanto, passa muito longe do alvo.

Afinal, *o que os economistas sabem* sobre economia agregada? Muito embora haja pouco proveito em disfarçar divergências ideológicas importantes e inclinações técnicas que se manifestam quando se escolhem determinadas estratégias e instrumentos de política, há muita coisa sobre a qual concordam. Em primeiro lugar, os economistas têm uma boa compreensão geral da estrutura global e das relações de dependência de numerosas variáveis macroeconômicas. Em segundo, embora a estrutura agregada esteja sempre sujeita à mudança e à descoberta de novas dependências e causalidades, a maneira como as variáveis mais importantes se comportam não é mistério nem motivo de grande debate. Em terceiro, a evolução dos mecanismos da política macroeconômica, juntamente com a compreensão de seus pontos fortes e fracos relativos, é analogamente compreendida. Por último, a maioria dos economistas concorda que a política de estabilização, como os fatos das duas últimas décadas demonstraram, tem limites em sua capacidade de superar e corrigir tendências cíclicas extremas, e que, de qualquer modo, a estabilização não é um substituto para o enfrentamento dos problemas fundamentais do crescimento econômico.

Se existe algum consenso nesses assuntos, é evidente que evoluímos muito da situação vigente há algumas décadas. Ainda assim, a questão do crescimento cria um tipo especial de problema — não tanto porque os economistas discordem sobre os meios básicos para solucioná-lo (na verdade, não divergem), mas porque muito do que os economistas têm a dizer sobre o assunto é irritante para os ouvidos do público. Neste caso, a disputa de política assume a forma de um conflito entre o peso do raciocínio econômico fundamental e os sonhos e aspirações que o público abriga em sua mente coletiva.

CAPÍTULO 7

Governo e Mercado: Fundamentos Teóricos

O grande problema para decidir quais as atividades apropriadas do governo consiste em como resolver conflitos que surgem entre as liberdades de diferentes indivíduos. Em alguns casos, a solução é fácil. É pouca a dificuldade em chegar quase à unanimidade a respeito da proposição de que a liberdade de um homem de matar seu vizinho deve ser sacrificada a fim de ser preservada a liberdade do outro homem de viver. Em outros casos, a solução é difícil. Na área econômica, surge um grande problema relativo ao conflito entre a liberdade para associar-se e a liberdade para concorrer. Que significado deve atribuir-se à palavra "livre" como qualificativo de "empresa"? Nos Estados Unidos, entende-se "livre" como significando que todo mundo tem liberdade para fundar uma empresa, o que significa que as empresas existentes não têm liberdade de vedar o acesso a concorrentes, exceto vendendo um produto melhor ao mesmo preço ou o mesmo produto a preço mais baixo.[1]

Milton Friedman

Uma confusão sutil — alguns poderiam chamá-la de contradição — satura o ensino comum da economia. Normalmente, a análise macroeconômica é considerada como a esfera apropriada da ação estatal, esperando-se que o governo ou o banco central desempenhem papéis fundamentais na formulação da política. A despeito da retórica, ninguém, a não ser os pensadores econômicos mais fervorosamente conservadores, pode conceber um mundo econômico sem que o Estado assuma um papel importante através da política monetária. Por outro lado, no entanto, a microeconomia, concentrando-se em mercados individuais de bens e fatores de produção, continua a ser um caso separado.

Neste caso, os papéis teóricos são estabelecidos na suposição de que mercados funcionam melhor na ausência de intervenção. Só depois de bem aprendido o modelo de mercado puro é que se introduz a realidade dos vários tipos de intervenção do governo, e raramente com muitos louvores.

Esse aspecto esquizofrênico do raciocínio econômico, intrigante se o estudamos em profundidade, não é, contudo, difícil de explicar. De imediato, ele pode ser atribuído à "grande síntese" feita pelos economistas na década de 50, quando enxertou-se a crítica keynesiana no tronco tradicional do raciocínio econômico. A síntese, popularizada nos textos para ensino de economia de Paul Samuelson a ponto de tornar-se *a* economia, foi, para sermos mais exatos, um meio-termo, uma integração de duas correntes opostas e polêmicas. Durante anos, essa divisão da matéria econômica em um componente que aceita a praticidade da intervenção do governo nas irracionalidades das dimensões econômicas agregadas, e em outro que cumula de louvores a lógica e eficiência de atos econômicos individuais, produziu seus problemas lógicos e técnicos, mas permanece basicamente incontestada dentro da disciplina. Como as ações individualmente lógicas e eficientes levam, no agregado, a condições gerais irracionais e indesejáveis, o assunto raramente é levado muito a sério por partidários da corrente principal do pensamento econômico americano. Na verdade, acredita-se em geral que aqueles que o fazem correm o risco profissional de serem considerados excessivamente radicais ou reacionários em suas idéias.

A tendenciosidade teórica contra qualquer papel importante do governo é inerente à natureza da análise microeconômica. Em anos mais recentes, essa tendenciosidade teórica foi reforçada por crescente sentimento político popular contra o grande governo em geral (tanto em suas atividades microeconômicas quanto macroeconômicas). No entanto, conforme vimos, a profissão em si aproximou-se, em anos recentes, da tese ortodoxa, pró-mercado. Como resultado, a discussão objetiva das possíveis contribuições do governo ao aprimoramento do comportamento do mercado é limitada, por alguns terem que assumir uma postura defensiva, tentando constantemente introduzir uma mudança nas regras do jogo. Esse problema será esclarecido adiante.

Fundamentos Teóricos da Intervenção do Governo

No mundo idealizado de mercados puramente competitivos, pensadores econômicos imaginam um sistema em que há grande número de compradores e vendedores relativamente pequenos, alguns dos quais, por si mesmos, podem afetar o preço do produto. Em qualquer mercado de produto, os bens oferecidos por qualquer vendedor, ou candidato a vendedor, constituem substitutos perfeitos dos bens de qualquer outro vendedor. Entretanto, obstáculos ao ingresso no mercado são mínimos, tornando possível, a qualquer um que o deseje, fazer isso. Acima de tudo, claro, há as suposições de racionalidade e conhecimento perfeitos. Compradores e vendedores previdentes tentam sempre maximizar seu bem-estar, comprando respectivamente tão barato quanto possível e vendendo a preço tão alto quanto possam obter. Essa ação de maximização é possível porque compradores conhecem plenamente todos os preços e produtos oferecidos, enquanto os vendedores estão igualmente cientes dos preços dos produtos dos concorrentes, das taxas salariais predominantes, da taxa de juros, do preço das matérias-primas e de futuras tendências do mercado. Nesse mundo, o instinto humano "natural" de aumentar o próprio bem-estar econômico conserva os preços iguais ou próximos dos custos econômicos de produção, mantendo a eficiência (uma vez que produtores ineficientes ou de alto custo seriam incapazes de enfrentar os preços dos concorrentes), e os recursos produtivos são alocados, essencialmente, de uma maneira socialmente desejável (teremos mais a dizer sobre os problemas de distribuição no Capítulo 9). A sociedade, por conseguinte, recebe exatamente aquilo que quer e de que necessita, em quantidades e preços que revertem em benefício de todos.

Infelizmente, fora dos textos econômicos e longe dos quadros-negros das salas de aula, nunca ninguém demonstrou que esse mundo econômico perfeito existe. Os defensores, naturalmente, apressam-se em observar que, existente ou não no mundo real, esse modelo é um bom padrão para que se procure instituir "o que deve ser". Os críticos o vêem apenas como uma ilusão, não como instrumento útil para analisar fatos reais. Todavia, defensores e críticos concordam basicamente que o modelo simplificado tem, de fato, o potencial — mesmo que as condições do mundo real se aproximassem das vigentes no modelo — de produzir certas *imperfeições* e *fracassos* não imediatamente visíveis em sua lógica geral. (Só os defensores mais teimosos ou obtusos acreditariam que o mercado livre não tem deficiência alguma.)

Entre as *imperfeições* que poderiam surgir em um mercado livre, três são em geral admitidas na teoria econômica moderna: 1) o desenvolvimento potencial de poder monopolístico; 2) a existência possível (provável) de deficiências em educação e informação entre os participantes no mercado; e 3) a possibilidade de que resultados de mercado livre, quaisquer que possam ser, choquem-se com os padrões éticos gerais da sociedade mais ampla.

Examinando a primeira dessas imperfeições, reconhecemos que a questão do monopólio surge em duas versões: situações em que um único vendedor ou um grupo de vendedores trabalhando juntos podem exercer poderes de fixação de preços socialmente indesejáveis e, em segundo lugar, situações em que a criação de um *monopólio natural* é socialmente desejável. A tendência entre vendedores de produtos de procurar obter poder monopolístico (ou entre compradores de agir como monopsonistas) é muito natural, dado o desejo de maximizadores racionais de vender tão caro quanto possível (ou comprar tão barato). Ao limitar o número de vendedores, o mercado monopolístico confere poderes extraordinários de *imposição de preço* a uma firma ou grupo de firmas que dominam o mercado, substituindo as condições de *aceitação de preço* que prevalecem quando todos são pequenos e as forças da oferta e demanda estabelecem preços sobre os quais nenhuma firma individual tem qualquer controle. Nessas condições monopolísticas, os economistas reconhecem que os consumidores enfrentam preços mais altos do que os "normais" (em condições de preços competitivos), redução geral da disponibilidade do produto (uma vez que preços mais altos simplesmente eliminam numerosos compradores no mercado) e conseqüente má alocação de recursos (uma vez que os preços mais altos e o produto menor reduzem a demanda de recursos).

Muito antes de o capitalismo existir como sistema econômico, tentativas de agir individual ou coletivamente para estabelecer poder monopolístico de fixação de preços eram consideradas contrárias aos melhores interesses da sociedade. Exceto os monopólios especiais concedidos pela Coroa, o direito consuetudinário inglês considerava o monopólio uma prática condenável. Na verdade, nossa própria legislação antitruste é a continuação da política pública formulada há três ou quatro séculos. Entretanto, conforme veremos no capítulo seguinte, a aplicação e o cumprimento da legislação antitruste (antimonopolista), nos Estados Unidos, têm sido desiguais ao longo da história e sempre sujeitas a interpretações, tanto políticas quanto econômicas.

Embora o governo possa intervir no mercado para restringir o poder monopolístico e restabelecer a competitividade, pode ter também que intervir em certos mercados onde se prefere o monopólio em vez da concorrência. Os serviços de utilidade pública — companhias telefônicas, de energia elétrica e fornecimento de gás, empresas particulares de abastecimento de água e esgotos são alguns exemplos disso. Nesses casos, acredita-se que os custos operacionais de um "monopólio natural" serão mais baixos se uma única firma abastecer todo o mercado, explorando, dessa maneira, as possibilidades de *economias de escala* (aumento de eficiência resultante do maior tamanho). Claro que, entregues a si mesmos, os monopolistas naturais explorariam também seu poder de fixar preços, segmentando mercados e vendendo a preços que eles pudessem suportar. O resultado seria preços muito altos para os que pudessem pagar e absolutamente nenhum serviço para grande parte do público. A fim de corrigir essa situação, estabeleceu-se um recurso econômico peculiarmente americano: o monopólio privado, regulamentado pelo poder público. No resto do mundo, os dilemas criados pelos monopólios naturais foram em geral evitados pela propriedade pelo governo dos serviços de utilidade pública. No caso americano, uma agência regulamentadora independente é criada pelo governo para fixar os preços e determinar a quantidade e a qualidade do produto. Como resultado da "barganha do monopólio regulamentado", a empresa privada tem garantia de uma estrutura de preços que lhe assegura um bom retorno do investimento líquido. Como veremos logo a seguir, a teoria econômica convencional — que no passado demonstrava certa estima pelo monopólio regulamentado — começou recentemente a reavaliar os benefícios sociais alegados de tais métodos.

Em relação ao problema de deficiências em educação e informação, a doutrina econômica clássica supunha que o consumidor era soberano, depositando seus votos em dólar e, em última análise, quando os atos de todos eles eram somados, determinando o que o mercado produziria e, também, a que preço. O fato de que o suposto conhecimento perfeito e racionalidade envolvidos em tal comportamento são, no mundo real, difíceis de demonstrar, fica evidente a todos os que observam os hábitos e práticas de compra do público em geral. Talvez, em vendas do tipo bazar, o consumidor pudesse saber os preços e quantidades relativas de todos os tapetes, lantejoulas e botas oferecidos à venda e escolher com senso de racionalidade, mas, em um mundo de comércio complexo de bens, em mercados complexos e distantes, sendo alvo permanente das campanhas de publicidade e de ofertas manipuladas com perfeição, sua capacidade de agir com conhecimento e bom senso é claramente limitada. Por isso mesmo, convivemos há muito tempo com uma grande variedade de leis de proteção aos consumidores. Muito embora campanhas recentes nesse sentido tenham provocado grandes críticas, não há simpatia no público em geral ou entre os economistas pela volta às condições de mercado do tipo *caveat emptor* (o comprador que se cuide).

Em nosso terceiro exemplo de imperfeições de mercado, em que resultados são contrários a valores sociais aceitos, é comum uma faixa muito grande de intervenções. Os americanos, por exemplo, há muito tempo acreditam que alguma eqüidade na distribuição da renda e riqueza é preferível a grandes extremos de opulência e pobreza. Em conseqüência, adotamos uma grande variedade de programas de subsídios custeados pelo governo e destinados a transferir renda (mas, por certo, não em somas muito grandes) dos mais abastados para os pobres, embora, ao mesmo tempo, adotando políticas de tributação moderadamente progressivas. Com respeito a esse assunto, a intervenção do governo para realizar redistribuição de renda, teremos muito mais a dizer no Capítulo 9.

Mas também fazemos distinção entre mercadorias, reconhecendo que algumas podem ser "más" ou "boas". A sociedade pode resolver desencorajar o uso das primeiras mediante imposição de impostos altos. Os produtos de tabaco, por exemplo, evidentemente se situam nessa categoria. Ao mesmo tempo, mercadorias boas, tais como educação e saúde, podem ser subvencionadas.

Entre outras inclinações éticas que podem interferir na política pública no que diz respeito a certos mercados, gostem disso ou não os defensores do mercado livre, temos a antiga preferência americana, nas transações comerciais, por honestidade, lealdade, pelo pequeno em comparação com o grande e o compromisso com o princípio de que, em determinadas áreas, as empresas privadas devem ser submetidas a certas considerações de "interesse público". Fundamentalmente, essas preferências são opções éticas que podem ou não ser mantidas em operações reais do mercado livre. O mercado, claro, não observa explicitamente nenhum desses valores éticos, embora seus defensores freqüentemente defendam sua presença implícita. As "informações privilegiadas" nos mercados financeiros, por exemplo, são ilegais, e combatidas pela sociedade em geral sobre fundamentos basicamente éticos, e não econômicos, embora uma justificação econômica de sua ilegalidade pudesse provavelmente ser feita. A "propina" é totalmente aceitável em alguns dos mercados mais livres e mais competitivos do mundo. Nos Estados Unidos, porém, instituiu-se uma legislação rigorosa, proibindo-a. A importância de valores éticos na formação de nossas atitudes em relação aos mercados não deve ser subestimada.

As imperfeições aparecem quando os mercados funcionam contrariamente ao comportamento intencional ou às normas sociais. *As falhas de mercado* aparecem quando o mercado simplesmente não tem êxito enquanto dispositivo econômico, seja fornecendo quantidades indesejadas de certos bens e serviços, seja deixando de fornecer completamente certos bens necessários. Uma das mais importantes falhas de mercado é o problema das *externalidades*. Em resumo, uma externalidade surge sempre que o preço determinado pelo mercado de um bem específico não consegue refletir o custo real desse bem ou seus verdadeiros benefícios de um ponto de vista social. Isso é resolvido quando as partes diretamente envolvidas em uma transação econômica (compradores e vendedores) realizam uma venda que recompensa custos ou benefícios não-pagos a terceiros.

Um custo externo, ou seja, uma externalidade, é óbvio quando uma empresa manufatureira polui o ar ou a água em suas operações normais de produção. A empresa fixa um preço que cobre apenas seus custos de produção internalizados, o que inclui pagamento de salários, capital, matérias-primas, administração e lucros. A poluição e seus efeitos não são de interesse direto da firma, mas têm que ser pagos pelos que se encontram fora da fábrica, sob a forma de danos à propriedade e à saúde. O mercado não proporciona meios de internalizar essas deseconomias externas na formação do preço do produto. O mercado, que relaciona apenas compradores com vendedores, e vice-versa, não dá ajuda a terceiros. Sem a adoção de impostos sobre efluentes, impostos de usuário, permissões de poluição, e coisas assim, esses custos internos jamais serão internalizados. Os preços dos produtos serão mais baixos do que devem, levando à alocação excessiva de recursos para uso pela firma e a um nível de produto socialmente indesejável.

Do mesmo modo, um bem que exerce efeitos sociais positivos — tais como mais educação ou saúde — talvez seja produzido em quantidade pequena demais. Em um mercado livre, a educação, por exemplo, seria comprada de acordo com as estimativas dos compradores dos benefícios diretos que dela poderiam tirar. Ora, toda sociedade se beneficiaria se mais pessoas fossem educadas. Os benefícios seriam muitos: taxas mais baixas de criminalidade, e dos custos sociais correlatos, força de trabalho mais produtiva e adaptável, e assim por diante. Por conseguinte, providências do governo são apropriadas para estimular o consumo de educação além daquela que é consumida como decisão coletiva de pessoas, medidas que tiram vantagem dos possíveis benefícios externos, ou externalidades, de maiores quantidades de pessoas formadas em faculdades. O fornecimento de subsídios — seja diretamente às instituições educacionais ou a pessoas isoladas que, de outra maneira, não comprariam unidades de educação — constituem ações apropriadas do governo.

Alguns bens não serão produzidos em mercados livres simplesmente porque não resultariam em lucros, ou em apenas poucos lucros, para os indivíduos que assumissem esse risco. Uma firma sensata só produzirá bens que possam ser vendidos a compradores identificáveis e compradores sensatos não pagarão por bens que puderem obter gratuitamente. O que dizer, então, de bens como defesa nacional, estradas de rodagem, polícia, serviço de bombeiros, sistemas de controle de inundações ou manutenção de portos? É evidente que tais bens são essenciais à sociedade, mas de que maneira um fornecedor privado desses bens poderia "vender" seu produto? Esses bens são conhecidos como *bens públicos*. Devem estar à disposição de todos os que querem usá-los, paguem ou não pelo uso. Bens públicos jamais poderão ser lucrativamente fornecidos em um mercado livre por causa do problema dos "caronas", mas tampouco a sociedade pode passar sem eles.

De modo semelhante, mercados livres não podem solucionar o problema de certos *recursos de propriedade comum*. Da perspectiva de curto prazo da firma maximizadora de lucro, recursos existem para ser usados, ponto final. Entretanto, desmatamentos, pesca excessiva em cursos d'água, congestionamento das ondas hertzianas e atividades semelhantes produzem resultados de responsabilidade do mercado que são prejudiciais do ponto de vista mais amplo da sociedade. Conseqüentemente, esses recursos são regulamentados e racionados por ação do poder público.

Na ausência de sinais apropriados enviados pelo livre mercado para tratar de assuntos como poluição, defesa nacional, rodovias interestaduais, educação, conservação de recursos naturais e coisas assim, a intervenção direta do governo no mercado é, segundo as perspectivas da maioria dos economistas, absolutamente essencial. Mas quanta intervenção se justifica realmente? Como questão de efetuar um cálculo teórico para determinar o quanto nós, como povo, desejamos comprar, de maneira a corrigir externalidades, aprovisionar-nos de bens públicos, ou qualquer outra intervenção direta a fim de corrigir falhas do mercado, os economistas empregam o princípio do benefício social marginal (BSM) igual ao custo social marginal (CSM). A compra pelo governo de bens públicos, o pagamento de subsídios educacionais ou o cumprimento de qualquer uma da grande variedade de ações regulamentadoras têm certos custos sociais (do dólar gasto de imposto, afora quaisquer custos diretamente incorridos, como resultado do cumprimento da política, por produtores e consumidores). Talvez pudéssemos medir também os benefícios sociais dessas ações como bem-estar social aumentado pela intervenção. Sendo assim, sabemos exatamente quanta intervenção deveremos comprar. Inicialmente, pelo menos, os primeiros poucos dólares dos custos da intervenção produzem benefícios muito altos. Os primeiros dólares gastos na elaboração e exigência de cumprimento de padrões de ar puro (supondo que estamos começando com um ar muito poluído) produzem benefícios excepcionais em termos de menos despesas médicas e menos danos às propriedades. Entretanto, à medida que aplicamos unidades sucessivas de despesas de limpeza do ar, obtemos menos retorno de nosso dinheiro, uma vez que, no início, concentramo-nos naturalmente nas tarefas mais fáceis para melhorar a qualidade do ar e, mais tarde, temos que nos deter em técnicas mais complicadas e caras a fim de conseguir qualquer melhoramento. Como resultado, e isso é mostrado na Figura 7-1, elevam-se em muito os custos incrementais de sucessivas unidades adicionais de ar limpo. Enquanto isso, o ganho para a sociedade, que foi muito alto no início com as primeiras unidades de melhor qualidade de ar (que provavelmente produziu efeitos importantes e imediatos sobre os custos com saúde e propriedades) diminui com cada unidade adicional.

Quanto devemos comprar de regulamentação de ar limpo? Até o ponto em que o BSM da unidade de ar puro comprada é igual ao CSM de obtê-lo. Além do ponto X na Figura 7-1, estaríamos pagando mais por unidades de ar limpo do que elas valeriam em termos de benefícios obtidos. Em níveis de ar limpo abaixo de X, estaríamos gastando mais em controle da poluição, uma vez que os benefícios marginais de ar limpo adicional excedem os custos marginais de obtê-lo.

O princípio CSM=BSM não tem que ser limitado a questões de poluição. Ele pode ser aplicado, pelo menos em teoria, à determinação da extensão de qualquer intervenção do governo no mercado, de comprar aviões de bombardeio B-1 a delimitar a aplicação da legislação antitruste. Claro que, como questão prática, determinar os cálculos em dólar real dos custos e benefícios é muito mais difícil do que sugerimos acima. Essas operações envolvem freqüentemente questões políticas complexas que podem levar indivíduos diferentes a calcular os custos e benefícios de maneiras muito diferentes. A longa discussão sobre a chuva ácida e os custos e benefícios potenciais de acabar ou não com ela — à parte inteiramente o debate sobre o que realmente a ocasiona

Figura 7-1. Determinação de Unidades de Ar Puro pelo Princípio de Benefícios Sociais Marginais Iguais a Custos Sociais Marginais

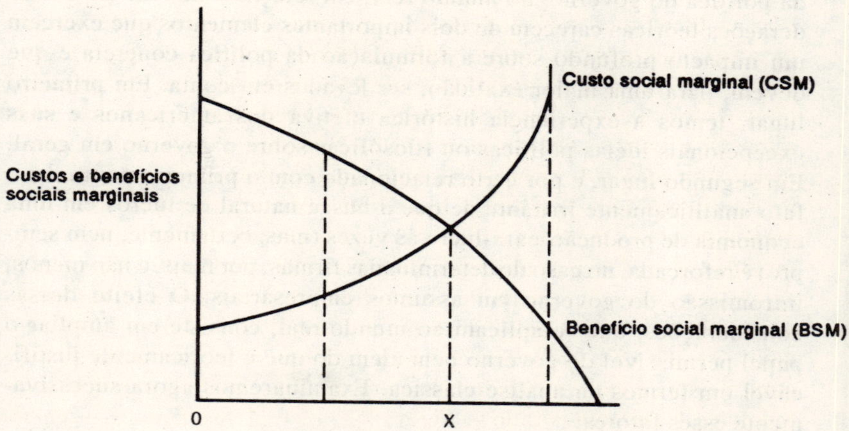

— reflete os sérios desacordos políticos e econômicos que economistas e políticos enfrentam quando é aplicado o princípio CSM=BSM ao mundo real.

Teoricamente, efetuar cálculos exatos é uma questão puramente técnica. A análise de custo-benefício continua a ser o alicerce da ação intervencionista do governo no mercado e, sobre essa rocha, grande quantidade de regulamentação pode ser assentada. Como assunto prático, contudo, a análise custo-benefício não resultou em muitas e grandes mudanças no pensamento microeconômico sobre o governo nos mercados. Permanece a idéia dominante, como tem acontecido há cerca de dois séculos, de que o governo é, por natureza, gastador, ineficiente e perturbador quando incursiona pelos mercados. Só nos casos das mais evidentes falhas e imperfeições de mercado — e, às vezes, nem mesmo nesses casos — é que os microeconomistas tradicionais cedem nesse ponto.

Lembrando o Papel de Política e Lucros

Mas chega de descrever as condições em que a intervenção do Estado nos mercados privados ou a substituição de falta de atos privados por atividade do governo são teoricamente justificados. A teoria apenas, contudo, não nos dará o que queremos saber em um exame caso por caso da política do governo, no mundo real, em relação a mercados. Considerações teóricas carecem de dois importantes elementos que exercem um impacto profundo sobre a formulação da política concreta e que devem, para uma maior exatidão, ser levados em conta. Em primeiro lugar, temos a experiência histórica efetiva dos americanos e suas excepcionais idéias políticas ou filosóficas sobre o governo em geral. Em segundo lugar, e por certo relacionado com o primeiro ponto, há o fato analiticamente irritante de que a busca natural de lucros em uma economia de produção-para-lucro às vezes (mas, certamente, nem sempre) é reforçada, no caso de determinadas firmas, por mais, e não menos, intromissão do governo em assuntos empresariais. O efeito dessas considerações, que se aplicam ao mundo real, consiste em ampliar o papel permissível do governo bem além do que é teoricamente justificável em termos da análise clássica. Examinaremos agora sucessivamente esses fatores.

Os americanos apóiam há muito teses econômicas que justificam o emprego do governo em todos os níveis, a fim de corrigir condições reais ou imaginadas de mercado consideradas indesejáveis. A ascensão do Estado, note-se, não é um fenômeno político recente. O sistema econômico americano, criado a partir dos escombros do mercantilismo britânico, aceitou desde o início o uso do poder do Estado para regulamentar atividades financeiras e comerciais. Mesmo na ocasião em que essa adaptação peculiarmente americana ao mercantilismo cedia lugar ao *laissez faire* jacksoniano e, mais tarde, à industrialização posterior à Guerra Civil, o Estado (tanto no nível federal quanto no de cada estado da federação) continuou a desempenhar um papel crucial no estabelecimento de limites e direções ao comportamento do mercado. A Lei do Serviço Bancário Nacional e certos atos de governos estaduais que afetaram as finanças, o comércio e as condições de trabalho constituem apenas alguns exemplos de "interferência nos mercados livres" durante o século XIX. No entanto, coube ao século XX presenciar o aperfeiçoamento dessas tendências.

Em termos mais simples, "o mercado" perdera posição na última década do século XIX. O aparecimento de trustes, as combinações de grandes empresas, as novas formas de integração e conluio empresarial, juntamente com a especulação em excesso da capacidade produtiva, haviam lançado a economia no caos de uma longa depressão, após o Pânico de 1893. Evidentemente, não estava funcionando a tradicional dependência das forças do mercado para restabelecer o equilíbrio através da formação de preços e alocação de recursos pelo mesmo. Nem o esfacelamento se devia simplesmente aos problemas de concentração e excesso de capacidade de produção. O surgimento e a organização cada vez mais militante dos sindicatos indicavam a abolição dos mercados de trabalho livres no exato momento em que o fechamento da fronteira encerrava o sonho de terras gratuitas.

Nas duas primeiras décadas deste século, a nação respondeu com um programa detalhado, embora nem sempre integrado, de legislação "progressista" destinada a restaurar o mercado através de extensa intervenção governamental. Embora retendo a estrutura básica de determinação de preços e alocação de recursos pelo mercado, os controles sobre os trustes e integração entre empresas, sistema bancário, meio circulante e certas práticas comerciais, bem como o reconhecimento e a integração dos sindicatos na economia da regulamentada Era Progressista, caracterizaram o crescimento da regulamentação pelo governo federal dos assuntos do mercado. O colapso da economia, mais uma vez, na década de 30, deu origem a extensos controles sobre atividades monopolísticas e a expansão do governo como regulamentador, fonte de subsídios, produtor de bens públicos e, conforme vimos com amplos detalhes, administrador da economia agregada.

Em todas essas atividades, e num período realmente muito longo, o governo reagia a pressões políticas muito reais, partidas de grupos políticos atuantes na economia. Na verdade, a maioria das reações até a década de 30 era de interesses empresariais identificáveis que não viam problema na intervenção governamental, enquanto ela lhes servisse aos objetivos. Para sermos exatos, parte da legislação da Era Progressista e muito das posteriores New Deal, Nova Fronteira e Grande Sociedade pode ter tido claros objetivos de engenharia social que contavam com o apoio dos menos abastados na sociedade. Entretanto, e este é um ponto a lembrar, os americanos sempre foram pragmáticos, nunca dando apoio integral a teorias econômicas de mercado livre e governo limitado.

As considerações acima não são oferecidas como uma defesa de grupos de interesses que fazem as políticas econômicas do governo. Há prova suficiente mostrando que colocar o governo a serviço de grupos políticos interesseiros foi — e continua a ser — um convite a desastres periódicos. Contudo, o fato de as origens históricas da intervenção do governo, e a prática em si, serem freqüentemente esquecidas pelos defensores do mercado livre, sugere que os americanos podem ter sido convencidos, sem muita razão, das virtudes dos "bons e velhos dias" dos mercados livres.

Essa digressão histórica indica também outro fato: a importância do papel da influência e das crenças políticas na elaboração das políticas microeconômicas. Economistas que não compreendem, ou não admitem que a participação do governo na economia e na vida americana em geral começa com o próprio processo político, e é um atributo especial da política do país, simplesmente não têm condições de construir modelos viáveis de política. A menos que o *porquê* da intervenção do governo figure com destaque nas discussões, os pontos *bons* e *maus* da intromissão do poder público jamais poderão ser realmente compreendidos.

Quanto ao nosso segundo ponto, de que a busca do lucro talvez seja reforçada por certos atos do governo, podemos elaborar uma justificação para o que, pode parecer bom senso óbvio, para muitos, mas que, apesar disso, é uma posição que se desvia um pouco do alvo teórico da microeconomia ortodoxa. A teoria microeconômica tradicional, da forma originariamente articulada há dois séculos por Adam Smith, aperfeiçoada por Alfred Marshall e outros 100 anos depois, e transmitida quase intacta aos modernos estudantes de economia, considera que as intervenções do governo se fazem acompanhar de numerosos efeitos prejudiciais. O problema é que esse argumento, freqüentemente, é "simplificado" por não-economistas e por aqueles que deviam saber melhor, e transformado na lógica seguinte, bem raciocinada mas sem fundamento empírico: a intervenção do governo nos mercados é "em geral antieconômica", isto é, geralmente prejudica o lucro da empresa privada.

Na melhor das hipóteses, a primeira parte dessa proposição é matéria de algum debate; na pior, é um axioma puramente ideológico, raramente oferecido em conjunto com prova empírica convincente. Mais importante, no entanto, é que a segunda parte é claramente uma simplificação grande demais que induz ao erro, como demonstraria até mesmo um exame superficial da mesma. Os cálculos de lucros e perdas da maioria das empresas são muito mais flexíveis em relação à intervenção do governo do que indica esse mito duradouro.

Da perspectiva de qualquer empresa, lucro não é assunto muito complexo e, em termos práticos, não é absolutamente uma questão teórica. Ou como a equação contábil básica enuncia a condição: Lucro = Receita Total (ou vendas) - Custos Totais. Tendo o lucro como objetivo principal, a empresa naturalmente empreende as operações e estratégias que elevarão a receita total e/ou baixarão os custos totais. Quanto à receita, ou vendas, à parte medidas econômicas geralmente dignas de elogio, como desenvolver novos produtos, abrir novos mercados ou reduzir os preços para aumentar o volume (e "campanhas de vendas" economicamente menos louváveis, como publicidade e concessão de crédito), a empresa pode também elevar as vendas na medida em que puder exercer algum poder (monopolístico) de fixação de preço. Esta última situação, como compreenderam empresas que trabalham em áreas tão diferentes como agricultura, beisebol profissional, transporte comercial aéreo e de superfície, fornecimento de utilidades públicas e provisão de equipamentos militares, pode surgir com freqüência como resultado de intervenção do governo através de medidas desejáveis de fixação de preços ou de concessão de privilégios monopolísticos. Medidas protecionistas do governo através de tarifas e quotas de importação aplicadas a concorrentes estrangeiros constituem outra área, entre muitas, onde o governo pode proporcionar a uma firma alívio de preocupação imediata com lucros.

Quanto aos custos, mais uma vez de forma louvável, espera-se que as firmas produzam eficientemente, paguem pelos fatores produtivos um valor igual, mas não mais do que isso, à sua contribuição marginal aos valores do produto, e se esforcem para inovar, aprimorar a tecnologia e investir para obter maior produto pelos mesmos ou por menos insumos. Evidentemente, todas as ações do governo que direta ou indiretamente subvencionam esses gastos não são consideradas por quaisquer empresários sensatos como inteiramente imorais. Creches, treinamento de empregados, doações para pesquisa e desenvolvimento e coisas assim, todas de iniciativa do governo, não prejudicam o demonstrativo de lucros e perdas das empresas. Mesmo no nível da política macroeconômica, certas medidas do Estado que afetam as vendas e/ou os custos (como, por exemplo, a expansão da demanda mantendo baixas as taxas de juros) são consideradas como produzindo efeitos salutares sobre os lucros a curto prazo. Vistas dessa maneira, torna-se perfeitamente lógico que as empresas considerem como muito úteis numerosas intervenções do governo.

Somente os líderes empresariais americanos mais rabugentos e excêntricos é que emprestam seu prestígio pessoal ou de suas empresas a grandes cruzadas contra o governo. Esse fato parece paradoxal apenas se for dada uma atenção excessiva aos princípios da microeconomia ortodoxa e muito pouca à prática e ao bom senso do mundo real.

Contudo, a propensão inteiramente normal de empresas de, vez por outra, usar o governo em seu próprio benefício não deve ser muito exagerada para descrever todas as relações entre o Estado e as empresas. Apesar dos marxistas e da maioria dos radicais, o governo nem *sempre* é pró-empresas em suas intervenções no mercado. Outros colégios eleitorais também têm que ser servidos. Os pobres, os idosos e outros elementos exigem também proteção e muitas dessas intervenções podem produzir efeitos que não consultam os interesses imediatos das empresas. Não é de surpreender — mais uma vez, em termos de bom senso, não de teoria econômica — que a maioria das firmas não goste de seriedade em transações financeiras, honestidade em publicidade, certas políticas antitruste e regulamentadoras, salário mínimo, OSHA (Administração de Segurança e Saúde no Emprego), EPA (Agência de Proteção Ambiental) e muitas outras coisas. Quando o governo atua para produzir certos resultados econômicos politicamente desejáveis e, mais importante ainda, quando seus atos podem situar-se bem dentro dos contornos teoricamente justificáveis do raciocínio microeconômico para corrigir falhas e imperfeições do mercado, é em geral previsível a reação negativa da comunidade empresarial. Nessas circunstâncias, as ameaças reais ou imaginadas aos lucros são invariavelmente apresentadas como ameaças à ordem econômica.

O que resta, então, quando passamos a considerações reais de formulação de política que afetam os mercados, é uma nítida divergência entre teoria econômica popularizada e assuntos de ordem prática. Contrariando a essência teórica da microeconomia, que sustenta que o governo é sempre uma ameaça potencial ao funcionamento correto da atividade econômica privada, a maioria das empresas julga a intervenção na base de seus efeitos positivos ou negativos imediatos sobre os lucros. Conforme veremos adiante, compreender essa perspectiva é muito útil na tarefa de avaliar políticas de governo em relação aos mercados.

CAPÍTULO 8

Governo e Mercado: Implicações de Política

Só o reformista ingênuo ou o conservador obtuso é que imaginam o Estado como um instrumento de mudança separado dos interesses e aspirações daqueles que o constituem. Os interesses ou necessidades do sistema industrial são promovidos com sutileza e poder. Uma vez que são apresentados de modo a parecer coordenados com os objetivos da sociedade, a ação do governo servindo às necessidades do sistema industrial reveste-se de um forte aspecto de objetivo social. E, conforme vimos, a linha entre o sistema industrial e o Estado torna-se cada vez mais artificial e indistinta.[1]

John Kenneth Galbraith

No último capítulo, examinamos os fundamentos teóricos de uma economia baseada no mercado e as condições, tanto como questão de teoria abstrata quanto de idéias filosóficas bem antigas, sob as quais os americanos adaptaram a intervenção do governo ao modelo do mercado. Sem que causasse muita surpresa, descobrimos que uma faixa bem grande de intervenções em assuntos de empresas e mercado pode ser justificada tanto analítica quanto historicamente. O modelo de mercado puro, ensinado e defendido com tanta constância nos livros de introdução à economia nos cursos de economia, é coisa muito diferente da realidade do comportamento do mercado nos Estados Unidos.

Neste capítulo, passamos do estudo basicamente analítico de governo no mercado para um exame de questões contemporâneas de política pública. Como o espaço impede uma cobertura exaustiva do assunto, escolhemos apenas quatro áreas para estudo: as operações de agências regulamentadoras independentes, a regulamentação pela sociedade das empresas, a aplicação da legislação antitruste a situações de mercado, e o recente debate da política industrial sobre investimento e planejamento empresarial. No capítulo seguinte, quando nos detivermos na distribuição de renda nos EUA, estudaremos o papel da política pública na distribuição e redistribuição das reivindicações ao produto.

Em nosso exame e crítica anteriores ao estado atual da política macroeconômica, observamos que a eficácia dos instrumentos de macropolítica era muito prejudicada pelo atual problema americano de taxas cronicamente insuficientes de crescimento econômico. Notamos ainda que a formulação da política macroeconômica não tem sido particularmente atuante para solucionar essa questão. Nos assuntos microeconômicos, contudo, mesmo que nossa visão geral se restrinja a mercados específicos, a questão do crescimento assume proporções muito maiores. O crescimento econômico, embora não seja o ponto teórico exato da indagação microeconômica, é simultaneamente uma suposta condição e um fim, o subproduto natural, na teoria microeconômica tradicional, da operação bem-sucedida dos mercados. E foi ao longo dessas linhas de pensamento que os teóricos da economia de oferta dos primeiros anos Reagan defenderam a desregulamentação dos mercados e uma estratégia de política pública que tirasse o governo "de cima do cangote das empresas". Provavelmente, através de desregulamentação, de uma política antitruste passiva e de um papel menos atuante do governo em uma grande variedade de mercados, a eficiência, a rentabilidade das empresas e, finalmente, as decisões de investir seriam melhoradas. Mas, ainda com o crescimento em mente, os defensores da política industrial pediram mais, e não menos, intervenção econômica, e também a fim de aumentar a eficiência, a rentabilidade e as decisões de investimento.

Na verdade, nota-se que, no nível macroeconômico, um acordo razoável possa ser alcançado entre economistas, tanto sobre a questão do crescimento em geral quanto aos instrumentos de política para promovê-lo e à estabilidade. Entretanto, em assuntos microeconômicos, embora praticamente todos possam concordar que crescimento é *bom*, há uma divergência profunda e real se mercados livres, mercados orientados ou planejamento centralizado total levam ao crescimento. Sem a menor dúvida, este é um problema importante para os pensadores econômicos americanos e, até que o ultrapassemos, grande parte da discussão sobre a política pública "correta" em relação aos mercados será simplesmente uma questão em que ninguém se entende.

Quanto aos defensores do mercado livre em qualquer estudo do papel apropriado do governo, temos que levar em conta o ressurgimento da crença profissional e popular de que a intervenção não funciona. E, claro, há todo o corpo da teoria microeconômica tradicional que sempre defendeu as mesmas idéias. Entre os intervencionistas, um grupo eclético que varia de defensores em uma pequena mexida aqui e ali a defensores de extensa engenharia social e planejamento centralizado, há o velho hábito americano de subordinar a teoria a objetivos puramente pragmáticos. Além disso, temos o fato duradouro de que nenhum de nossos concorrentes mundiais (eufemisticamente chamados de "parceiros comerciais") segue coisa alguma que se aproxime da política econômica do *laissez faire*.

Discutimos antes as oscilações cíclicas na crença entre mais e menos interferência do governo que caracterizaram o pensamento econômico americano no último século ou mais. Talvez seja prudente manter em vista essa propensão para variações cíclicas, em pontos de vista filosóficos e prática real, enquanto examinamos a política pública contemporânea em relação ao mundo dos negócios. Em primeiro lugar, isso nos lembrará que nenhuma política jamais é realmente final; em segundo, proporcionará úteis introvisões comparativas de pontos de vista opostos.

Claro que o estado geral de espírito na década de 80 que emanava da Pennsylvania Avenue, bem como de Wall Street e das calçadas da Main Street, era predominantemente pró-mercado e pelo mínimo de governo. Particularmente digno de nota, porém, foi que os economistas universitários não demoraram muito em se entrosar. Em uma das mais notáveis reviravoltas jamais ocorridas em qualquer disciplina acadêmica, eles aprenderam, quase da noite para o dia, a abandonar suas velhas críticas às falhas e imperfeições do mercado e, em vez disso, passaram a enfatizar-lhe os pontos fortes. Os velhos bichos-papões associados aos mercados — o poder monopolístico, as economias externas, as informações insuficientes e o fracasso no fornecimento de bens públicos — tornaram-se assuntos menos dignos de discussão microeconômica, nesse momento, que os mais "óbvios" males dos subsídios à agricultura, leis de salário mínimo, controles de preços de energia e regulamentação direta por comissão independente. E foi uma mudança de opinião profissional de conseqüências muito maiores do que talvez tenham compreendido muitos membros da profissão.

O Caso da "Desregulamentação"

Como bordão popular, bem como conceito econômico, "desregulamentação" tornou-se uma forma abreviada para repudiar todas aquelas iniciativas "mal-aconselhadas" do governo que estabeleceram restrições à iniciativa privada no mercado. Mais especificamente, como matéria de ênfase política, significou o fim, ou pelo menos a limitação, do longo costume de utilizar comissões ou agências regulamentadoras independentes para determinar o produto, o investimento e as decisões de formação de preços no que antes fora conhecido como "indústrias regulamentadas" (estradas de ferro, telecomunicações, atividade bancária etc.), bem como a reversão de certas iniciativas de "regulamentação social" das décadas de 60 e 70 (proteção ao consumidor e ao meio ambiente e legislação sobre segurança no emprego).

O argumento da desregulamentação foi proposto em fins da década de 70 por economistas conservadores, embora constituísse campo especial dos ofertistas. Numerosos economistas não anteriormente conhecidos por sua crença ou defesa de uma filosofia literal de mercado livre passaram para o campo do *laissez faire*, e com poucos sinais visíveis de desconforto teórico. Ironicamente, muitos deles acharam possível defender a desregulamentação e ainda manter uma postura liberal nesses assuntos. De qualquer modo, a debandada entre os economistas é importante porque nenhum comportamento semelhante seria encontrado entre seus colegas na ciência política e administração pública, que, de maneira geral, não se convenceram da utilidade da desregulamentação e que constituem a principal razão por que ainda persiste o debate acadêmico sério sobre esse tópico.

Não é fácil explicar por que a comunidade econômica se moveu de forma tão maciça contra a velha prática de comissões regulamentadoras independentes. A lei reguladora e a economia tiveram uma longa e nobre tradição, ainda que, recentemente, não tão vibrante, em muitos subconjuntos tópicos da especialização econômica profissional. Nos primeiros anos da Associação Americana de Economia, a economia regulamentadora contribuiu com um número considerável de presidentes e funcionários da entidade. Em data mais recente como as décadas de 30 e 40, essa área de especialização produziu mais dissertações de doutorado do que qualquer outra. No entanto, em meados da década de 70, quando o movimento de desregulamentação começou a ganhar forças, as circunstâncias mudaram. Havia nessa ocasião, claro, um fascínio crescente por soluções de mercado livre, mas, também, o fato irritante de que, na prática real, a regulamentação havia ganho recentemente uma reputação bem pouco lisonjeira. Pensadores econômicos e críticos de esquerda, variando de Ralph Nader a jovens marxistas, atacaram as comissões regulamentadoras, considerando-as meros instrumentos das indústrias que supostamente fiscalizavam no interesse do público. Da direita, claro, as linhas de ataque eram que a regulamentação pública gerava ineficiências monumentais e retardava o crescimento econômico e a vitalidade do país. Com um grupo cada vez menor de velhos defensores, o argumento *favorável* às comissões regulamentadoras independentes foi mediocremente elaborado. Atacada pela direita e pela esquerda e com defesa fraca, não era de surpreender que os que ocupavam um terreno intermediário mais moderado lhe abandonassem a defesa.

Em princípios da década de 80, a desregulamentação havia conquistado a atenção do público. Foi muito impressionante o argumento de que ela produziria custos muito mais baixos para os usuários das indústrias e produtos desregulamentados. E não foi por falta de esforços dos economistas (exceto, naturalmente, os que trabalhavam para o governo) que a destruição concreta da maquinaria regulamentadora ocorreu tão lentamente. O que sobreviveu mostra o poder e a inércia de interesses burocráticos bem entrincheirados — dentro e fora do governo. Da vantajosa perspectiva da década de 80, as comissões de regulamentação pareciam "tolices" para muitos economistas, e por uma razão muito boa. Praticamente ninguém entre os economistas parecia lembrar-se exatamente por que, para começar, elas haviam sido criadas e por que eles haviam outrora as defendido. Tais são os resultados quando a análise é feita com pouco ou nenhum conhecimento da história.

As Origens da Regulamentação

Na teoria tradicional, há justificação para criação de "monopólios naturais" regulamentados. Companhias de aviação, estradas de ferro, bancos, telecomunicações, transmissões de rádio em determinadas freqüências de onda, porém não cabem nas definições de monopólio natural. O exame de como surgiram agências regulamentadoras nessas indústrias nos proporciona importantes idéias, freqüentemente ignoradas nas discussões modernas sobre o assunto. E aprofunda também dois argumentos apresentados no último capítulo: que os americanos sempre encararam de maneira muito pragmática a intervenção do governo nos mercados e que os objetivos de busca de lucros não se traduzem necessariamente, para as empresas, em metas de governo mínimo.

A regulamentação surgiu há 100 anos como reação a situações econômicas específicas com que certas indústrias se viam confrontadas. As estradas de ferro constituíram o modelo básico e entraram com a experiência relevante. Nas últimas décadas do século XIX, quase 320.000km de vias ferroviárias estavam em funcionamento nos Estados Unidos. Toda cidadezinha de alguma importância contava com pelo menos uma linha, e cidades de porte médio eram em geral servidas por várias estradas de ferro. A maioria dos que despachavam cargas nas grandes cidades desfrutava vantagens de preços porque podiam escolher entre estradas concorrentes (quatro rotas-tronco ligavam Nova York a Chicago). Enfrentando problemas crônicos de excesso de capacidade e supercapitalização em sua construção, os lucros das ferrovias freqüentemente se transformavam em graves prejuízos, ocasionados por violentas guerras de tarifas entre as linhas concorrentes. Com as taxas para longas distâncias (onde era mais acirrada a concorrência entre as empresas) caindo muitas vezes tanto que mal cobriam custos operacionais variáveis, as falências eram freqüentes. Como, nesses anos, as estradas de ferro eram as maiores empregadoras e absorvedoras de investimento de capital, a falência de grandes linhas com freqüência deflagrava pânicos financeiros, tais como os de 1873, 1884 e 1893.

Examinando a situação das estradas de ferro em princípios da década de 1900, o financista J.P. Morgan observou que, entre os efeitos mais óbvios da concorrência, havia o "desperdício de capital". Em vista disso, propôs a cartelização privada da indústria ferroviária, com tarifas estabelecidas e tráfego distribuído entre as estradas por agências privadas fixadoras de tarifas. Esses esforços falharam, de maneira geral. Caso tivessem logrado êxito, teriam apenas agravado o clamor público contra o "monopólio ferroviário". As estradas de ferro, na busca dos esquivos lucros, eram bem conhecidas por arrancar os olhos da cara dos clientes em praticamente todas as situações em que podiam estabelecer alguma autoridade na fixação de preços. Tarifas de curta distância para fazendeiros e homens de negócios ao longo de uma única via, por exemplo, que não sofria concorrência de qualquer linha próxima ou paralela, eram muitas vezes mais altas do que as tarifas cobradas entre grandes cidades servidas por linhas concorrentes. Tampouco as estradas de ferro eram conhecidas como empregadoras generosas.

O que se sabia e compreendia bem era que o acesso ao transporte ferroviário tornara-se essencial a qualquer empresa com mercados maiores do que os locais e que todo o bem-estar da nação dependia de uma malha ferroviária extensa e sadia. Em suma, as estradas de ferro serviam a uma necessidade de "interesse público" que exigia que fossem isoladas e protegidas das vicissitudes comuns do mercado. Foi essa alegada responsabilidade de interesse público, não o argumento de economias de escala que justificavam a regulamentação de utilidades realmente públicas (monopólios naturais), que levou à criação da Comissão Interestadual de Comércio (ICC) em 1887 e ao desenvolvimento ininterrupto dos poderes regulamentadores da mesma nas três ou quatro décadas seguintes.

No início pelo menos, praticamente todos os interesses identificáveis — ainda que por suas próprias razões e com suas próprias agendas — apoiaram o conceito de "regulamentação no interesse público". E, acima de todos, as próprias estradas de ferro apoiaram o princípio, uma vez que a ICC teria a obrigação de estabelecer as tarifas de modo a garantir "um retorno justo" dos investimentos, algo que raramente aconteceu nos anos anteriores, quando não havia regulamentação.

Sem que precisemos entrar em casos específicos, é suficiente dizer aqui que experiências e lógica semelhantes relativas a critérios de interesse público resultaram na regulamentação por comissões independentes do transporte em caminhões, ônibus, companhias de aviação, oleodutos, companhias de remessas expressas, transportadores em vias fluviais e no mar, geração de energia elétrica, gás natural, comunicações telefônicas transcontinentais, rádio, televisão, TV a cabo e energia atômica. As principais agências nessa campanha regulamentadora foram a ICC, a Comissão Federal de Energia (1934), a Comissão Federal de Comunicações (1934), a Administração da Aeronáutica Civil (1938) e a Comissão de Energia Atômica (1946). A regulamentação federal da atividade bancária, sob o Sistema da Reserva Federal (1914), e as atividades do mercado financeiro sob a Comissão de Valores Mobiliários (1934) poderiam ser acrescentadas à lista de comissões reguladoras federais encarregadas de gerir responsabilidades de interesse público. A nível estadual, centenas de outras comissões regulamentadoras independentes foram criadas também entre 1890 e 1940 para supervisionar assuntos de interesse público interestaduais. Em tudo isso, claro, qualquer definição do que era ou não do *interesse público* nunca dependeu de uma definição econômica exata, e tal definição sempre foi uma questão de que idéias os legislativos (federal e estaduais) resolviam aplicar.

A atividade da comissão regulamentadora pode parecer mal-aconselhada agora, mas constituiu uma reação legislativa honesta à evidência de que o público seria mais bem servido isolando-se uma indústria do mercado e estabelecendo-se padrões de preços e produto através de uma terceira parte neutra. A preocupação com critérios de interesse público não era excepcional nos Estados Unidos, mas a solução, sim. Os defensores da desregulamentação esquecem algumas vezes que as economias capitalistas européias haviam resolvido o problema, de um modo geral, através da "nacionalização" de indústrias de interesse público.

Conforme vimos, a história das agências regulamentadoras foi, até a década de 60, considerada em geral como satisfatória. Quando economistas e estudiosos de administração faziam críticas, geralmente diziam que as comissões exerciam ou não toda sua autoridade ou possuíam um mandato regulamentador insuficiente. Na década de 70, no entanto, ficou claro que a maioria das comissões enfrentava dificuldades. À parte terem apenas liderança fraca e sem inspiração, muitas comissões se encontravam em meio a mudanças estruturais na economia para as quais nem dispunham de mandato legislativo nem sentiam inclinação individual para reagir. A construção de um sistema interestadual de estradas de rodagem e aeroportos públicos implicava que estradas de ferro não-subvencionadas fossem obrigadas a operar ao lado de transportadores em caminhões, aviões e ônibus altamente subsidiados (sem mencionar os automóveis particulares). Era difícil a fixação de preços e especificações de serviço que garantissem um "retorno justo" a todos os transportadores. Enquanto isso, empresas situadas fora das áreas regulamentadas, como as novas firmas de computadores e informática, queriam urgentemente o fim de certos mercados protegidos, regulamentados. A revolução tecnológica em produtos, que se avizinhava nas telecomunicações parecia estar além da capacidade de uma única comissão (a FCC) e de uma única firma (AT&T). Na década de 70, em todos os setores regulamentados, notavam-se sinais de ineficiência, resultante de restrições ao ingresso no mercado e da tendência de firmas protegidas em trabalhar sem pressa no lançamento e adaptação a inovações. Os prejudicados em tudo isso, como observariam os ofertistas e outros insatisfeitos, eram os consumidores, que pagavam preços altos por serviços ou produtos ultrapassados.

Supunha-se que a desregulamentação — a retirada de camadas opressivas de burocracia regulamentadora até que a face do mercado voltasse a se mostrar — acabaria com esses problemas. Na verdade, os efeitos concretos foram mistos. Houve ganhadores e perdedores a curto prazo, enquanto a desregulamentação começava nos anos Carter. (Embora o nome Reagan seja o mais ligado a essa estratégia, ela foi formulada muito antes de sua posse.) As indústrias de transporte constituem um exemplo bem instrutivo neste particular. As companhias de aviação cobravam tarifas baratas em longas distâncias — mas relativamente preços altos em trechos curtos. Novas empresas ingressaram nas indústrias aérea e de transporte em caminhões, enquanto as estradas de ferro adotavam uma estratégia de fusões e consolidações a fim de aumentar seu poderio. A receita das estradas de ferro aumentou, mas a de caminhões perdeu uma grande fatia de sua rentabilidade anterior quando a concorrência acirrada entre trem e caminhão produziu queda de preços. Enquanto isso, uma onda de fusões entre velhas e novas companhias de aviação, provocada principalmente por grande instabilidade de preços e ameaças de falência decorrentes de lucros em queda, conjurou o espectro de que a velha crise ferroviária do século XIX, que, para começar, dera início à regulamentação, reaparecesse nessas empresas. Dependendo do que cada um queria ver e como calculava custos e benefícios, a desregulamentação ou foi um sucesso ou um fracasso. Em comparação com a situação regulamentadora imediata que a precedera, aparentemente houve mais ganhos do que perdas a curto prazo. Ora, agências regulamentadoras independentes, como a ICC, haviam sido, porém, criadas originariamente para tratar do longo prazo.

Ainda é um pouco cedo para concluir que, a longo prazo, os objetivos de interesse público serão mais bem servidos pela diminuição ou eliminação completa da regulamentação. Alguns estudiosos das indústrias de transporte preocupam-se, pensando que, com especificações de serviço reduzidas ou eliminadas e redução do número de membros da indústria através de fusões e falências, dois resultados indesejáveis parecem estar surgindo: em primeiro lugar, ocorre o encurtamento físico de nossa rede de transporte, com efeitos muito danosos para certas comunidades e empresas, e, em segundo, um autêntico poder de fixação de preços (monopolístico) pode vir a ser o resultado, à medida que a concorrência expulsar do mercado firmas mais fracas. Essas tendências são, claro, uma negação do "interesse público".

Quanto a outras áreas em que a desregulamentação se tem mostrado ativa, fatos recentes são muito esclarecedores. A atividade bancária passou por grande desregulamentação na década de 80 e aumentou a pressão para que se fizesse o mesmo em outros mercados financeiros, quando a Segunda-Feira Negra freou essa tendência. Após outubro de

1987, líderes bancários e financeiros emitiram sinais de que era apropriada mais regulamentação e não menos. A mensagem apoiava-se em uma onda de falências nas associações de poupança e empréstimo (S&L), onde pareciam haver pousado alguns "arautos da desregulamentação".

Liberadas em 1982 para competir com os bancos comerciais e outros intermediários financeiros, as "caixas econômicas" viram-se obrigadas a pagar taxas de juros muito mais altas para atrair recursos. Na verdade, as taxas de juros excepcionalmente altas da época teriam causado problemas, mesmo sem desregulamentação. Entretanto, libertadas de restrições anteriores que limitavam as atividades das "caixas" quase exclusivamente aos mercados de hipotecas, elas se aventuraram em empréstimos de alto retorno e alto risco. Empréstimos a especuladores imobiliários, companhias de energia solar, de fabricantes de cataventos para produção de energia e outras do mesmo tipo produziram altas taxas de falências em princípios da década de 80. Em conseqüência, numerosos bancos entraram em crise e finalmente pediram falência.

Sendo garantido por lei o depósito dos poupadores, o governo foi obrigado a "socializar" os custos do entusiasmo das S&L por investimentos de alto retorno — tendo talvez de assumir uma conta de uns 200 bilhões de dólares para manter solvente essa indústria. Alguns argumentarão que essa situação é antiga e, em grande parte, resultante de atos do governo, isolando instituições financeiras da disciplina do mercado ao lhes garantir as responsabilidades fiduciárias. Porém, não é preciso uma imaginação muito ativa para verificar que a "socialização" dos custos da desregulamentação não se limita necessariamente aos mercados financeiros. Caso as condições resultantes da desregulamentação o exijam, não é impensável que o governo injete dinheiro para salvar as companhias de aviação, de telecomunicações e outras do mesmo tipo.

Naturalmente, os autênticos defensores da desregulamentação não argumentam que constitui responsabilidade do governo salvar empresas falidas, mesmo que a falência seja diretamente atribuível à desregulamentação. O mercado, dirão, não assegura proteção a firmas ineficientes, da mesma forma que não garante que todos obterão os serviços e bens que querem aos preços que *gostariam* de pagar. A lógica aparente e a imparcialidade neutra dos argumentos pró-mercado são sempre impressionantes a nível abstrato, quando não se pensa em alguma firma específica ou algum serviço ou consumidor em particular.

A desregulamentação foi um "não-problema" notável na eleição de 1988. Quanto menos se falasse nisso, melhor era a posição aparente da candidatura Bush. No entanto, com a vitória de Bush, começaram a circular boatos de que o novo governo achava que havíamos ido longe demais na desregulamentação da economia. Na verdade, um novo bordão apareceu — "re-regulamentação". O susto de 19 de outubro de 1987, a crise das S&L e outros resultados infelizes da eliminação de vários controles regulamentadores do governo pareciam prestes a tirar a desregulamentação da agenda oficial. Para sermos exatos, o argumento de interesse público desempenhou um papel apenas modesto nessa mudança do coração econômico. De muito maior importância para as novas atitudes a respeito da regulamentação e desregulamentação foi o fato de que a primeira, mais uma vez, parecia trazer benefícios reais às empresas privadas em uma economia de produção-para-lucro.

Regulamentação Social

Enquanto as primeiras medidas nesse campo foram dirigidas para a regulamentação de indústrias inteiras, que se julgava que operassem no interesse público e que visavam principalmente às questões de preço, lucro e produto, a onda de atividade regulamentadora nas décadas de 60 e 70 teve objetivos bastante diferentes. Em primeiro lugar, essas campanhas em prol de legislação social orientavam-se não especificamente para as decisões econômicas básicas da firma, mas para aqueles aspectos de suas operações que se pensava produzir um impacto negativo sobre a sociedade em geral. Em segundo, esse enfoque regulamentador procurou impor padrões específicos a todas as firmas, e não apenas a uma categoria especial de empresas.

A regulamentação social, como tal, não era totalmente nova. Desde 1906, a Administração de Alimentos e Medicamentos Puros estabelecera padrões destinados a proteger a saúde do público. Várias outras agências federais e estaduais, todas remontando em suas origens à Era Progressista, têm uma longa história de proteção do consumidor e das condições do trabalho comum nos Estados Unidos. Contudo, a amplitude e intensidade da regulamentação social nas décadas de 60 e 70 excederam em muito tudo o que se fizera antes. Um grupo totalmente novo de siglas foi criado, cujas mais importantes eram a Comissão de Segurança de Produtos de Consumo (CPSC), a Agência de Proteção Ambiental (EPA), a Comissão de Oportunidades Iguais no Emprego (EEOC), a Administração Federal de Energia (FEA) e a Administração de Segurança e Saúde no Emprego (OSHA). As razões dessa explosão de regulamentação social, hoje talvez obscuras para muitos leitores, foram mais do que evidentes na época. Em primeiro lugar, a década de

60 e mesmo os princípios da de 70 foram uma época de crescentes expectativas sociais e privadas nos Estados Unidos. As questões de "qualidade de vida" eram assunto de interesse apaixonado de numerosos cidadãos, e os políticos estavam bem conscientes disso. Em segundo, dada a prosperidade geral do período — tanto em termos reais quanto em expectativas —, pouca atenção se dava aos custos adicionais que seriam impostos por produtos mais seguros, condições de trabalho mais sadias e ar mais puro. Provavelmente, enquanto continuasse o crescimento econômico, essas contas diminuiriam de importância.

Na verdade, quando a estagflação começou a instalar-se na década de 70, a consecução dessas metas tornou-se relativamente mais dispendiosa. Além disso, o cumprimento estrito dos regulamentos produzia efeitos econômicos espantosamente desiguais. Ao serem prescritos padrões sem levar em conta seu impacto sobre as estruturas de custo e lucro de firmas ou indústrias, algumas empresas foram mais prejudicadas do que outras. Uma firma, por exemplo, devido à sua localização excepcional ou técnica de produção, poderia enfrentar uma situação de custos muito aumentados para atender a especificações da EPA, que causavam pouco ou nenhum problema a um grande concorrente. Nos casos mais extremos, a regulamentação social levou várias empresas a fechar permanentemente as portas ou se mudar para outros países.

Durante toda a década de 80, sob as pressões gerais de uma economia decepcionante e a pressão especial de empresas que procuravam evitar os custos da regulamentação social, a nação começou a dar as costas a muitos objetivos de uma década antes. Na verdade, a maioria das pressões pela desregulamentação foi gerada realmente como reação aos custos da regulamentação social, uma vez que ela, em medida muito maior do que a atividade da comissão regulamentadora comum, impunha maiores custos mensuráveis às empresas.

Embora nenhum indivíduo sensato defenda a poluição ou produtos e condições de trabalho perigosos, os custos de oportunidade de um meio ambiente limpo e saudável são obviamente mais fáceis de pagar quando a economia está em expansão e há um estado de espírito econômico confiante. Se houve uma mudança filosófica nos anos Reagan em relação às questões da regulamentação social, ela refletiu o fato de que a alta nesse período não foi grande o suficiente para solucionar as questões da qualidade de vida. A curto prazo pelo menos, era muito mais barato mudar pontos de vista filosóficos e reduzir apropriadamente os custos do que manter os princípios relativos à qualidade de vida. Em conseqüência, recuamos de nossas expectativas anteriores. Os padrões foram reduzidos e o descaso benévolo tornou-se a principal estratégia.

Se alguma lição especial pode ser tirada aqui, deve ser a de que a regulamentação social nunca será um ponto importante na agenda até que se resolva o problema do crescimento econômico. Vale a pena lembrar também a questão mais ampla: certos itens na agenda econômica de uma nação dependem da solução bem-sucedida de outros itens. Claro que esse pensamento não é muito consolador, especialmente para americanos, que não descobriram ainda como seus lares estão próximos de outros "Love Canals" ou que estão trabalhando para outros "Johns Manvilles".

Origens e Evolução da Política Antitruste

No modelo competitivo, supomos a existência de muitas pequenas empresas. Na verdade, nos Estados Unidos podemos encontrar cerca de 15 milhões delas. Ainda assim, encontramos também várias centenas de milhares de firmas muito maiores, incluindo 200 ou 300 gigantes. Conforme mostra a Tabela 8-1, esses gigantes têm uma importância crucial. É também digno de nota que eles, há muito tempo, vêm aumentando em estatura, tanto em termos relativos como absolutos.

A Tabela 8-1 está, claro, sujeita a interpretações. Há uma geração, esses dados teriam provocado uma interpretação diferente da que ora recebe nos círculos profissionais na década de 80, e esse é um ponto que precisamos fazer um esforço para compreender.

Em nossa lista anterior de imperfeições teóricas de mercado que justificavam a intervenção técnica do governo figurou o "desenvolvimento potencial de poder monopolístico". No tocante à formulação da política prática, essa área de intervenção é conhecida, claro, como política antitruste. Entre os economistas, é quase universal a condenação do exercício não regulamentado do poder monopolístico. Além desse ponto, contudo, o problema geral do "grande tamanho nos negócios" não tem sido objeto de grande consenso profissional no que interessa a medidas concretas de política. Tipicamente, o desacordo girou em torno da questão de estimar o autêntico grau de concentração empresarial efetiva que ocorre em determinados casos e, por conseguinte, a extensão da ação apropriada do governo. Evidentemente, o combate aos trustes é um desses casos em que quase todo mundo concorda em princípio, muito embora, na prática, o acordo seja coisa muito diferente. Em anos recentes, tem diminuído o grau de desacordo. Aparentemente, a erosão relativa do poderio econômico americano no mundo, especialmente a vulnerabilidade cada vez mais visível dos produtores americanos a produtores não-americanos, tanto nos mercados internos quanto externos, reduziu a simpatia entre economistas profissionais e políticos por uma aplicação muito vigorosa da política antitruste. Diante de uma concorrência estrangeira ameaçadora e ativa, o argumento que pede a redução da concentração de empresas e do comportamento monopolístico potencial mediante reorganização ou desmembramento dos gigantes nacionais simplesmente não parece revestir-se da urgência que teve outrora. Mas estamos indo à frente de nossa história. Antes de estudar o estado atual da política antitruste, devemos adotar a mesma estratégia empregada em nosso estudo da regulamentação e procurar voltar às raízes do combate aos trustes e aos contornos de seu desenvolvimento. Apesar de fundamentos teóricos diferentes, eles compartilham uma origem comum.

Tabela 8-1. Parcelas de Valor Adicionado na Indústria de Transformação por Grandes Empresas Americanas, 1948-1987

Categoria de Tamanho da Empresa Manufatureira	% de Valor Adicionado Total		
	1948	1967	1987
50 maiores	17	25	24
100 maiores	23	33	33
150 maiores	27	38	39
200 maiores	30	42	43

Fonte: Departamento de Comércio dos Estados Unidos, Business Statistics, 1988.

Exatamente três anos depois de ter sido criada a ICC a fim de supervisionar uma indústria ferroviária oficialmente cartelizada, foi promulgada a Lei Antitruste Sherman (1890), declarando que todas as combinações ou conspirações "que restringissem o comércio" ou tentativas de exercer poder monopolístico seriam, a partir daquela data, ilegais. Ambos os enfoques — a regulamentação e a legislação antitruste — eram medidas destinadas a enfrentar os problemas ligados à escala crescente das empresas.

Entre todos os aspectos da paisagem econômica de fim do século, o marco isolado mais notável era a firma grande e de tendência monopolista. Tratar algumas firmas grandes com regulamentação "no interesse público", enquanto todas as outras ficariam sujeitas à concorrência obrigatória, poderia, à primeira vista, parecer uma contradição. Na verdade, esses dois enfoques são apenas lados diferentes da mesma moeda pragmática.

Nem sempre os americanos foram contra o grande tamanho. Durante toda a década de 1870 e princípios da de 1880, época em que a expansão industrial pós-Guerra Civil se caracterizou por empresas cada vez maiores, procurando todas as oportunidades de expandir sua capacidade geradora de lucro (através de meios tais como trustes, cartéis, grupos, acordos de cavalheiros, propriedade da maioria das ações de empresas concorrentes ou a simples absorção do concorrente mediante fusão), a nação aplaudiu, em vez de repudiar, as tendências monopolísticas. Sem ser limitado pela teoria econômica tradicional, que não dera ainda o salto sobre o Atlântico, o estado de espírito reinante na época apoiava a idéia que igualava grandeza de tamanho com sucesso. Essa justificação do crescimento do gigantismo empresarial, bem como o crescimento correspondente de grandes concentrações de riqueza nas mãos de titãs dos negócios, como Rockefeller, Carnegie, Gould, Vanderbilt e Morgan, eram simplesmente o funcionamento "natural" da ordem econômica. Charles Darwin observou não muito antes o processo de "seleção natural" em ação no mundo biológico, enquanto espécies surgiam e, em seguida, se adaptavam ou morriam. O ardente defensor e popularizador de Darwin nas ciências sociais, Herbert Spencer, havia sintetizado todo o processo em uma única frase, "a sobrevivência dos mais aptos". Sobrevivência era uma questão de adaptação, e a "sobrevivência", e não os meios pelos quais ocorria a "adaptação", era o que realmente contava. Se na competição por mercados algumas firmas ou indivíduos emergissem como dominantes, tal fato não era considerado indesejável na vida econômica.

Na década final e na metade do século, porém, os pontos de vista começaram a mudar. A idéia de que poder monopolístico era o resultado natural da luta competitiva provocou algumas questões. Em primeiro lugar, havia o problema de a luta em si gerar sublevações tão violentas de mercado em algumas indústrias — as estradas de ferro constituíam o exemplo óbvio — que nem o interesse capitalista privado nem o interesse público eram bem tratados. Em segundo, havia outras indústrias em que um grau considerável de poder de fixação de preços podia ser continuamente exercido por uma única firma ou uma combinação delas. Neste caso, as características indesejáveis do poder monopolístico, da forma exemplificada pela combinação Standard Oil, de Rockefeller, não podiam mais ser negadas. A reação, elaborada em alguns detalhes entre 1890 e 1920, foi a de instituir regulamentação *e* legislação antitruste como medidas de política pública diferentes, mas complementares, a fim de enfrentar os problemas de tamanho nos negócios. A regulamentação proporcionava a solução ideal nas indústrias consideradas como possuidoras de uma característica de interesse público, conferindo a necessária proteção tanto ao consumidor como às próprias indústrias. A legislação antitruste proporcionou controle sobre as práticas monopolísticas mais nefandas e contribuiu muito para acalmar a crescente reação de fim de século contra a grandeza de tamanho. Só depois de sua criação é que a política antitruste foi santificada pelos economistas americanos, que a revestiram com o manto da economia ortodoxa, que pelo fim de século havia completado a travessia do Atlântico. Na época, um corpo crescente de teoria econômica e legislação vieram a enfeixar a economia antitruste, da mesma maneira que um corpo semelhante cresceu em torno da economia regulamentadora e tornou-se parte integral da sabedoria econômica convencional.

Ainda assim, a política antitruste, apesar de sua vestimenta teórica muito convencional e seu aparente serviço em benefício do pensamento econômico pró-mercado livre, sempre foi mais alarde do que fato. Embora o corpo da legislação antitruste tenha crescido muito através de atos do Legislativo e do proferimento de decisões por cortes de justiça, o registro histórico indica que apenas os abusos mais graves de poder monopolístico é que recebem atenção imediata ou invocam medidas corretivas muito radicais. Praticamente desde o início, com as decisões judiciais sobre a Standard Oil e a American Tobacco em 1911, os tribunais têm reconhecido, em nome da "regra do bom senso", que a grandeza de tamanho por si mesma não é ilegal. A distinção resultante entre "bons trustes" e "maus trustes" tem permanecido como tema central da política antitruste no enquadramento de monopolistas convictos. Durante algum tempo, projetadas fusões horizontais e verticais eram sujeitas a normas muito rigorosas e, mais tarde, à análise estatística do impacto da fusão sobre fatias do mercado. A intenção era apurar se a fusão não aumentava significativamente a fatia de mercado da empresa dominante ou de um grupo de empresas. Em anos recentes, contudo, a doutrina do "ser grande não é ser ruim" ("*bigness isn't badness*") foi estendida também à área das fusões, começando com a onda de conglomerados que se iniciou em fins da década de 60 e que passou recentemente às fusões horizontais e verticais, em que a aprovação tem dependido principalmente da demonstração de "maior" eficiência como resultado da fusão.

Exceto nos casos de práticas anticompetitivas específicas, tais como fixação e discriminação de preços, acordos de vinculação, entrelaçamento de diretorias, boicotes e coisas assim, que são atividades ilegais qualquer que seja o tamanho das empresas, a política antitruste chega a pouco mais do que uma implementação caso por caso da "regra do bom senso", neste momento com mais de 80 anos.

Alguns observadores podem dizer que essa situação equivale a, absolutamente, nenhuma *política*, uma vez que a categorização de ação monopolística abusiva é reduzida simplesmente a uma questão de juízo de valor. Para os economistas, o "juízo de valor" não funciona bem em tentativas de produzir modelos teóricos e de política precisos. Ainda assim, a menos que adotássemos uma estratégia inflexível do tipo "desmembre-as quando elas atingirem certo tamanho" ou não adotássemos absolutamente nenhuma estratégia, e nos omitíssemos totalmente de qualquer atividade antimonopolística, teríamos que ficar com um enfoque de caso por caso em assuntos relacionados com o grande tamanho nos negócios. Essa política, naturalmente, convida à intromissão da ideologia política no cumprimento da legislação antitruste e este, de fato, tem sido o caso nos últimos 80 anos, com diferentes governos aplicando diferentes "juízos de valor" sobre o que é e o que não é violação das leis. Entretanto, consideradas todas as alternativas e apesar de sua "bagunça" econômica, a "regra do bom senso" proporciona a flexibilidade atualmente necessária.

O Dilema de uma Política Antitruste Anticompetitiva

Embora a "regra do bom senso" possa admitir certa criatividade e adaptabilidade na aplicação concreta da política antitruste, permitiu também que nos tornássemos descuidados em nosso pensamento sobre quais devem ser os *fins* da política antitruste. "Vilania", e não "grandeza de tamanho", tornou-se o critério para aplicação da política antitruste, embora esse enfoque tenda, com a passagem do tempo, a nos afastar do objetivo original da legislação. Simplesmente, parece que esquecemos que a concorrência era a meta original pretendida pela atividade antitruste, e esquecemos também que ela era, economicamente falando, defensável como um fim em si mesmo.

Apesar de suas diferentes tendências ideológicas, a maioria dos economistas americanos, na década de 80, aceitou a opinião de que as definições tradicionais de "competição" e "competitividade" haviam perdido grande parte de seu significado em um ambiente empresarial amplamente modificado. Em um mundo de mercados cada vez mais internacionalizados e de identidades empresariais multinacionais, os modelos econômicos "nacionais" mais antigos pareciam ter pouca relevância prática. Diante de empresas estrangeiras gigantescas, apossando-se de fatias sempre maiores de mercados nacionais, enquanto multinacionais gigantescas sediadas em países estrangeiros chocam-se com gigantes americanos em todo o mundo, pensadores econômicos, tanto liberais quanto conservadores, juntamente com os formuladores de política mais políticos, chegaram à conclusão de que o cumprimento literal e rígido das políticas antitruste forçaria as empresas americanas a competir a partir de uma posição inegavelmente desfavorável. Ou em palavras mais simples, os gigantes americanos eram nossa melhor defesa contra os gigantes estrangeiros, e o gigantismo em si, pelo menos num contexto internacional, era a nova manifestação da concorrência mundial.

O primeiro sinal de uma mudança de política nessa direção ocorreu em princípios de 1982, quando o governo Reagan retirou uma ação de 13 anos na justiça contra a IBM. A "Big Blue", com uma fatia de quase 70% do mercado de computadores de grande porte e uma ficha comprovada de cortes seletivos de preços e maquiagem de equipamento para eliminar rivais menores (sendo ambas ações claramente predatórias), estava prestes a ser condenada e possivelmente reestruturada quando o governo pediu baixa da ação. Embora se ouvissem alguns resmungos iniciais entre uns poucos liberais antiempresa, defensores conservadores da "concorrência pura", eles logo desapareceram. Houve pouca reação profissional em 1986 quando, levando um pouco mais adiante a teoria de "nossos gigantes contra os gigantes deles", o secretário de Comércio Baldridge pediu um relaxamento das proibições de fusões verticais e horizontais, julgando-a uma "reação competitiva" à concorrência internacional.

Não temos certeza até onde essa estratégia pode ser levada, mas não suas ironias. A unanimidade de pensadores conservadores e liberais a favor do grande tamanho da empresa, embora não tenha sido comentada, é uma coalizão estranha. Contudo, mesmo que pareça existir consenso entre eles, podemos perguntar se será um consenso sábio. Há um importante contra-argumento que pode ser apresentado, combatendo a sabedoria do gigantismo e oferecendo uma solução potencial aos problemas que parecem associados ao tamanho excessivo nos negócios. Esse argumento pode ser usado para reativar uma vigorosa postura antitruste e, estranhamente, oferece também a possibilidade de consenso entre os pensadores econômicos, que, à parte isso, discordam profundamente sobre as questões do intervencionismo e não-intervencionismo nos assuntos empresariais.

Há meio século, o grande economista austríaco Joseph Schumpeter (nessa ocasião um *emigré* da Europa de Hitler e professor de Harvard) argumentou convincentemente que a criatividade empresarial era a peça principal do dínamo capitalista e a força essencial que garantia o sucesso a longo prazo das economias de produção-para-lucro sobre os sistemas econômicos centralizados.[2] Não há dúvida de que a perspectiva de Schumpeter era altamente ideológica, mas possuía, e ainda possui, certa capacidade de persuasão que transcende a ideologia subjacente a ela. Para Schumpeter, a busca empresarial dos lucros levava invariavelmente a um esforço inovador que preparava o caminho para épocas sucessivas de "destruição criadora". Novas e melhores idéias, produtos e técnicas produtivas simplesmente acabavam com velhos e ineficientes hábitos e tecnologias. Certamente não de um defensor do intervencionismo ou do grande governo, pois a visão econômica conservadora de Schumpeter tampouco combinava com quaisquer das virtudes do "grande tamanho" nos negócios. Em conseqüência, advertiu que as grandes empresas, que via como invariavelmente desenfatizando as importantes operações criativas e de aceitação de riscos apropriadas a um estilo empresarial, e que procuravam sempre defender os investimentos feitos e evitar a "destruição criadora", acabariam por solapar os ganhos do capitalismo empresarial. A grande empresa era "um ponto intermediário na estrada para o socialismo". Evidentemente, Schumpeter não concordaria com o argumento de que os interesses econômicos americanos — no país ou no mundo — seriam bem tratados a longo prazo pelas empresas gigantescas. Na sua opinião, pigmeus empresariais inspirados poderiam fazer gato e sapato dos gigantes.

Vale a pena pensar na tese schumpeteriana no momento em que encerramos nosso estudo da política antitruste. Seríamos, talvez, mais bem atendidos, mesmo em uma ordem econômica crescentemente institucionalizada, por muitas empresas menores e mais vibrantes do que por alguns gigantes pesadões? A maior parte dos estudos econômicos demonstrava invariavelmente que o tamanho muito grande produz poucas economias de escala (economias através do tamanho) e há muita prova em sentido contrário — que deseconomias são com muita freqüência o resultado de operações em grande escala. Acrescente-se a isso a prova abundante de que a estratégia gerencial americana — e estamos falando principalmente da administração de grandes empresas — tem demonstrado uma inegável incapacidade para gerar reações criativas a uma grande variedade de problemas de produção e *marketing*, e, assim, a crítica de Schumpeter adquire considerável relevância.

Dessa perspectiva, é possível delimitar um novo enfoque da política antitruste, que talvez seja mais aconselhável do que o atual "nossos gigantes contra os gigantes deles". O argumento em favor da concorrência, embora freqüentemente discutido pela maioria dos economistas, é, como vimos muitas vezes, ignorado na prática. Ironicamente, em nome da concorrência, poderemos julgar aconselhável ampliar a autoridade do governo, pelo menos na medida em que tal autoridade seria visível em uma política antitruste mais ativa. Aí reside a possibilidade de acordo conservador e liberal sobre uma questão importante de política pública. Esse consenso estaria mais de acordo com os objetivos de revitalizar a economia americana do que o atual consenso em permitir que a legislação antitruste caia em desuso.

O Debate sobre a Política Industrial

Temos outro exemplo das areias movediças ideológicas das décadas de 70 e 80 no inesperado oferecimento, tanto quanto na retirada, de propostas contendo a idéia de que os Estados Unidos iniciassem a implementação de uma política industrial. "Política industrial" nunca foi um conceito definido com precisão, e defensores e adversários da proposta atacaram-na de várias direções. Muito embora nenhuma definição única agrade provavelmente a todos os participantes no debate, tentaremos aqui uma bastante ampla: *Política industrial é a organização coerente das atividades do setor público e privado que afetam a produção e decisões de investimento, desenvolvimento de infra-estrutura, capital humano e condições do comércio internacional, de modo a aumentar a quantidade, qualidade e composição da produção nacional.* Basicamente, política industrial é uma variante de planejamento econômico nacional. Como tal, na era recente de nova teorização sobre o mercado, ela parece a muitos pensadores de inclinação conservadora como estando em estranho descompasso com as idéias econômicas americanas. Mesmo assim, essa perspectiva não esclarece que os americanos vêm, há muito tempo, fazendo experimentos com planejamento econômico.

Via de regra, o ímpeto para o planejamento econômico surge em épocas difíceis. Nas décadas de 30 e 40, por exemplo, defensores do planejamento nacional gozaram de grande estima na comunidade econômica e, baseados na Lei de Recuperação da Indústria Nacional (1933), o Comitê Econômico Nacional Temporário (1935) e a Junta de Produção de Guerra (1941) puderam pôr em prática muitas de suas idéias. Poucos americanos atribuíram qualquer estigma a trabalhos de planejamento durante os anos de depressão, e quase ninguém se queixou durante a Segunda Guerra Mundial quando a economia americana se tornou a mais extensamente planejada entre as economias participantes do conflito. Na verdade, os alemães, sempre considerados como metódicos e suspeitos de formarem o mais eficiente e organizado dos povos, jamais se arriscaram a planejamento econômico sério até 1944.

Os inícios de esforços organizados de planejamento econômico retroagem a pelo menos os primeiros anos deste século, quando empresas gigantescas, como estratégia de sobrevivência, adotaram alguns conceitos de planejamento como prática administrativa comum. Atualmente, "planejamento" permanece na teoria moderna de administração como primeira iniciativa de qualquer empresa bem organizada. O movimento de gerenciamento de cidades da década de 30 introduziu o orçamento de capital e o planejamento fiscal e de recursos nas operações do governo. Na verdade, o êxito americano em elaborar estratégias de planejamento foi de tal magnitude, que Stalin contratou planejadores econômicos americanos para ajudar a elaborar seu primeiro plano qüinqüenal. Ainda assim, apesar de nossa experiência em vários tipos de planejamento, afastamo-nos dessa idéia, após a Segunda Guerra Mundial, pelo menos a nível de planejamento econômico nacional. Nas prósperas décadas de 50 e 60, os trabalhos de planejamento nacional passaram a ser considerados irrelevantes, talvez mesmo perigosos, para a economia do país. Para sermos exatos, fizemos alguns experimentos com administração da demanda e formulação de política macroeconômica, mas esse tipo de planejamento, mesmo importante, não implicava a direção detalhada de atividades econômicas que afetavam a produção. Para muitos americanos, limitações condenáveis a iniciativas individuais e o fato de encobrirem forças "naturais" de mercado eram ineficientes e prova de que constituíam ameaça à liberdade. A ineficiência, claro, foi provada comparando-se nossa própria experiência recente com a de atividades econômicas planejadas na União Soviética e na Grã-Bretanha. Por outro lado, ignoramos totalmente o que os japoneses estavam fazendo com o planejamento econômico nacional.

Na década de 70, porém, tempos difíceis haviam voltado ao país e, com eles, um novo interesse pelas possibilidades de se coordenar as decisões econômicas. Em uma economia sobrecarregada por uma estagflação crônica que aparentemente não reagia a nenhum dos remédios keynesianos, sofrendo de capacidade declinante de competir efetivamente contra estrangeiros em nosso próprio mercado e nos mercados mundiais, e enfrentando um aperto na estrutura econômica básica, à medida que velhas indústrias manufatureiras se contraíam, o planejamento econômico nacional ganhou numerosos simpatizantes, nesse momento sob a roupagem de "política industrial".

Pelos fins da década de 70 e até que a "prosperidade" Reagan começasse depois de 1983, as propostas sobre política industrial chegaram em várias embalagens diferentes. Um de seus primeiros defensores foi Felix Rohatyn, sócio do banco de investimentos Lazard Freres e ex-primeiro executivo da ITT — certamente não um radical absoluto.[3] Preocupado com o declínio acelerado de indústrias manufatureiras básicas, Rohatyn propôs a recriação da Corporação de Reconstrução Financeira (RFC) (originalmente, um órgão para combater a depressão nos tempos do governo Hoover). Na opinião de Rohatyn, uma agência semelhante à RFC devia tornar-se uma emprestadora de último recurso (e a juros excepcionalmente baixos) às indústrias americanas básicas, que poderiam se tornar alvos para rejuvenescimento. Economistas como Lester Thurow, do MIT, e Robert Reich, de Harvard (ambos se tornariam assessores econômicos de Michael Dukakis em 1988), pressionaram, pedindo estratégias de planejamento mais detalhadas que encorajassem investimentos em pesquisa e desenvolvimento e incentivassem administradores de empresas a adotar planejamento empresarial a prazo mais longo. Enquanto isso, o "milagre japonês" estava atraindo muita atenção nos Estados Unidos, em especial após a publicação do *Theory Z*, de William Ouchi, em 1981.[4] Não só o planejamento empresarial japonês a longo prazo surgia como modelo digno de ser imitado, mas também o Ministério de Comércio e Indústria Internacional do Japão (mais conhecido como MITI) parecia o tipo de órgão de que os Estados Unidos necessitavam para selecionar certas empresas e indústrias para tratamento privilegiado em isenções fiscais, provisão de fundos para investimento e mesmo proteção através de tarifas aduaneiras e quotas de importação. A dimensão protecionista da política industrial japonesa agradava especialmente à AFL-CIO, que gostava também da estratégia de emprego por toda a vida das empresas japonesas e, por conseguinte, queria que qualquer política industrial incluísse condições de garantia do emprego para os trabalhadores. O processo recebeu um nome, que lhe foi dado pela revista *Business Week*: "A reindustrialização dos EUA." Em um editorial extraordinariamente utópico que ocupou todo um número da revista, os editores da *Business Week* pediram que se pusesse um fim aos velhos antagonismos do trabalho, administração de empresa e governo e o lançamento de um esforço comum para restabelecer a base industrial dos Estados Unidos.[5]

A mais enérgica proposta de política industrial (e uma das últimas apresentadas) foi provavelmente a adotada pela reunião dos líderes democratas da Câmara dos Deputados, em setembro de 1982. Quase tudo que se podia argumentar que estava contribuindo para a estagnação da economia americana receberia um tratamento extra. Muitos críticos se perguntaram se o documento refletia apenas interesse econômico altruísta, uma vez que mal conseguia esconder a perspectiva de destinação de verbas para fins políticos, bem como claras concessões políticas a conhecidos grupos de interesses.

A política industrial dos líderes democratas apelava para que se "promovesse o crescimento econômico através de uma parceria entre o trabalho, as pequenas empresas, as grandes empresas, as universidades e o governo". Em tudo isso, o governo devia representar "um papel criativo de liderança". A primeira parte do plano era um "programa de investimento de base ampla" destinado a revitalizar indústrias básicas, expandir as indústrias em crescimento, mudar as leis fiscais a fim de estimular os investimentos, aplicações em nova tecnologia, verbas para educação e outros dispêndios em capital humano e gastos públicos para reconstruir a infra-estrutura do país. Entre os outros objetivos figurava uma agricultura fortalecida, a elaboração de políticas voltadas para aliviar as dificuldades de empresas e do trabalho enquanto as firmas se ajustavam aos novos métodos de produção, e os mercados e trabalhadores às novas especializações requeridas, e uma redução da "vulnerabilidade" da nação a fornecedores estrangeiros de energia. Finalmente, para supervisionar tudo isso, através da elaboração de estratégias especiais e certificar-se de sua implementação eficiente, o Congresso deveria criar o Conselho de Cooperação Econômica.

Da perspectiva dos defensores do planejamento econômico, não foi uma má tentativa, embora, para os adversários, tivesse um caráter perigosamente utópico; pior ainda, constituísse uma ameaça direta aos "tradicionais" valores econômicos americanos. Segundo essa opinião, o governo não pode nem deve declarar "ganhadores" e "perdedores" no jogo econômico. O mercado está muito mais preparado para tomar essas decisões. Além disso, a estratégia previa o subvencionamento de empresas e indústrias ineficientes (aquelas que os economistas dizem que produzem "retornos decrescentes"), ao mesmo tempo, provavelmente, tributando empresas eficientes (indústrias de "retornos crescentes"). O trabalho todo tinha o objetivo de congelar a economia e impedir o desenrolar do progresso econômico. Certamente que o progresso econômico infligia dores, mas não poderia haver progresso sem dores, sem aquilo que Joseph Schumpeter chamava de "tempestades de destruição criadora". E por último, com o aumento do planejamento governamental, os adversários da política industrial viam a nação descendo um beco sem saída para o socialismo.

O debate sobre a política industrial de princípios da década de 80 não foi ganho nem perdido: simplesmente morreu, com o começo dos prósperos anos Reagan em 1983. Com a passagem dos anos, ambos os lados no debate tiveram oportunidade de refletir e, curiosamente, as posições iniciais extremas amadureceram e se aproximaram bastante. O elogio anterior ao mercado japonês diminuiu um pouco. Na verdade, uma leve xenofobia surgiu entre muitos que antes haviam desejado trazer para o país os métodos de planejamento nipônicos. Examinando-se mais atentamente o assunto, descobriu-se que o Japão era notável e indesejavelmente diferente dos Estados Unidos. Sua cultura homogênea, seu sistema político centralizado basicamente antidemocrático, o caráter passivo de suas grandes empresas eram simplesmente antiamericanos. Tornou-se óbvio também para muitos defensores antigos da política industrial — sobretudo depois da Segunda-Feira Negra e quando algumas das mais perigosas falhas da desregulamentação tornaram-se evidentes (em particular, a quase prostração das cadernetas de poupança e empréstimos) — que as atividades conjuntas de planejamento governo-empresas poderiam tornar-se um programa de direitos sociais para as empresas, um tipo perverso de seguridade social para companhias e indústrias mais antigas. Em um ambiente de economia em recessão, a política industrial e a reindustrialização poderiam ser uma cortina de fumaça para qualquer empresa em dificuldades financeiras, que viria procurar o contribuinte, com o chapéu na mão, sem nenhum benefício especial para a sociedade em geral.

Por outro lado, no rastro da crise cada vez mais grave do comércio externo e como reação a dúvidas crescentes de que as forças do mercado apenas pudessem ser diretrizes insuficientes para obrigar empresas americanas a implementar, privadamente, as estratégias de reconstrução necessárias, numerosos adversários da política industrial mostraram-se visivelmente menos tolerantes com sugestões de que o governo devia desempenhar um papel de planejamento mais amplo. As propostas anteriores de política industrial, no sentido de dirigir os investimentos para caminhos produtivos, pareciam mais razoáveis, no momento em que empresas consumiam seus fundos de investimento e vitalidade empresarial em "absorções hostis de outras firmas", "compra forçada e expulsão de concorrente" e "diluição de ações".

É um pouco cedo ainda para dizer aonde essas mudanças de idéia levarão, quando o próximo período de tempos difíceis provocar a renovação do interesse por variedades de planejamento econômico. Com os defensores da política industrial menos ingênuos e ambiciosos, e os adversários um pouco mais realistas em seus elogios aos mercados livres, um novo debate de política industrial provavelmente se focalizaria mais nos detalhes e méritos de iniciativas específicas de política do que em reflexões ideológicas.

Mas cabe aqui uma observação final sobre a política industrial. Quaisquer que sejam a direção e a intensidade do debate futuro sobre esse tópico, seria bom que lembrássemos que o argumento fundamental não é realmente sobre se devemos ou não ter uma política industrial, mas sobre o tipo de política. Ela, aliás, nos cerca todos os dias, por todos os lados. Faz parte de nossa política antitruste, mesmo quando se deixa que a ação prática caia em prostração. Consta de centenas de acordos de isenção fiscal que fizemos com determinadas empresas. Arraigou-se em nossos regulamentos gerais de impostos. A questão imediata é simplesmente a seguinte: será este o melhor tipo de política industrial que podemos conseguir? Ou chegaremos a essa política acidentalmente, resultado casual de centenas de diferentes atividades de planejamento? A necessidade de uma visão mais ampla da política industrial e das relações governo-empresas foi exposta da maneira mais convincente possível por Robert Reich:

> O problema é de focalização e interpretação. A desregulamentação das companhias de aviação beneficiou os consumidores, mas o mesmo aconteceu com a regulamentação dos resíduos tóxicos. O ponto a frisar é que muitas das opções mais importantes nada têm a ver com a grande e mítica divisão entre mercados livres e controle. Quando quase todas as discussões sobre os efeitos colaterais indesejáveis ou desejáveis da atividade empresarial são comprimidas em um debate sobre os méritos relativos do planejamento centralizado e do mercado descentralizado, perdemos a capacidade de configurar o mercado de acordo com nossos valores. Deixamos passar assim oportunidades de compatibilizar conduta empresarial

com objetivos públicos *através* do mercado... Essa situação é lamentável, uma vez que dispomos de poderes organizacionais e analíticos para obter muito mais do melhor de ambos.[6]

O debate sobre a política industrial, como aliás qualquer debate a respeito dos contornos das relações governo-empresas, deve ir além da retórica discursiva da ideologia. Talvez, em um futuro debate sobre o assunto, possamos conseguir isso.

Uma Nota Final sobre a Teoria Microeconômica e a Política Pública

Na última década, ocorreu um importante redirecionamento da atenção dos economistas, da preocupação com a esfera macroeconômica para interesses fundamentalmente microeconômicos. É tentador explicar essa mudança de foco como apenas um reflexo profissional de mudanças políticas mais amplas na sociedade. Defensores desse argumento alegam que a microeconomia sempre foi a província dos "intervencionistas" liberais e dominou apenas enquanto as soluções macroeconômicas pareciam funcionar e a intervenção do poder público gozava de aceitabilidade política geral. A microeconomia, com sua atenção aos mercados, era, no entanto, basicamente antiintervencionista e, em termos políticos, conservadora. O colapso do consenso liberal, o desprestígio da teoria macroeconômica e sua formulação atinente de política durante e depois da estagflacionária década de 70 arrastaram os interesses econômicos profissionais para longe de interesses macroeconômicos e na direção da microeconomia, exatamente no momento em que o estado de espírito do país mudava do intervencionismo liberal para a direita conservadora, pró-mercado. Ou pelo menos é por aí que vai o argumento.

Muito embora essa interpretação não deixe de conter alguns elementos de verdade, ela é perigosamente simplista. Pode haver muita exatidão na afirmação de que a estrela microeconômica subiu *porque* caiu a estrela macroeconômica, mas é correto apresentar a macroeconomia como o refúgio dos "liberais" e a microeconomia como feudo do pensamento conservador. Ainda assim, é óbvio que a teoria microeconômica tradicional, da forma como é geralmente ensinada e praticada nos Estados Unidos, inclina-se inerentemente para um mundo de mercado livre idealizado, de produção-para-lucro como instrumento básico de medição no cálculo do desempenho econômico. Seja a conclusão desejada ou não, o efeito consiste em criar uma visão do mundo na qual a ordem econômica dirigida pelo mercado é representada como *natural* e a intervenção nos mercados como excepcional, se não mesmo *antinatural*.

Essa tendenciosidade teórica há muito balança os pilares do pensamento econômico convencional. Foi ela que, em última análise, expulsou Keynes da ortodoxia tradicional e levou-o para a construção do mundo macroeconômico. Em data ainda mais posterior, serviu como ponto focal do ataque de Marx à economia capitalista e ao capitalismo como sistema. Veblen reconheceu essa deformação no pensamento convencional e, em conseqüência, anunciou que essa tendenciosidade inerente colocava muito mais a economia na categoria de religião ou de algum outro exercício puramente metafísico e, portanto, negou-lhe inclusão entre as ciências sociais.

Claro que o viés inerente da microeconomia para enxertar o pensamento e a formulação da política econômica em uma *irrealidade* basicamente simples, competitiva, de produção-para-lucro é bastante óbvia e, de modo geral, reconhecida por um bom número de economistas praticantes. Além disso, é, com toda probabilidade, lamentada pela maioria da comunidade econômica. Ao contrário da opinião simplista de que o revigoramento atual da microeconomia implica a eliminação final de todas as heresias intervencionistas, muitos economistas ainda defendem o intervencionismo. Para sermos exatos, os trabalhos favoráveis a medidas do governo que possam estimular os investimentos, as pesquisas e o desenvolvimento do produto, ou possam finalmente solucionar os problemas do desemprego estrutural, ou ainda chegar à raiz do problema básico do lento crescimento da produtividade, não atraíram muita atenção durante o ciclo político conservador conhecido como os anos Reagan. Mas, provavelmente, essas idéias intervencionistas brotarão cheias de vida sob a forma de propostas de política quando esse ciclo político chegar a termo, o que quer dizer, quando a próxima crise econômica grave se abater sobre a economia.

Mas *há* outros economistas que não se consideram em situação desvantajosa por terem que viver e trabalhar no mundo microeconômico tradicional dos mercados competitivos. A tendenciosidade ideológica da microeconomia serve-lhes muito bem aos objetivos. Eles têm se destacado mais recentemente na defesa da política de desregulamentação, no ataque à política industrial e na divulgação da idéia de que esta sociedade seria melhor servida pela "privatização" continuada da atividade econômica. A exatidão de seus juízos de valor e a relevância de suas propostas, como é igualmente verdade no caso de seus colegas intervencionistas, será finalmente julgada pela força dos fatos e as preferências de um eleitorado que, em última análise, terá que escolher os "loucos" apropriados que assumirão o poder.

Julgar qual versão da microeconomia — a intervencionista ou pró-mercado livre — é a "certa", ou pelo menos qual delas finalmente dominará, é uma tarefa esperada de um livro como este e não será evitada. Ainda assim, não será discutida em termos de avaliação dos méritos lógicos deste ou daquele caso.

Nosso enfoque até agora tem sido o de encarar as convicções e práticas econômicas como um processo evolutivo. Agendas aceitáveis de formulação de política econômica mudarão de tempos em tempos e, às vezes, bruscamente, como no caso das mudanças ocorridas nas décadas de 60 e 70. Contudo, a agenda que é implementada em uma dada época reflete os limites e direção, convicções e práticas econômicas vigentes no mundo real. Talvez a agenda nem sempre aponte na direção progressista. Pode propor objetivos econômicos totalmente ridículos, mas que são, apesar de tudo, objetivos compatíveis com a realidade econômica, da forma entendida pelos cidadãos de uma sociedade democrática. Intelectuais, entre eles provavelmente alguns economistas, podem discutir sobre a possível inconstância e, com certeza, a ignorância dos eleitores e dos "loucos" que escolherem, mas, na verdade, não há outra maneira, a não ser acabar de vez com o experimento democrático.

Mas de que forma isso se aplica ao assunto em pauta — à futura orientação das relações do governo com mercados privados? Ignorando as limitações analíticas que a microeconomia ortodoxa opõe aos intervencionistas ou a munição que fornece aos defensores do mercado livre, a teoria microeconômica tem sido bastante irrelevante na configuração das relações efetivas do governo com o mercado nos Estados Unidos. Bem mais importante tem sido a atitude fundamentalmente pragmática que os americanos há muito adotam em relação a assuntos econômicos. A ojeriza microeconômica ortodoxa ao grande governo foi praticamente ignorada e certamente não implementada como questão de política no século XIX. Nas duas áreas de intervenção do governo em mercados de produtos que examinamos em detalhe — a regulamentação e a legislação antitruste — a teoria microeconômica não representou nenhum papel iniciador importante. As medidas regulamentadoras foram, na verdade, um repúdio ao pensamento econômico ortodoxo, ao passo que a legislação antitruste, desde o início, foi uma adaptação à realidade monopolística, e não a restauração de um ideal competitivo. Na verdade, uma argumentação muito boa pode ser feita, uma vez que, só até data relativamente recente, com o movimento em prol da desregulamentação, é que surgiu um exemplo importante no qual a defesa teórica dos mercados livres produziu um impacto visível na formulação da política. Claro que a lógica microeconômica tem sido alardeada de tempos em tempos, especialmente por aqueles interesses econômicos que mais se beneficiariam com esse exercício, a fim de sancionar políticas governamentais mínimas, mas essas tentativas foram feitas em grande parte com a finalidade de legitimação, e não de implementação.

Não é de surpreender que um dos que se apropriaram com mais freqüência da teoria microeconômica para fins de legitimação foi a empresa, especialmente a empresa muito grande. Ainda assim, fazendo um uso muito seletivo da teoria. A lógica do mercado é usada *contra* a regulamentação pela sociedade, por exemplo, mas com toda certeza não *para* uma aplicação muito literal da concorrência, que poderia resultar de uma política antitruste vigorosa. Enquanto isso, a política industrial, que constitui um repúdio categórico da economia de mercado livre, tem recebido grande apoio nos meios empresariais. O pragmatismo óbvio das empresas em relação ao governo e seus usos sugere a improbabilidade de vitória a longo prazo daqueles que defendem a tese do governo mínimo. Em assuntos microeconômicos, e não menos do que vimos antes na formulação da política macroeconômica, os interesses empresariais dependem muito de políticas intervencionistas ou, pelo menos, daquelas que em qualquer situação lhes aumentem os lucros. E isso é especialmente verdadeiro nas condições atuais de uma economia perturbada por crescimento lento e atacada por condições econômicas internacionais tempestuosas.

A inclinação pró-mercado da teoria microeconômica não desaparecerá logo. Ela continuará a idealizar uma realidade econômica inexistente. Mas esse exercício será em grande parte ritual, como aconteceu basicamente no passado. As questões práticas de formulação de política, pelo menos no que se relacionam com o lugar apropriado do governo nos mercados, serão determinadas pragmaticamente e, neste particular, uma apropriada alta ordem de intervenção pode ser esperada, se é que o passado serve de guia. Para alguns, esta observação pode parecer contraditória com tendências recentes no pensamento econômico popular e profissional. Ainda assim, a história fala por si mesma. Ganhos modestos em desregulamentação e uma política antitruste mais relaxada não implicam a elaboração de uma estratégia de "governo mínimo" plenamente desenvolvida. Subsídios à agricultura, lei de salário mínimo e uma grande variedade de outras intervenções diretas no mercado, e que não foram discutidas neste capítulo, continuam em vigor, fatos inamovíveis da vida econômica americana contemporânea.

CAPÍTULO 9

Fatiando o Bolo Econômico: Tendências da Distribuição de Renda nos Estados Unidos

> Os economistas, tal como o público em geral, têm que enfrentar a política e a economia da redistribuição. As únicas alternativas à escolha consciente, pelo processo democrático, de grupos que serão contemplados e de outros que serão ignorados, são a inflação galopante ou a depressão profunda. É provável que ambas dissolvam os frágeis laços que mantêm grupos com interesses díspares em paz entre si em uma única comunidade política.[1]
>
> *Robert Lekachman*

No início de nosso estudo, vimos que todos os sistemas econômicos enfrentam três questões fundamentais que, em conjunto, são às vezes designadas como "o problema econômico". *O que será produzido? Como? Quem terá direito ao produto?* As duas primeiras questões, naturalmente, dizem respeito sobretudo a assuntos ligados à produção de bens, tanto no sentido agregado, ou macroeconômico, como em termos do desempenho microeconômico de determinados mercados ou indústrias. Isso foi, em grande parte, a matéria de nosso estudo nos últimos capítulos. Nossa busca de uma agenda econômica para o século XXI e a avaliação e inventário de políticas públicas apropriadas para implementá-la focalizaram quase exclusivamente matérias que afetam a produção.

A última de nossas três perguntas básicas, no entanto, trata de um conjunto diferente de preocupações — como o sistema econômico *distribui* a produção da sociedade e, portanto, de que maneira determina o bem-estar relativo de cada um de seus membros. Para sermos exatos, considerações distributivas estão intricadamente relacionadas com decisões de produção, uma vez que é óbvio que o volume do possível produto a ser distribuído é o determinante isolado mais importante de quanto cada pessoa receberá. E é igualmente verdade que as decisões de distribuição afetam o desempenho da produção, pois quem recebe quanto do produto do país determina provavelmente, em graus variáveis, a disposição do indivíduo de contribuir com seu tempo e talentos para a produção de coisas, influenciando, dessa maneira, o produto final da nação. No entanto, apesar das interligações óbvias entre distribuição e produção, a questão de "quem" em nosso problema econômico merece um estudo especial e separado.

Há muita coisa paradoxal no estudo de assuntos distributivos em nosso sistema econômico. E não menos relevante entre esses é que, muito embora o "quem recebe quanto" seja uma preocupação compreensivelmente importante para praticamente todos na sociedade, não merece muita atenção profissional. É verdade que, em um ambiente puramente teórico, a determinação da remuneração dos fatores de produção (terra, trabalho, capital e espírito empresarial) e a análise do desempenho dos mercados de fatores constituem subconjuntos importantes da microeconomia convencional. Todavia, o domínio de explicações essencialmente teóricas de como os fatores devem ser remunerados em um mundo idealizado, útil para uma compreensão geral das questões envolvidas, proporciona introvisões apenas limitadas da maneira como a renda é, de fato, distribuída no mundo real. Compreende-se que, a existente distribuição de renda, e as tendências da extensão e a concentração da pobreza (e, ocasionalmente, da riqueza), e as variações nos salários reais, e coisas assim, são devidamente notadas, mas não objeto de intensos estudos e análises, como acontece com tópicos basicamente centralizados na produção, como investimentos, ciclos econômicos, preços, produtividade e taxas de juros. Essa tendenciosidade não surpreende muito, uma vez que o estudo de matérias distributivas continua a figurar entre as esferas mais obscuras do pensamento econômico.

Mas, antes de entrar neste assunto, será apropriado um comentário sobre nossas intenções. De modo geral, o estudo pela economia profissional de problemas distributivos torna-se, não raro, uma fixação na questão da pobreza e dos meios potenciais para eliminá-la. Na verdade, a pobreza (bem como a riqueza) ocupará nossa atenção no que se seguirá, embora ela não seja nossa única preocupação. Os problemas de distribuição afetam tanto o não-pobre como o menos afortunado. O empobrecimento absoluto não é a única preocupação distributiva. Por isso mesmo, tendências no tamanho e distribuição geral da renda pessoal americana e das várias forças econômicas em ação na configuração das mesmas, e a maneira como os americanos acham que o bolo econômico está sendo dividido, ocupam um lugar de grande importância na maneira como estimamos nosso bem-estar futuro e, em última análise, como representamos nosso papel de atores econômicos.

Problemas Práticos para Formular e Aplicar uma Teoria de Distribuição

Inicialmente, os primeiros defensores do pensamento econômico baseado no mercado abstiveram-se de formular uma teoria muito aprimorada para explicar a distribuição de renda. Para eles, o senso comum demonstrava que a distribuição do produto de uma sociedade era apenas o reflexo da capacidade dos vários fatores de vender seus talentos, trabalho ou outros recursos no mercado. Em um mundo condicionado pelo mercado, a renda espelhava as contribuições relativas do indivíduo para a geração do produto ou, de qualquer modo, cálculos sobre essas contribuições, da forma determinada pelo mercado. Qualquer desvio da remuneração de um fator produtivo, em maior ou menor extensão que sua parcela determinada pelo mercado, era, *ipso facto*, um ato irracional e contraproducente, mesmo quando alguns fatores pareciam obter uma parcela desproporcional e injustificada (como, talvez, no caso do dono de terra inglês de princípios do século XIX, que, de acordo com David Ricardo, obtinha uma parcela de renda imerecida simplesmente por causa das pressões demográficas e crescente escassez de terra). Qualquer atribuição e redistribuição puramente arbitrárias de direitos implicavam um envolvimento nocivo do poder do governo, que afetava prejudicialmente os incentivos ao trabalho, limitava a liberdade individual e, em última análise, criava o risco de provocar má alocação de recursos. Ou, pelo menos, era o que dizia, no mínimo, a análise convencional da economia clássica.

Com o passar do tempo, essa visão antiga e um tanto primitiva evoluiu e transformou-se em uma teoria plenamente desenvolvida para explicar a determinação da remuneração dos fatores de produção, e a *teoria do mercado de fatores* continua a ser um instrumento fundamental na caixa de ferramentas do microeconomista. A lógica básica desse componente do raciocínio econômico é relativamente simples e, mesmo para o não-economista, não é difícil a compreensão. Para resumir, e em termos basicamente não-técnicos, a coisa é mais ou menos a seguinte:

um fator produtivo — terra, trabalho, capital ou espírito empresarial — será alugado enquanto o valor de sua contribuição ao produto exceder o custo de alugar uma unidade do recurso. (Na verdade, a contratação ocorrerá até o ponto em que o valor marginal, ou incremental, do produto da última unidade alugada for exatamente igual ao preço de aluguel dessa unidade, ou, como é chamado no jargão econômico, em que a Receita Marginal do Produto = Custo Marginal do Recurso.) Pressupõe a teoria que o emprego de unidades adicionais de um fator, *ceteris paribus*, resultará em produto adicional, mas a uma taxa decrescente. Em outras palavras, há *rendimentos decrescentes* à contribuição de qualquer fator ao produto. Na verdade, o produto marginal pode tornar-se zero ou negativo.

Consideremos por um momento uma pizzaria que contrata trabalho de estudantes a cinco dólares a hora. Os primeiros empregados contratados aumentarão substancialmente o produto do proprietário, recebendo pedidos, preparando a comida, servindo-a etc. Entretanto, à medida que novos estudantes forem contratados, será menor a contribuição de cada novo empregado. Talvez o décimo empregado adicione pouco ou nada ao produto total da pizzaria, uma vez que grande parte de seu tempo é passado à espera. Claro que faz sentido contratar trabalhadores a cinco dólares a hora, enquanto o último trabalhador contratado criar pelo menos cinco dólares de valor de produção, mas não há motivo para pagar cinco dólares por menos de cinco dólares de contribuição à receita da firma.

E o mesmo acontece com o aluguel de unidades de capital ou máquinas no caso de qualquer empresa, grande ou pequena. Sendo *lucro* o nome do jogo nas economias condicionadas pelo mercado, e crescendo o lucro enquanto o valor de produto do último fator contratado exceder seu preço, o empresário sensato mantém um olho vivo no produto e no preço dos recursos que a firma aluga. Além disso, o proprietário fica atento também aos valores comparativos de produção de diferentes fatores que poderá possivelmente usar. Se, por exemplo, a firma pode usar ou trabalho humano ou máquinas para realizar as tarefas de produção e, logo depois, o valor de produto de um dólar de capital é maior do que o valor em dólar de trabalho humano, a firma maximizadora de lucro substituirá o trabalho humano por capital (máquinas).

Claro que, com essas generalidades, ignoramos as complicações da teoria distributiva, mas certas implicações práticas tornam-se óbvias quando se pensa no assunto. A teoria argumenta claramente que as tentativas dos trabalhadores de elevar salários só serão possíveis enquanto o valor de produto de seu trabalho subir pelo menos a um valor igual ao de seus aumentos salariais. Os valores do produto só podem subir de duas maneiras: ou o preço dos bens produzidos sobe ou deve ocorrer aumento na produção de bens que cada trabalhador fabrica (ou, naturalmente, uma combinação dos dois fatos). A teoria demonstra também que trabalhadores com níveis muito baixos de especialização — e que por isso mesmo possuem pouca capacidade de criar produto — só podem ser contratados a salários muito baixos, se é que o serão. Trabalhadores cujos preços pedidos para ocupar um emprego (salários esperados) excedem seu valor como empregados (o que é refletido pelo salário oferecido pelos empregadores) podem decidir não trabalhar. Pressupomos em nosso modelo, naturalmente, que nem sindicatos nem governo existem para influenciar os salários ou as condições de emprego. Enquanto isso, na medida em que outro fator de produção, como o capital, pode substituir o trabalho correntemente utilizado, podemos facilmente concluir que os salários serão sempre restringidos pelo preço e a capacidade de criar produto de outro fator. Se o valor de produto do capital sobe — através de invenções ou nova tecnologia —, o empresário sensato deve substituir o trabalho pelo capital, a menos que o preço do trabalho possa ser reduzido. Teoricamente, pelo menos, o oposto é também verdadeiro. O trabalho deve substituir o capital, ou qualquer outro fator substituível, se sua produtividade sobe ou seus custos baixam.

Evidentemente, uma teoria de distribuição como essa, elaborada sobre o princípio de "maximização racional", que determina os preços dos fatores e o emprego, coloca a empresa, ou mais diretamente, os seus donos ou os que a administram, no centro do universo econômico, enquanto o trabalhador fica passivamente de lado. Qualidades pessoais como lealdade, diligência, entusiasmo e coisas assim pouco têm a ver com a empregabilidade do trabalhador ou o salário oferecido pelo empregador, exceto na medida em que essas qualidades têm um retorno diretamente mensurável para a empresa em valor de produto mais alto do trabalhador, e na proporção em que esse produto é maior do que a empresa poderia obter por dispêndios semelhantes em outro fator. O fundamental na teoria salarial convencional é que o trabalhador vale apenas o que pode produzir marginalmente, e que vale a pena contratá-lo apenas se o produto em dólar é maior do que os retornos possíveis com o aluguel de um recurso alternativo.

Aceita como pura verdade econômica, essa teoria de salários é, do ponto de vista humano, implacável. Inteiramente à parte sua lógica maximizadora de lucro, ela sempre desempenhou o papel de distrair a atenção nas economias capitalistas. O empregador que lhe segue os ditames (sabendo ou não que a teoria não tem importância, uma vez que medidas maximizadoras de preço por si só levam ao mesmo resultado prático) tem que encarar o papel do empresário como fundamental no processo econômico e o do trabalho como secundário. Na prática social geral, esse enfoque é motivo permanente de hostilidade de classes, e com freqüência o catalisador que gera inquietação trabalhista e, às vezes, a dinamite social e política que explode sistemas sociais. Considerar que pessoas valem apenas o que podem produzir marginalmente (ou, no jargão econômico, que os salários devem ser iguais à receita marginal do produto), embora seja muito sensato no sentido puramente técnico de lógica baseada no mercado, do ponto de vista político cria problemas, como demonstra a própria história. O problema consiste mais na definição que o mercado dá a *valor* do que na prática de pagar às pessoas "o que elas valem".

Muito cedo na história das idéias econômicas ocidentais, surgiu uma questão de grande alcance. Por que o maravilhoso sistema impulsionado pelo mercado produz bens de forma tão eficiente e abundante e, ao mesmo tempo, conserva grandes segmentos da população em miséria absoluta? Alguns responderam que isso era simplesmente a natureza das coisas. Outros, como Karl Marx, viam nela o paradoxo fundamental autodestrutivo dos sistemas de produção-para-lucro. John Stuart Mill, que nadava com certeza na corrente principal do pensamento econômico convencional do século XIX, embora flertasse com o socialismo, por um curto espaço de tempo, e sem maiores conseqüências, encarava o problema da seguinte maneira:

> As leis e condições da produção da riqueza compartilham do caráter das verdades físicas. Não há nelas nada de opcional ou arbitrário... Já o mesmo não ocorre com a distribuição da riqueza. Isto é exclusivamente uma questão de instituição humana. Existindo coisas, a humanidade, individual ou coletivamente, pode dispor delas como lhe apraz. Pode colocá-las à disposição de quem quer que deseje, e em quaisquer termos.[2]

A posição de Mill afirmava que as questões distributivas eram, na realidade, uma questão de prática social e não necessariamente sujeitas a leis econômicas inflexíveis. Ainda assim, até os dias atuais, a análise microeconômica ortodoxa continua a oferecer uma explicação de distribuição baseada no enfoque receita marginal do produto igual ao seu custo marginal, a fim de determinar a remuneração dos fatores. Na prática, contudo, o mundo real escolhe um meio-termo entre as opiniões de Mill e as dos adeptos ortodoxos. Foi possível evitar, na prática, um compromisso rígido com a explicação do custo marginal da distribuição de renda e as desigualdades extremas que ela teria justificado, graças ao fato de que outro instrumento econômico convencional — a *utilidade marginal* — defende a possibilidade de um conjunto muito diferente de objetivos e resultados distributivos.

Se supomos que a moeda, como qualquer outro bem que possuímos, tem também uma utilidade marginal decrescente (o que quer dizer que os primeiros dólares que recebemos são bem mais importantes para nós do que os últimos), é relativamente fácil demonstrar que uma distribuição mais igualitária da renda eleva a satisfação total da sociedade. Consideremos, por exemplo, dois trabalhadores: Smith, que ganha 100 mil dólares ao ano, e Jones, que ganha 10 mil dólares. A utilidade marginal decrescente da moeda significa que, tomando-se parte da renda de Smith, digamos, cinco mil dólares, embora isso lhe reduza a utilidade ou satisfação, sua perda é menor do que o ganho de Jones em satisfação, se os cinco mil dólares lhe fossem dados. Em palavras mais simples, esses cinco mil dólares, em termos de sua utilidade, são mais importantes para Jones do que para Smith. *Se o objetivo de uma atividade econômica fosse maximizar a satisfação da comunidade*, o que é certamente um objetivo econômico defensável, ela seria mais bem servida pagando-se mais a Jones e menos a Smith, ou redistribuindo a renda de Smith a Jones mediante tributação e operações de transferência. O efeito Robin Hood pareceria reverter em benefício da comunidade, embora Smith pudesse ser contra isso. Dispensa dizer que tal aplicação do conceito convencional de *utilidade marginal* abriu as portas para a heresia socialista e simplesmente não pôde ser tolerada. Ainda assim, o pensamento nunca foi totalmente erradicado e continua a ser parte dos fundamentos teóricos da justificação do imposto de renda progressivo e de outros esforços para nivelar a renda.

Contudo, as possíveis provas teóricas da validade do igualitarismo ou da tributação fortemente progressiva têm tido poucos adeptos entre os economistas da corrente principal. Mesmo assim, afastamo-nos, tanto na teoria como na prática, do mundo cruelmente desigual que parecia estar tomando forma à medida que prosseguia a industrialização no século XIX. Mill, talvez sem imaginar, deu ao pensamento econômico uma importante rota de escape.

Da Teoria à Prática

Mesmo entre economistas de tendência política fortemente conservadora, pouca satisfação é obtida na defesa de uma visão social na qual nenhum consolo é oferecido aos pobres e nenhum respeito é demonstrado pelos que vendem trabalho, e na qual se divisa uma clara possibilidade de que o resultante agravamento do conflito de classe possa levar à destruição de todo o sistema de produção-para-lucro. Há um século, talvez, era menor a preocupação com as repercussões éticas ou políticas de um sistema distributivo que mantinha grandes desigualdades de renda e pouco caso fazia da pobreza geral, considerando-a como fato basicamente "normal". No entanto, no rastro da crítica política e econômica de Marx e dos movimentos socialistas revolucionários que surgiram após a década de 1860, às vezes em seu nome e outras vezes não, numerosos economistas e virtualmente todos os homens de sabedoria política prática perceberam o valor de sacrificar a lógica econômica por uma prática mais "realística" no dia-a-dia.

A Alemanha de Bismarck, que dificilmente poderia ser considerada um bastião de democracia, mostrou o caminho na década de 1890 com uma variedade de intervenções do governo, tais como seguro-desemprego, indenizações aos trabalhadores e um sistema de seguridade social que violava claramente o espírito *e* a forma da teoria de distribuição então dominante. Muito embora mais 40 anos tivessem que passar antes que essas medidas, acrescidas de imposto de renda moderadamente progressivo, produzissem efeitos redistributivos importantes nos Estados Unidos, outros fatores estavam em ação, aliviando as desigualdades distributivas convencionais que a crença econômica convencional sancionava. Em primeiro lugar, havia o crescimento econômico e industrial geral do país, que aumentava em muito a demanda de trabalho e os respectivos salários reais. Em segundo, crescia a reação natural dos trabalhadores, de se organizarem e sindicalizarem como força compensatória ao poder de mercado excepcional das empresas, enquanto os próprios sindicatos passavam de proscritos para a legalidade e daí para um *status* abertamente encorajado pelas instituições políticas e econômicas do país. Em terceiro, reformadores sociais apresentaram, e conseguiram que fosse aprovada, legislação regulamentando horas de trabalho e condições de emprego, padrões salariais mínimos e proporcionando pelo menos os rudimentos de uma rede de proteção de segurança social aos mais pobres.

Por último, havia uma falha visível na descrição, pela teoria convencional da distribuição, do comportamento maximizador de lucro do empresário. Os patrões americanos compreenderam que relações trabalho-empresa exigiam muito mais do que a contratação de uma força de trabalho homogênea a salários quase de fome. O modelo do capitalista dickensiano foi provavelmente apropriado para o século XIX e, até certo ponto, até o século XX. No entanto, numerosos "maximizadores racionais" compreenderam que alguma benevolência, certamente não justificada nos confins literais da teoria distributiva convencional, exercia com freqüência o salutar efeito de produzir uma força operária mais confiável e produtiva. Muito embora os efeitos dessas tendências — uma mentalidade do tipo "nós contra eles" sempre foi uma característica das relações trabalho-administração e negociações coletivas nos EUA — não devam ser enfatizados em excesso, o movimento de abandono do confronto, implícito na teoria clássica de distribuição, constituiu um fato prático de grande importância.

Conquanto possa haver pouca dúvida de que nosso sistema distributivo é dominado por um estado de espírito baseado no mercado, no qual salários e outros pagamentos de fatores são determinados, pelo menos de maneira geral, pela contribuição relativa do fator ao produto e por sua produtividade, em comparação com outros fatores, é igualmente verdade que não é servil nossa devoção ao mercado puro. A existência de intervenções tais como lei de salário mínimo, sindicatos, seguro-desemprego, uma variada legislação social destinada a proteger os trabalhadores no emprego, bem como na doença e na aposentadoria, um sistema de bem-estar social complicado, embora nem sempre generoso, um imposto de renda moderadamente progressivo, e muito mais, equivalem a um trabalho redistributivo extramercado de proporções muito consideráveis.

Tabela 9-1. Participação na Renda, Anos Selecionados, 1950-1986

Quintil de Renda	1986	1980	1970	1960	1950
Quintil mais baixo	4,6	5,1	5,5	4,9	4,5
Segundo quintil	10,8	11,6	12,0	12,0	12,5
Terceiro quintil	16,8	17,5	17,4	17,6	17,4
Quarto quintil	24,0	24,3	23,5	23,6	23,5
Quintil mais alto	43,7	41,6	41,6	42,0	43,6

Fonte: Departamento de Recenseamento dos Estados Unidos.

A distribuição de renda nos Estados Unidos tem sido abordada mais no espírito de Mill e como assunto de opção política pragmática do que como questão de seguir uma doutrina econômica inflexível. Ainda assim, o efeito não foi, como poderiam supor não-americanos, o de criar uma distribuição muito igualitária da renda. Conforme mostra a Tabela 9-1, o quintil de distribuição de renda mudou muito pouco nos últimos 40 anos.

A Crise Distributiva em Desenvolvimento

Como questão prática, a maneira como o público vê a eqüidade e a justiça na distribuição de renda em qualquer momento depende de dois critérios muito diferentes. Na divisão do bolo econômico há, em primeiro lugar, a questão do tamanho absoluto das fatias a distribuir e sua capacidade de satisfazer necessidades reais ou supostas. Em segundo, temos o tamanho relativo da fatia de cada pessoa em comparação com a de outras. Considerações de tamanho relativo não têm muita importância quando as fatias individuais do bolo são grandes ou estão aumentando, mas as parcelas relativas de renda tornam-se muito importantes quando o tamanho absoluto do bolo econômico encolhe ou pelo menos mostra sinais de que está diminuindo. Tamanhos menores do bolo raramente produzem fatias igualmente menores para todos (e mesmo que fizessem isso, produziriam privação absoluta, ainda que não relativa). No entanto, elas geralmente criam situações em que alguns perdem mais do que outros ou alguns perdem enquanto outros ganham. A sensação resultante entre os perdedores na privação relativa e absoluta é sempre motivo de instabilidade política e social.

A Tabela 9-1 mostra relativamente poucas mudanças de parcelas na renda entre segmentos da população nos últimos 40 anos. Isso foi suficiente para que a maioria dos economistas concluísse que não ocorre nenhuma vasta mudança na distribuição de renda. Por outro lado, outros dados sugerem que estão em ação forças que produzem uma crescente crise distributiva nos Estados Unidos. E, além dos dados, há, claro, uma conscientização perceptível entre muitos americanos, embora mais fortemente sentida entre os 60% medianos dos auferidores de renda, de que 1) o crescimento da renda diminuiu de modo geral, e 2) há uma mudança sutil de parcelas de renda e riqueza, dos pobres para os ricos. A profundidade do sentimento de "ser um perdedor no sonho americano" foi em parte avaliada pela campanha de Jesse Jackson em 1988 para a indicação democrata à eleição presidencial. Jackson, falando em termos exagerados sobre americanos comuns que eram devorados pelas "barracudas", empresariais ou não, conseguiu arregimentar parte considerável dos eleitores em torno de sua candidatura.

Entre os muitos fatos que contribuem para a impressão pessoal de menor bem-estar destacam-se o declínio de setores industriais antes estáveis e de altos salários e o aparecimento de empregos menos seguros e menos bem remunerados nos setores de serviço e retalho, a estagnação relativa do outrora poderoso movimento sindical, a importância imensamente maior de famílias de duas rendas, o número crescente de unidades familiares dirigidas por mulheres, as mudanças nas leis tributárias que reduziram a aparente progressividade dos impostos e aliviaram em muito o ônus fiscal das empresas e a estagnação relativa do compromisso com uma grande faixa de programas de transferência destinados aos pobres, desempregados, trabalhadores subespecializados e inválidos. E, naturalmente, surgindo no fundo do quadro e certamente ligado a essas tendências, há o desempenho em geral reduzido da economia americana em comparação com um passado não tão distante assim, mas especialmente se comparado com o resto do mundo. No caso dos americanos de renda média, essas tendências criam preocupações autênticas com a segurança no emprego, bem como questões de compensação direta. Ambas as situações, claro, configuram a maneira como o indivíduo vê seu padrão de vida.

Consideremos o seguinte cenário: a renda real média horária de todos os trabalhadores, após ter atingido o pico em 1972, de modo geral escorregou para baixo, chegando a nada menos de 6% abaixo de seu ponto mais alto em 1987. Para o mais bem remunerado e beneficiado trabalhador industrial, os salários reais se mantiveram mais ou menos estáveis na última década e meia, embora o valor em dólar dos benefícios assistenciais tenha se reduzido em cerca de 20%. Em toda parte, praticamente, planos de pensão, programas de saúde e outros benefícios que sustentavam padrões mais altos de vida passaram por contração. Na verdade, em muitos casos, os benefícios diminuíram no exato momento em que aumentaram as taxas de contribuição do trabalhador para os planos de seguro e aposentadoria. Uma defasagem educacional pronunciada começou a surgir. O Departamento de Trabalho informou recentemente que, em dólares de 1988, o formado em escola secundária em 1976 ganhava uma média de 24 mil dólares e, em faculdade, 28 mil dólares. Em 1988, a renda desses formados em escola secundária caíra para 21 mil dólares, ao passo que a dos formados em faculdade subira para 30 mil dólares. A maioria das projeções de tendências de emprego e renda durante a vida útil de trabalho, após examinar as mudanças ocorridas nas décadas de 70 e 80, chega à mesma conclusão: os novos e jovens membros da força de trabalho desde a década de 90 terão que ocupar certo número de empregos diferentes simplesmente para nela permanecer e, de qualquer modo, com poucas probabilidades de auferir, durante a vida profissional, uma renda comparável à de seus pais.

Esses estudos estatísticos dão base factual às apreensões com a segurança no emprego, renda e padrões de vida, mesmo que a Tabela 9-1 não mostre mudanças importantes na distribuição. O que faz é espelhar uma economia na qual parece que o próprio bolo está murchando. Conforme vimos, bolos econômicos menores tendem a provocar preocupações sobre as fatias absolutas e relativas que serão distribuídas. A profundidade que essas apreensões assumiram tornou-se visível em 1988, quando uma disposição da Lei Geral de Comércio, estabelecendo um aviso prévio de 60 dias a empregados em risco de dispensa devido a fechamento de fábricas, transformou-se em um dos poucos assuntos econômicos da eleição presidencial desse ano.

A preocupação com as tendências distributivas, por mais profundamente sentidas por trabalhadores individuais, porém, não gerou muita simpatia em anos recentes entre os economistas e outras pessoas que poderiam influenciar a formulação da política social. Na verdade, exatamente no momento em que aumentavam as preocupações com empregos e rendas, a sabedoria social dominante em matéria de política adotava um ponto de vista que ou disfarçava essas tendências ou sugeria que elas careciam de importância.

Robert Reich, no seu *Tides of a New America*, conta a fábula do "empresário heróico e dos zangões",[3] comparando os fados dos donos de empresas e seus empregados, em meados do século XIX. O empresário duro e individualista, que pela força do trabalho, garra e sorte teve sucesso, é visto como o herói. Embora fossem vistos inicialmente como virtuosos e úteis, contanto que também exibissem as qualidades apropriadas de diligência e operosidade, os trabalhadores comuns passaram a ser vistos gradualmente no século XX menos como trabalhadores e mais como zangões. A importância deles para a produção é menos clara, tendo perdido terreno para as máquinas. Suas reivindicações em matéria de salário, portanto, tornam-se menos legítimas, e eles são considerados com mais freqüência, especialmente quando se reúnem em sindicatos, como ameaças aos lucros "legítimos" dos empresários.

A fábula, segundo Reich, ilustra uma mudança curiosa na mente americana do século XX. Pensadores sociais têm exaltado, cada vez mais, as virtudes do empresário heróico, enquanto os trabalhadores se tornaram encarnações do desperdício e da ineficiência, simplesmente zangões a explorar a força de suas colméias. Reich conclui que a visão liberal dos três primeiros quartos do século, que defendia a tese pró-trabalhador, pró-sindicato e, em grande parte, antiempresa, entrou, nas últimas décadas, em estado de falência. A atitude compassiva em relação ao trabalhador, que dominou da década de 30 até a de 70, foi substituída pela visão conservadora mais antiga que defende a importância fundamental do empresário e, por extensão, da empresa.

Conseqüentemente, a fábula explica por que a corrente principal da formulação da política social tem dado pouca atenção aos dados estatísticos ou à maneira como pensa o americano de renda média, que sugerem o aparecimento de um importante problema distributivo. A fábula, claro, imediatamente reforça e é reforçada pelas teorias econômicas convencionais de distribuição de renda. Como resultado, a maioria dos economistas tem se mostrado impassível, enquanto as reduções de impostos e reformas fiscais proporcionam maiores ganhos aos abastados e às empresas. Os impostos de pessoa jurídica como percentagem da arrecadação total caíram de 26% em 1965 para cerca de 6% em 1987, e as alíquotas máximas desceram de 70% da renda pessoal em 1981 para 38,5% em 1987. Tampouco eles têm comentado o poder e influência declinantes dos sindicatos, com a resultante erosão dos salários e benefícios extras, enquanto outras táticas duras das administrações de empresas tiveram sucesso no período recente de taxas de desemprego relativamente altas. A situação dos salários e segurança no emprego recebe com freqüência um reconhecimento superficial, mas é em geral ignorada como sendo um subproduto infeliz da inflação ou um ajustamento doloroso, embora "natural", a mudanças estruturais que ocorrem numa economia pós-industrial.

Embora sem jamais admitir francamente, o pensamento econômico dominante das últimas uma ou duas décadas tem tendido a validar a redistribuição de americanos de renda baixa e média para os ricos. Talvez as mudanças reais sejam pouco evidentes, estatisticamente falando, mas a força das mudanças distributivas na divisão do bolo de renda parece estar aumentando. Entre 1960 e 1985, por exemplo, tanto antes como depois da dedução dos impostos, as parcelas dos 5% mais altos dos auferidores de renda aumentaram ligeiramente, porém, mais importante, sua parcela real da riqueza americana cresceu significativamente, de 64% para 68%.

A Crise dos Direitos Sociais

A fim de formar uma idéia mais clara da distribuição da renda americana, temos que examinar mais do que a renda auferida e os efeitos sobre o sistema tributário. Na verdade, na área de pagamentos diretos do governo a pessoas, uma tempestade pode estar se formando, mais violenta do que em qualquer outra área da atual crise distributiva. Os pagamentos de transferência do governo (isto é, pagamentos a pessoas não referentes à compra de produto ou prestação de serviço) totalizaram mais de quatrocentos bilhões de dólares em 1988, equivalendo a cerca de 12% de toda a renda pessoal recebida. Além disso, esses pagamentos constituíram a maior categoria isolada geral no orçamento federal, respondendo por 37% de todos os desembolsos. Tais pagamentos são feitos a pessoas nos termos de vários programas de "direitos sociais", se os beneficiários atendem a certos requisitos — idade, renda, necessidades médicas, serviço militar anterior, desemprego e outros.

O mais antigo desses serviços prestados pelo governo (embora, inicialmente, apenas pelos governos municipais) era o sustento direto dos realmente pobres. Em relação à pobreza e ao combate a ela, teremos mais a dizer adiante. Entretanto, é importante reconhecer a esta altura que os *pobres* não são os principais contemplados com os fundos de assistência social. Um em cada cinco desses dólares é gasto em programas como Medicaid, Selos para Aquisição de Alimentos, Suplementação Social da Renda ou Ajuda a Famílias com Filhos Menores. Conforme veremos, isso está bem de acordo com velhas atitudes americanas em relação à pobreza. Na verdade, os pobres recebem hoje mais ou menos a mesma proporção de todos os dispêndios federais que recebiam na década de 30.

Conforme mostra a Figura 9-1, os programas "Não Ligados à Renda" — caso em que o direito não depende da renda auferida — são muito mais vultosos do que os "Ligados à Renda". Em sua maioria, esses direitos sociais começaram de forma muito inocente. Grande parte dos contemplados os considera como um direito obtido através de suas próprias contribuições, como no caso da seguridade social ou do Medicare, ou através de seu próprio trabalho abnegado, como acontece com a renda de aposentadoria do pessoal civil e militar. Ao contrário dos direitos ligados à renda, *e isto é um ponto muito importante*, a maioria dos direitos não ligados à renda pouco tem de vergonhosa e raramente exige o reconhecimento de fracasso pessoal.

Os gastos com esses direitos, contudo, engordaram mais rapidamente do que o PNB nas últimas décadas e prometem crescer ainda mais. No ano 2025, por exemplo, projeta-se que um quinto do produto anual do país terá que ser pago diretamente em direitos relativos à aposentadoria e saúde, caso sejam mantidas as atuais condições. Em qualquer circunstância, esses gastos seriam um grande fardo. E são mais pesados se o crescimento econômico se atrasa. De qualquer modo, constituem uma fonte potencial de grave atrito social, e, em especial, gerarão uma briga feia, em algum ponto no futuro não tão distante, entre as reivindicações de jovens e velhos ao produto nacional.

Figura 9-1. Despesas com Programas Sociais, 1988

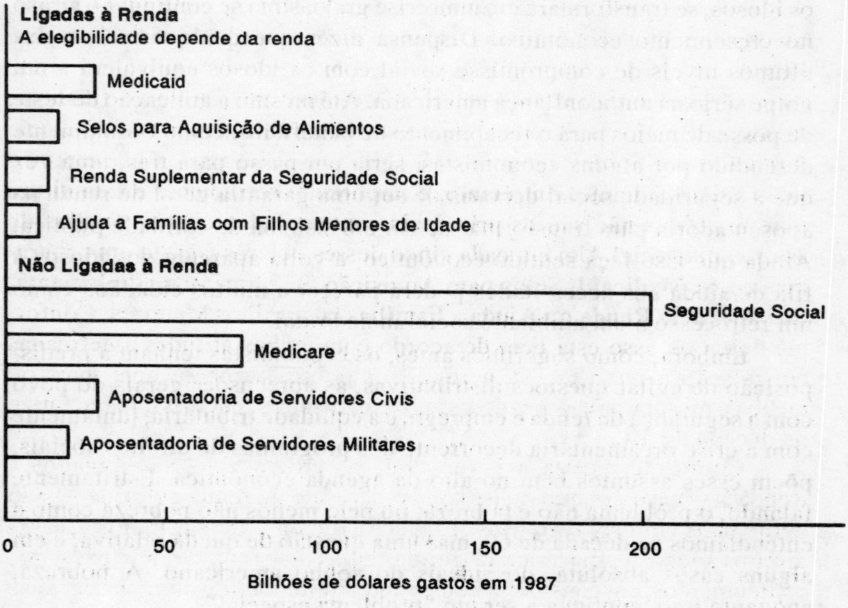

Figurando outrora entre os americanos mais pobres, os idosos beneficiaram-se muito nos últimos 50 anos com a criação e ampliação do sistema de seguridade social e de seus vários programas. Fundado inicialmente como programa de seguros, com benefícios a serem custeados por contribuições de trabalhadores e empregadores, benefícios estabelecidos em lei, e bastante ampliados pelo Congresso nas décadas de 60 e 70, logo depois excediam toda possível cobertura através das contribuições de beneficiários individuais. No ano 2000, com uma população envelhecendo, haverá um beneficiário da seguridade social por cada dois contribuintes empregados ou segurados.

Essa situação aponta para um confronto distributivo entre jovens e velhos, na medida em que dispêndios obrigatórios da seguridade social (no nível atual de benefícios) exigirem níveis mais altos de contribuições dos que trabalham ou volumes maiores dos dólares do imposto pago pelos contribuintes. Naturalmente, os que pagam os impostos podem resolver reduzir os benefícios da seguridade social e, assim, sua própria conta de impostos. O que certamente será uma acirrada batalha redistributiva, na melhor das circunstâncias, quando jovens e velhos se digladiarem politicamente sobre o "direito" à segurança de renda para os idosos, se transformará em uma crise gravíssima se continuar o atraso no crescimento econômico. Dispensa dizer que qualquer recuo dos últimos níveis de compromisso social com os idosos equivalerá a um golpe sério na autoconfiança americana. Até mesmo a aplicação do teste de posse de meios para o recebimento de benefícios, como é atualmente defendido por alguns economistas, seria um passo para trás, uma vez que a seguridade social deixaria de ser uma garantia geral de renda na aposentadoria para transformar-se em um sistema de caridade pública. Ainda que isso faça sentido econômico, a volta aparente dos idosos à fila de ajuda aos necessitados poderá parecer a muitos cidadãos como um retrocesso a um ambiente social mais brutal.

Embora, como sugerimos antes, os economistas tenham a predisposição de evitar questões distributivas, as apreensões gerais do povo com a segurança da renda e emprego, e a eqüidade tributária, juntamente com a crise orçamentária decorrente dos programas de direitos sociais, põem esses assuntos bem no alto da agenda econômica. Estritamente falando, o problema não é pobreza, ou pelo menos não pobreza como a entendíamos na década de 60, mas uma questão de queda relativa, e em alguns casos absoluta, dos ideais do sonho americano. A pobreza, enquanto isso, continua a ser um "problema especial".

Atitudes Americanas em Relação à Pobreza e à Riqueza

A perspectiva de maior desigualdade de renda exige que estudemos as atitudes americanas em relação aos dois extremos do espectro distributivo. Na verdade, esse exame pode nos fornecer algumas introvisões do que serão ou não as iniciativas de política.

Historicamente, as atitudes americanas em relação à pobreza — e ao seu oposto, a riqueza — sempre foram complicadas por alguns pontos de vista conflitantes e confusos. Por um lado, coerente com a forte tendência populista que perpassa pelo pensamento social americano, há uma grande predisposição para considerar o grande acúmulo pessoal de bens materiais — especialmente acúmulos muito grandes — como fundamentalmente imoral e talvez obtido através de uso desleal e opressivo de poder. Ivan Boesky e outros beneficiários de "informações privilegiadas" da década de 80 foram apenas a continuação de uma longa tradição dessa corrente. Embora possa haver um interesse americano erótico pelos "estilos de vida dos ricos e famosos", a maioria dos cidadãos sente alguma satisfação em saber que a riqueza tende a ser corruptora.

Entretanto, essa mesma tendência populista enfatiza uma responsabilidade limitada da comunidade pelos menos afortunados da nação, embora "menos afortunados" signifique em geral os doentes, os indigentes, os filhos dos pobres e os pobres sadios que estão apenas temporariamente desempregados. Na verdade, a crença em que a pobreza da década de 60 era "curável" e, portanto, temporária, contribui em muito para explicar o apoio aos programas antipobreza da Grande Sociedade. Exceto entre os grupos que sofrem de pobreza crônica (e nem sempre entre eles) não há nenhuma crença arraigada de que um padrão mínimo de não-pobreza deva ser garantido a todos. Ao contrário da maioria dos Estados de bem-estar social europeus, os Estados Unidos não sustentam, seja como questão de convicção popular ou matéria de lei, a opinião de que "ninguém merece ser pobre".

Essa opinião combina bem com uma atitude relacionada que é também compatível com o ponto de vista populista democrático. Em poucas palavras, esta última opinião sustenta que a renda, até certo ponto, reflete os talentos e iniciativa de cada indivíduo que a aufere e que a transferência involuntária de renda dos capazes para os menos capazes é basicamente uma violação de direitos naturais e políticos. A reunião dessas duas idéias, como de fato fazemos, gera uma atitude exclusivamente americana em relação à riqueza e à pobreza. Os ricos, os muito ricos, ignorando nosso fascínio pelos seus estilos de vida e o reconhecimento ocasional de que eles podem prestar, de vez em quando, serviços econômicos úteis, são sempre suspeitos. Por outro lado, a apropriação pura e simples do suposto tesouro dos opulentos tem pouca popularidade entre os não-ricos, uma vez que isso viola direitos básicos e, é claro, caso as circunstâncias pessoais mudem subitamente para o lado favorável, poderia ser também uma ameaça pessoal. Nem sempre compreendido pelos economistas, esse ponto de vista, em grau muito maior do que argumentos econômicos complicados que defendem os benefícios sociais do ato de poupança dos ricos, servem para protegê-los contra a tributação confiscatória e os conserva como o grupo opulento menos tributado do mundo.

Quanto às maneiras de lidar com a pobreza, as atitudes populares acabam, mais uma vez, apoiando idéias não-igualitárias. À parte aqueles indivíduos e grupos que há muito se acostumaram a depender de medidas de ajuda pública, a maioria dos americanos empregados considera a assistência do Estado como indesejável, necessária talvez em alguns casos, mas, ainda assim, indesejável. Economistas conservadores podem também mencionar essa indesejabilidade — seu efeito em desestimular o trabalho, em provocar a elevação das taxas salariais e, em última análise, dos preços, em tributar injustamente os que trabalham para sustentar pessoas válidas que não trabalham etc. A combinação dessa lógica econômica com atitudes sociais gerais em relação à pobreza (que seria, a longo prazo, uma conseqüência da indolência) produziu com o passar dos anos um sistema de bem-estar social que é doloroso. O argumento liberal de que eqüidade e eficiência são bem servidas por um sistema de bem-estar social detalhado nunca gozou de apoio popular geral.

Com um ponto de vista social que diz que a riqueza deve ser protegida, embora não totalmente respeitada, e a dor da pobreza considerada como sua melhor cura, não é de surpreender que, para visitantes estrangeiros, a disparidade entre ricos e pobres seja uma das mais comentadas "contradições" da vida americana. A antipatia americana por atividades generalizadas de redistribuição da renda, pode ser tranqüilizadora para os ricos, mas sua importância não deve ser superestimada. Essas atitudes em relação à pobreza e à riqueza emergiram e prevaleceram em uma sociedade onde o crescimento econômico era, no prazo mais longo, bastante claro e havia o senso de melhoramento constante nos padrões reais de vida da grande maioria da população. Predominaram em uma sociedade na qual a maioria dos cidadãos era constituída de pobres, mas que pensavam que estavam se tornando menos pobres, ainda que não mais ricos. A verdade era que, durante toda a história do país, a pobreza não fora a exceção, mas a regra para a maioria, não, talvez, a pobreza da fome que freqüentemente embota e mutila fisicamente e que afligia cidades e campos na Europa, mas apenas pobreza. Empregando os mesmos critérios de renda real usados para calcular a "linha de pobreza" da década de 60 (três mil em dólares de 1954 para uma família de quatro pessoas), descobrimos que os 25% da população que viviam abaixo dessa linha em 1961, quando iniciamos uma "cruzada" para a eliminação da pobreza, constituíam, de fato, um claro melhoramento em comparação com a cifra de 1929, antes da depressão, de 59,2%.

Entretanto, a queda de um senso de prosperidade para pobreza ou quase pobreza, como está acontecendo atualmente com muitos americanos e, com toda probabilidade, será sentido por muitos outros, é um fenômeno praticamente desconhecido. Se assumir proporções consideráveis e sua dor não for suficientemente mascarada por "jeitinhos" particulares, como o indivíduo ter vários empregos, a família em que vários trabalham ou por programas convencionais de transferência, a atual sensação de que se "perde terreno" pode superar atitudes mais antigas em relação à redistribuição. Pressão política irresistível para uma grande variedade de programas tributários, de transferência e segurança no emprego, pode ser o cenário resultante. Embora, no momento, esse assunto seja matéria de pura especulação, constitui um possível resultado da atual crise distributiva que merece atenção.

O Problema dos Cronicamente Pobres

Afora a deterioração real ou imaginada dos atualmente não-pobres, há o problema daqueles que são, na verdade, economicamente desprivilegiados. Durante todo o século XIX e princípios deste século, houve casos graves de pobreza pelos quais passaram muitas pessoas, geralmente no rastro de quedas periódicas da atividade econômica. O bem-estar dos ocasionalmente pobres e daqueles que viviam sempre em condições de miséria foi, em grande parte, assunto de filantropia privada ou, por último, de ajuda pública aos necessitados por iniciativa dos governos municipais. O envolvimento federal, de início como medida de emergência e em seguida em caráter mais permanente com a seguridade social, salários mínimos e seguro-desemprego, começou na década de 30. Mesmo assim, 30 anos depois, as preocupações com o bem-estar eram ainda principalmente uma questão dos governos municipais. Com o governo Kennedy, essa solução deixou de ser considerada um remédio tolerável. Com o programa Grande Sociedade, de Johnson, o governo federal tomou para si o problema da pobreza.

Conforme mostram os dados da Tabela 9-2, medições estatísticas da pobreza acusaram uma queda inicial em fins da década de 60 e, na década seguinte, o aumento do número de indivíduos que desciam para a categoria de pobreza. Outros revelaram características nada surpreendentes sobre quem será pobre, com mais probabilidade: as minorias, as famílias dirigidas por mulheres, os menos educados e os muito jovens. Além desses dados, porém, há um fato na pobreza americana que só lentamente vem sendo absorvido nos processos de formulação da política econômica, isto é, que o problema da pobreza é, e foi, o problema da *pobreza crônica*.

Tabela 9-2. Taxa de Pobreza nos EUA, 1960-1985

Ano	Número (em milhões)	Taxa
1960	39,9	22,2
1965	33,2	17,3
1970	25,4	12,6
1975	25,9	12,3
1980	29,3	13,0
1985	33,1	14,0

Fonte: Relatório Econômico do Presidente, 1988.

Tabela 9-3. Incidência da Pobreza entre Grupos

Média Nacional	13,6%
Brancos	11,0%
Negros	31,1%
Hispânicos	27,3%
De mais de 65 anos	12,4%
Famílias dirigidas por mulheres	38,3%
Mais de 1 ano de faculdade	5,0%

Fonte: Departamento de Recenseamento dos Estados Unidos, *Money Income and Poverty Status of Families and Persons in the United States, 1986.*

Embora o número total de americanos, em qualquer tempo, incluídos na faixa da definição de pobreza, varie entre 12% e 15% da população, dependendo das condições econômicas gerais predominantes, a maioria desses "pobres" é apenas temporariamente pobre. Embora as possibilidades de ascensão a partir de situações de baixa renda sejam muito restritas, em comparação com a situação vigente há uma ou duas décadas, de metade a dois terços dos hoje considerados oficialmente pobres escaparão eventualmente desse *status* (embora, certamente, muitos retornem a ele — em geral por pouco tempo — em alguma ocasião no futuro). No entanto, o restante dos oficialmente pobres, nada menos de 5% a 7% da população do país, segundo estimativas gerais, *nunca escapou e nunca escapará da pobreza*. Mais perturbador ainda é que essa pobreza renitente está crescendo e diminuindo as possibilidades de ser eliminada.

A compreensão, pelos não-pobres, das condições da pobreza renitente, por melhores que sejam suas intenções e qualquer que seja o grau de compaixão que sintam, é sempre distorcida e inexata em seus detalhes. Simplesmente é difícil compreender como mudam vidas, inteiramente comuns, quando a desesperança econômica se torna o aspecto central e permanente da existência da pessoa. As características patológicas da pobreza intensificaram-se em nossa época exatamente no momento em que o "estado de pobreza", tanto no sentido monetário quanto psicológico, diminuiu muito entre a população americana. O que faz com que os membros da pobreza renitente (e, em especial, os "sem-casa" que ultimamente despertaram atenção excepcional dos meios de divulgação) sobressaiam tanto como "problema" não é realmente seu número, mas a brecha cada vez maior entre a realidade de suas vidas e o "sonho americano", vivido em graus variáveis por uma parcela tão grande da população. O problema não é simplesmente a angústia que a pobreza renitente causa ao pobre sem esperança, o que é provavelmente a primeira razão da preocupação com a pobreza, como tal. O problema é que esse grupo, ao contrário da maioria dos americanos anteriormente pobres, não tem expectativa razoável de que sua vida possa mudar e que mudará. A esperança apenas, claro, não pode acabar com a pobreza, mas, sem ela, o indivíduo empobrecido se acomoda em uma nem sempre desconfortável subcultura de dependência, muito distante do sonho econômico dominante e da compreensão de como realizar esse sonho, mesmo quando só o compreende imperfeitamente. Ou como disse um intelectual com todo desembaraço na década de 60, "nada há de errado com os pobres que o dinheiro não possa resolver".

Há ainda, claro, alguma verdade nessa observação, mas a pobreza, da maneira como se reproduziu entre os absolutamente pobres na última geração, mais ou menos, exige mais do que dinheiro como solução.

Até bem pouco tempo, o sistema de bem-estar americano encarou sempre a pobreza como se fosse assunto basicamente temporário para os indivíduos afetados por ela. Até certo ponto, isso refletia a experiência ou a maneira como os americanos encaravam a experiência de que pessoas, se tivessem ajuda temporária, podiam descobrir finalmente uma maneira de escapar das circunstâncias em que viviam. É matéria de debate se esse foi realmente o caso para muitos pobres no passado, mas a verdade é que o aparecimento de bolsões de pobreza profundos e permanentes começou a forçar o aparecimento de uma nova maneira de abordar a questão do bem-estar social. O que mudou foi o reconhecimento de que o bem-estar tem que se vincular a programas educacionais e de treinamento e que se podia exigir que os beneficiários de ajuda pública aceitassem treinamento e certos empregos como condição para receberem ajuda. Esse argumento vem há muito sendo defendido pelos conservadores, que temiam que a ajuda pública premiasse a indolência. Os conservadores, nesse momento, receberam a adesão de liberais, que durante bastante tempo haviam se oposto à "contraprestação de trabalho", considerando-a como uma limitação injustificável dos direitos dos pobres e um retrocesso à era de David Copperfield e da casa de correção. Mas sucessivas gerações dos mesmos grupos crescendo na pobreza converteram a maior parte dos velhos adversários da contraprestação de trabalho à idéia de que empregos, e não dinheiro, eram a cura final da pobreza. Em 1988, o Congresso votou legislação de reforma social com esse objetivo. Se os recursos necessários para essa tarefa serão ou não fornecidos, e se, mesmo com ou sem recursos, o padrão de pobreza crônica pode ser quebrado, é assunto que resta a ser visto. Todavia, numa ocasião em que problemas distributivos parecem assombrar grandes segmentos da população não-pobre, o ceticismo sobre nossa capacidade (ou disposição) de realizar os trabalhos de engenharia social necessários para erradicar a pobreza não parece injustificado.

Distribuição de Renda e Discriminação

Nenhum estudo da distribuição de renda nos Estados Unidos será completo sem pelo menos um reconhecimento *pro forma* da discriminação econômica baseada em raça ou sexo (e, claro, tal discussão relaciona-se também com o que foi dito sobre os cronicamente pobres). Ainda assim, as observações de economistas e, em especial, suas recomendações de política, embora incansavelmente otimistas, são de um vazio extraordinário, quando examinadas atentamente. Simplesmente não há como negar que pouco progresso foi feito para eliminar as profundas desigualdades de renda sofridas pelos americanos negros e pelas mulheres. Há mais de uma geração, a incidência da pobreza (utilizando a definição oficial) tem sido mais ou menos três vezes maior entre negros do que entre brancos. Na verdade, no mesmo período, a brecha entre a renda de famílias brancas e negras aumentou (para 23.647 dólares *versus* 13.471 dólares em 1986). A observação da Comissão Kerner, em 1972, de que o país estava se transformando em duas nações — uma branca e razoavelmente próspera e a outra negra e pobre — parece mais apropriada à medida que passa o tempo. Em meados de 1986, quase 50% de todos os americanos brancos viviam em famílias com mais de 25 mil dólares de renda monetária, ao passo que apenas 24% de todos os negros americanos desfrutavam esse nível relativo de luxo. Enquanto isso, o crescimento mais rápido entre todos os "grupos de pobreza" identificados tem sido, desde 1969, o de "chefes de família mulheres, marido ausente". Nessa categoria, as negras têm também uma representação desproporcionalmente grande. No entanto, comparando apenas com os brancos, a renda média de famílias dirigidas por homens era de 35 mil dólares em 1984, enquanto em famílias dirigidas por mulheres (marido ausente) era de 18 mil dólares.

Embora os dados deprimentes e quadros estatísticos ainda mais sombrios que podem ser traçados à vista das informações disponíveis sobre renda sejam razoavelmente bem conhecidos, o mais notável a respeito desses números é que não os consideramos mais como absolutamente notáveis. Se essas desigualdades óbvias de renda refletem ou não, seja ao longo da história seja nos dias correntes, um alto grau de racismo e sexismo na sociedade, os americanos mais bem informados provavelmente têm poucas dúvidas. Ainda assim, uma geração de esforço contínuo para erradicar tanto as formas ostensivas como mais sutis de discriminação deixou de produzir qualquer mudança acentuada na distribuição de renda.

Um assunto polêmico entre os economistas tem sido se as características raciais e sexuais da pobreza nos Estados Unidos são ou não um reflexo de preconceito ou discriminação inerentes e fundamentais no sistema econômico propriamente dito. Na maioria das vezes, economistas convencionais evitam participar de discussões sobre "os aspectos econômicos da discriminação", preferindo deixar o tópico a sociólogos ou àqueles economistas de inclinação política claramente esquerdista. A interpretação esquerdista é feita de muitas maneiras, mas o argumento fundamental desenvolve-se mais ou menos assim: os mercados de trabalho americanos são segmentados. O mercado primário inclui as oportunidades de emprego mais estáveis, seguras e mais bem remuneradas na sociedade, tanto no que interessa a operários quanto a pessoal burocrático ou de serviços. Esses empregos ocorrem em indústrias básicas e antigas fortemente sindicalizadas, bem como em muitos empregos burocraticamente organizados, além daqueles de uma natureza mais independente que utiliza os serviços de técnicos, professores primários e secundários, gerentes de nível médio, contadores, engenheiros, operadores de computadores e artesãos independentes. O mercado secundário, por outro lado, é constituído de empregos não sindicalizados, essencialmente de baixa especialização, mal remunerados e de baixa segurança. O mercado secundário abrange predominantemente empregos de baixa remuneração no setor de serviços. De acordo com esse argumento de *mercado de trabalho duplo*, são poucas as oportunidades de alguém passar do menos desejável mercado secundário para o primário. O mercado secundário, portanto, transforma-se numa armadilha para os que nele caem. Enquanto isso, as escassas oportunidades de emprego provavelmente estimulam muitos a deixar de vez o mercado e aceitar, como meio de sustento, o pagamento de benefícios da seguridade social. Ele tem sido, particularmente, a armadilha das minorias e das mulheres, que há muito tempo vêm sendo sistematicamente excluídas, por motivo de raça e sexo, de uma participação mais extensa nos mercados primários. Além dessa *discriminação no emprego*, continua em geral o argumento, há *discriminação salarial* em ambos os mercados, com os negros recebendo menos do que os brancos e as mulheres menos que os homens pelos mesmos empregos.

Há muito a elogiar no argumento do mercado duplo. Os fatos do modelo de emprego americano parecem corresponder à prova disponível relativa a salário e desigualdades no emprego. Entretanto, argumentar que a estrutura institucional da economia americana é, por sua própria natureza, "discriminatória" ou que a discriminação é fundamental a um sistema de produção-para-lucro, como geralmente afirma o argumento, exige que se evite uma questão fundamental. Para que a discriminação tivesse um fundamento econômico em uma sociedade de produção-para-lucro, teria que ser demonstrado que discriminação produz vantagens. Em outras palavras, a exclusão deliberada, sistemática, de certos candidatos a certos empregos por certos empregadores, ou a decisão de pagar a alguns trabalhadores mais do que a outros, teria que produzir benefícios monetários para esses patrões. Ora, é evidente que ações discriminatórias, como pagar mais a alguns trabalhadores ou limitar a oferta de trabalhadores disponíveis, levam, pelo menos em teoria, a um aumento da conta salarial, a custos mais altos, e, *ceteris paribus*, a lucros mais baixos. Além disso, seria necessário um conluio extraordinário entre todos os empregadores a fim de manter as práticas discriminatórias, uma vez que empregadores não-discriminadores colheriam rapidamente os benefícios de explorar um reservatório maior de trabalho e, assim, pagar um salário mais baixo, determinado pelo mercado.

Dadas as dificuldades teóricas e a experiência dos últimos 20 anos de cumprimento muito rigoroso da condição de oportunidades iguais, a maioria dos pensadores econômicos, mesmo os que não se notabilizam como defensores muito eloqüentes da economia de mercado, acham difícil aceitar o argumento de que a existente desigualdade nos empregos e salários tenha sua melhor explicação no resultado racional e esperado de um sistema econômico de produção-para-lucro. Essa opinião, contudo, não exige rejeição do conceito de mercado de trabalho duplo nem a maximização da importância econômica e social das desigualdades de renda de origem racial ou sexual. Em vez disso, enfatiza que o mercado de trabalho duplo e o resultante aparecimento de discriminação racial e sexual refletem mudanças profundas estruturais na economia e mudanças resultantes nos mercados de emprego. A atual dominação de trabalhadores brancos, homens, no mercado primário mais bem remunerado, e a destinação da maioria dos negros e mulheres ao mercado secundário, refletem, em primeiro lugar, a dominação histórica do mercado de trabalho primário (ao qual o acesso de negros e mulheres é relativamente recente) e, em segundo, o fato de que, nas últimas décadas, o emprego no setor primário tem diminuído relativamente, tornando difícil para todos o movimento ascendente. Mais importante, porém, os dois mercados observam especificações diferentes de especialização e as minorias e as mulheres são "empurradas" para empregos no mercado secundário devido a deficiências em matéria de habilidades. Sobre esse ponto, embora por motivos diferentes, é possível obter algum acordo entre os economistas, tanto da corrente principal quanto da de tonalidade esquerdista.

O fato de que deficiências em matéria de especialização possam, em última análise, ser resultado de discriminação não será contestado por muitos observadores críticos da atualidade, mas localizar discriminação na preparação de trabalhadores para os empregos é muito diferente de localizá-la exclusivamente no processo de contratação. Além disso, se as deficiências educacionais e em especialização são a base da desigualdade racial e sexual, podemos entrever possíveis soluções para os atuais problemas de desigualdade de renda e emprego entre brancos e negros e entre homens e mulheres, ao passo que nenhuma solução sistêmica é possível nos termos da outra opinião. Ainda assim, é mais fácil dizer que melhor treinamento para o trabalho acabará com a desigualdade do que fazer com que isso realmente aconteça. Conforme vimos, não há uma disposição muito forte no país para prover programas de engenharia social do tipo necessário para romper o ciclo de pobreza característico de muitas famílias de grupos minoritários ou dirigidas por mulheres. A inclinação nesse sentido, como aliás acontece com todas as campanhas de engenharia social, é ainda mais debilitada numa economia que passa por uma lenta taxa de crescimento econômico.

À parte essas limitações impostas pelas condições econômicas gerais, há outras restrições especiais ao lançamento de quaisquer políticas amplas e profundas de engenharia social. Do ponto de vista de muitos economistas americanos, os programas de política social fracassaram invariavelmente em termos de seus propalados objetivos. Os problemas da pobreza, da discriminação racial e sexual, da assistência médica, do financiamento da educação e muitos outros que atraíram a atenção dos formuladores de política há uma geração, continuam tão sem solução hoje como naquela época. Na verdade, e isso é um ponto importante, que tem levado muitos economistas a firmar uma posição nesses assuntos, depois de gastar muito dinheiro e trabalho nesses problemas, parece que, em muitos casos, estamos hoje mais longe de uma solução favorável do que há 20 ou 25 anos.

Depois de 20 anos de campanhas de combate à pobreza, aceitamos, como nação, a inevitabilidade de algum nível de gastos sociais em benefício dos econômica e pessoalmente mutilados. Aceitamos também a inevitabilidade do fracasso da maioria dos programas que prometem resgatar os desprivilegiados. A primeira atitude reflete igualmente espírito humanitário *e* auto-interesse e, a segunda, o reconhecimento, consciente ou inconsciente, do velho ditado de que "haverá sempre pobres". Dessa maneira, iniciativas criativas para enfrentar os problemas dos cronicamente pobres, bem como daqueles cidadãos que são afetados por mudanças estruturais na economia, enfrentam duas poderosas limitações: o estado da economia e o estado da mente econômica.

Olhando para o Futuro

Conforme prometido no início deste capítulo, nosso passeio pelas questões distributivas cobriu algum terreno difícil. Da mesma maneira que descobrimos no exame da política macroeconômica e da política pública em relação ao mundo dos negócios, depender exclusivamente da bússola da teoria econômica convencional não é suficiente. Ela nem explica exatamente como a renda é distribuída, nem como, na verdade, devemos tratar dos vários problemas distributivos pendentes de solução. Diretrizes teóricas precisam ser sempre ajustadas às realidades históricas, culturais e institucionais. Em tudo isso, descobrimos que uma estranha ambivalência cerca as iniciativas de política e as crenças populares sobre questões de distribuição e redistribuição de renda.

Por um lado, numerosos argumentos são reunidos de tempos em tempos para "provar" que medidas de engenharia social, destinadas a produzir uma distribuição mais igual, são desaconselháveis do ponto de vista da eficiência econômica, uma vez que "garantir" uma renda mínima aceitável reduz os incentivos ao trabalho e à diligência. Por outro, são poucos os americanos que defendem a posição oposta. Uma distribuição extremamente desigual dos direitos ao produto é considerada social, política e economicamente indesejável. Ao escolher entre igualdade e eficiência em questões distributivas, a tendência tem sido para considerações de eficiência, embora menos do que a retórica da crença popular ou a teoria da economia convencional poderiam sugerir.

Mesmo assim, trata-se de um problema sobre o qual não ouvimos ainda a última palavra. Uma variedade de forças econômicas, especialmente mudanças estruturais na economia, convergiu para manter baixos os ganhos reais de salários de uma parte considerável dos americanos em anos recentes. Como resultado, há numerosas indicações de que as partes média e inferior da escala de renda receberão no futuro uma parcela menor de toda renda auferida. Se essa tendência for suficientemente ampla e profunda, preocupações com eqüidade certamente aumentarão entre o público em geral e poderão assumir uma dimensão política, na qual um número crescente de americanos, em uma postura até aqui bastante desconhecida, pressionará exigindo numerosas medidas do governo, que terão efeitos distributivos profundos. Não está em jogo apenas a questão de enfrentar a pobreza mutilante de uma pequena parte da população. O autenticamente pobre sempre foi considerado um caso especial e teve tratamento correspondente. No caso de um declínio geral do bem-estar econômico, o fato de os americanos não terem demonstrado, no passado, muita preferência por esquemas redistributivos radicais talvez seja irrelevante. Esse pensamento é muito perturbador para numerosas pessoas.

Não poderem os economistas oferecer soluções fáceis para essas possíveis dificuldades não constitui um indício da incerteza da profissão em relação aos problemas mais amplos da distribuição de renda. A maioria deles, quaisquer que sejam seus pontos de vista políticos, afirmaria que a remuneração dos fatores está vinculada, pelo menos de maneira geral, e deve permanecer, à produtividade do fator em questão. Tentativas de cortar totalmente a conexão entre remuneração e contribuição para o produto, o que constitui muitas vezes o objetivo dos teóricos socialistas, não funcionaram bem no mundo real. O ditado de Marx, "de cada um de acordo com sua capacidade e a cada um de acordo com sua necessidade", por mais idealístico que seja, foi pouco útil mesmo em nações reconhecidamente comunistas e, nos casos em que se o experimentou na prática, acabou por ser em geral abandonado. Por outro lado, a maioria dos economistas modernos reconhece, como aconteceu com Mill, o caráter político de muitas decisões distributivas, sejam tomadas privadamente ou através de intervenção do governo. Só aqueles desligados da realidade política é que insistiriam em uma política que não reconhece esse fato. Apesar de fortes argumentos teóricos contrários, esforços *modestos* na redistribuição dos direitos ao produto, não são fundamentalmente assuntos de grande interesse entre os economistas americanos.

Afinal, nossa discussão dos problemas distributivos tem que nos trazer de volta a um tema recorrente em nosso exame da formulação da política econômica nos tempos atuais, isto é, o problema especial de enfrentar um crescimento econômico insuficiente. Os economistas sabem que o crescimento sustentado é uma condição necessária, embora não suficiente, para aliviar as preocupações distributivas. Para sermos exatos, uma economia em crescimento poderá ainda gerar sérias disparidades de renda, mas elas serão menores (ou, pelo menos, consideradas menores) do que em economias de crescimento lento. Além disso, o crescimento cria condições para medidas redistributivas politicamente sensatas. Apesar de ser difícil e doloroso tratar o problema do crescimento, essa orientação promete muito menos dor do que aquela que provavelmente resultará de crises distributivas que permanecem sem solução em um cenário de nenhum crescimento econômico.

CAPÍTULO 10

O Futuro como História

Dr. Thurow: O que lhe dá a certeza de que os Estados Unidos, neste momento, não são a Grã-Bretanha de 1900? O resto do mundo está correndo logo atrás de nós e não vai parar quando se emparelhar. Vai passar por nós como um raio e, dentro de 50 anos a partir de agora, os Estados Unidos terão a metade do PNB *per capita* desses países.

Dr. Stein: Eu não estou absolutamente certo quanto a isso. Mas não tenciono fazer uma grande mudança no sistema, apostando que assim será.

Dr. Thurow: Permita-me uma pergunta. Suponhamos que o senhor soubesse que vai ser assim. Estaria, nesse caso, disposto a fazer uma mudança no sistema?

Dr. Stein: Não.

Dr. Thurow: O senhor está dizendo que o sistema é mais importante do que o resultado, qualquer que seja o resultado?

Dr. Stein: Bem, o senhor tem que me conceder algum espaço para que eu conclua até que ponto é ruim o resultado, mas o que quero dizer...

Dr. Thurow: Eu lhe dou o resultado. Dentro de 50 anos a partir de agora, o PNB *per capita* americano será o da metade dos principais países industrializados. Suponhamos que isso seja um fato. Nesse caso, o senhor acha que devemos mudar o sistema agora?

Dr. Stein: Não.[1]

Lester C. Thurow e Herbert Stein

Em todo o exame que fizemos do estado atual da formulação da política econômica americana, procuramos invariavelmente colocar as atuais questões e idéias econômicas na perspectiva histórica, dando especial

atenção às mudanças rápidas e freqüentemente perturbadoras que ocorreram nas últimas seis décadas. Neste momento em que nos aproximamos da conclusão de nosso trabalho, temos que mudar o enfoque temporal, do passado para o presente e dar um salto, de resultado incerto, do presente para o futuro. Por necessidade, examinar e avaliar tendências futuras será forçosamente uma aventura mais especulativa do que estudar o presente apenas como resultado de eventos e forças históricas facilmente discerníveis. Para sermos exatos, esse trabalho será inçado de grande variedade de possíveis erros em julgamento e omissões. Pior ainda, não é muito impressionante a fé-de-ofício de economistas que se metem a futurólogos. Contudo, não há como evitar esse trabalho, se queremos dar uma finalidade útil ao que já sabemos bem sobre os limites e usos da formulação da política econômica. Nossa intenção, porém, não é fazer generalizações doutrinárias e rígidas sobre fatos futuros. Ao contrário, o que nos move é o desejo de ser mais abertos, de ver as tendências correntes de uma forma mais flexível e continuar a promover a perspectiva sobre processos econômicos que salientamos ao longo de todas estas páginas, isto é, instituições e idéias econômicas são mais exata e utilmente compreendidas como tendo natureza adaptativa e evolutiva. Necessariamente, nosso esforço neste capítulo envolve reunir alguns temas e caminhos diversos, o que indica que será bom para o leitor ter um pequeno resumo do que se segue.

Pressupondo, como fazemos, que o futuro é sempre produto do passado, retornaremos a um pequeno sumário das tendências e condições vigentes na economia contemporânea. Tal como foi nossa orientação até aqui, concentraremos o interesse na larga perspectiva dos fatos, focalizando as correntes econômicas mais óbvias. Ainda assim, muito embora grande parte das "notícias" neste capítulo seja desalentadora, a intenção da mensagem básica não é gerar desesperança. Depois de examinar algumas tendências econômicas alarmantes, argumentaremos que a calamidade não é o único resultado possível. Desviar a economia de seu curso atual, no entanto, exigirá o uso hábil da formulação da política econômica, e, neste particular, os americanos — tanto economistas quanto cidadãos comuns — necessitam urgentemente reavaliar o papel e tarefas atribuídas ao governo como nosso principal instrumento de formulação de política. Este capítulo se encerra com uma análise dos prognósticos sombrios de defensores modernos de um Dia do Juízo Final, admitindo a possibilidade, mas não a necessidade, dos cenários que elaboram.

Já Passamos o Pior ou Não?

A futurologia nem sempre é digna de elogios nos seus resultados, embora seja uma atividade humana perfeitamente normal. Não é de surpreender, claro, que o que vemos no futuro é, até certo ponto, determinado pelo que pensamos que vemos no presente. Por isso mesmo, as atuais condições de estabilidade econômica tendem a gerar visões otimistas, enquanto desempenho econômico decepcionante estimula prognósticos de calamidades iminentes. Comentamos antes a grande notoriedade e popularidade de profecias do tipo "Dia do Juízo Final", que ultimamente tiveram grande prestígio entre o público, e, logo depois, voltaremos à importante questão "culto do fim do mundo", na medida em que ela afeta e é afetada pelo pensamento econômico contemporâneo. Para nossas finalidades, contudo, interessa-nos mais o que sua popularidade parece dizer sobre a maneira como os americanos encaram o futuro do que o conteúdo específico ou a validade potencial desses cenários.

A maioria dos trabalhos desse tipo, salientando como fazem geralmente a existência de certos "ciclos vitais" discerníveis na ascensão e queda de economias nacionais, tende a se valer de analogias históricas para provar seu argumento. Entre esses profetas, a Grã-Bretanha merece atenção especial como exemplo apropriado do que poderá ser o futuro dos Estados Unidos. A escolha é bastante correta e mesmo aqueles que não se inclinam para o pessimismo provavelmente não se sentirão muito animados com o estudo do caso britânico. O refluxo da vida econômica da Grã-Bretanha nos três primeiros quartéis deste século diz muito sobre o que acontece a uma moderna potência industrializada quando suas forças econômicas começam a perder o rumo. Há pouco mais de um século, quando os americanos, com a respiração presa, esperavam a chegada do novo século e, com ele, a promessa de crescimento econômico e progresso inimagináveis, o país que era o protótipo de nossas próprias instituições econômicas, sociais e políticas começou a emitir todos os sinais de iminente contração.

Os dois terços médios do século XIX haviam pertencido à Grã-Bretanha. Utilizando as medidas econômicas apropriadas do início da Era Industrial, a produção de carvão da Grã-Bretanha em 1860 era praticamente igual à do resto do mundo, e duas vezes a dos Estados Unidos, sua produção de ferro gusa equivalia à metade da mundial e era cinco vezes maior do que a americana. Em 1920, a produção de ferro e aço britânica caíra para apenas um oitavo do produto mundial e um quinto do produto americano. Talvez uma avaliação mais exata do declínio da Grã-Bretanha seja fornecida por um exame da produção de artigos manufaturados em geral. Em 1870, a Grã-Bretanha era responsável por nada menos que um terço de todos os produtos fabricados e vendidos no mundo. Em 1913, esse número caíra para 14%, em comparação com os 35,8% dos Estados Unidos e 16% de sua rival européia, a Alemanha. Em fins da década de 30, o produto britânico mal chegava à metade do produto da Rússia stalinista. Entre 1900 e a década de 30, a pioneira nação industrial-comercial moderna viu desmoronar suas taxas de produtividade e crescimento, com o resultante e incessante declínio do número de empregos em suas outrora poderosas indústrias de transformação e mineração, e uma estagnação virtual na renda *per capita*. Muito antes de a ascensão do nacionalismo posterior à Segunda Guerra Mundial desnudá-la de suas vestimentas imperiais, o país havia caído para um *status* econômico de segunda classe.

O colapso britânico não ocorreu de repente e sem aviso prévio. Na verdade, no início do século, surgiu uma alentada indústria caseira, entre observadores econômicos e certos intelectuais, que produzia tratados que alternativamente comentavam o horror da vida econômica britânica e a calamidade iminente *ou* cenários utopistas para resgatar da ruína a cultura e a economia. Os americanos que dão grande importância a paralelos históricos, claro, encontrarão pouca coisa de encorajadora no fato de alguns escritores econômicos de seu próprio país estarem repisando essencialmente os mesmos temas explorados pelos observadores econômicos britânicos há 75 anos.

Americanos que costumam se preocupar com tendências e paralelos históricos podem encontrar muita coisa que lhes interesse comparando o desempenho econômico recente dos Estados Unidos com a decadência econômica britânica. Particularmente, a estagnação *relativa* das duas economias é notavelmente semelhante. Em 1950, uma forte economia americana poupada das devastações da guerra e, na verdade, bastante estimulada por servir como "arsenal da democracia" respondia por quase a metade do produto econômico do mundo industrializado. Em 1960, esse número caíra para um quarto e, em seguida, para um quinto em 1980. Em 1950, o PNB *per capita* americano era duas ou três vezes maior do que o da Alemanha, França, Inglaterra, e oito vezes o do Japão. Em 1980, era menor do que o da Alemanha e França, e apenas 15% à frente do Japão (embora, durante a década de 80, tenhamos recuperado algum terreno contra as nações européias e mantido nossa posição em relação ao Japão no tocante ao PNB *per capita*).

Essa evidência de queda relativa na comunidade econômica mundial, ainda que não seja "prova" direta para respaldar os cenários de calamidade, contribui muito para despertar simpatia pelo seu argumento básico. O paralelo americano-britânico e o "fato" histórico geral de que todas as grandes potências parecem, mais cedo ou mais tarde, entrar em decadência, não são forças banais no que diz respeito ao crescente pessimismo sobre o futuro americano. E, claro, a história não é rica em exemplos de nações que tiveram forças para iniciar a cura, uma vez instalada a decadência, exceto, talvez, nos casos daqueles que lutaram para se recuperar de destruição na guerra ou que fizeram experimentos com medidas radicais de engenharia social, nas quais a "salvação" da economia tornou necessária a destruição da ordem social existente, como a Alemanha na década de 30 e a Rússia após 1917. Em geral, não há nenhuma evidência forte e abundante de que os Estados Unidos podem deter sua queda econômica escada abaixo. Ainda assim, ao que se sabe, nenhuma lei econômica que determine esses eventos está gravada imutável em pedra. Nem tampouco o conceito de "estilo nacional de vida" é um critério muito exato para medir tendências futuras em qualquer economia específica.

Por isso mesmo, é útil pôr em perspectiva tendências americanas e mundiais recentes, de modo a que possamos ver que a decadência dos EUA não está ainda, de qualquer maneira, em estado terminal. Em primeiro lugar, quanto à comparação com a Grã-Bretanha, foram duas guerras mundiais (em especial, a devastação das finanças e capital humano britânicos na Primeira Guerra Mundial) que transformaram declínio econômico relativo em decadência absoluta. Em segundo, a queda relativa da posição da produção americana no mundo nas últimas décadas é totalmente "normal". Evidentemente, em 1950, os Estados Unidos, com sua economia salva das garras da depressão pela guerra e por ela estimulada, eram anormalmente fortes, ao passo que o resto do mundo industrializado, fisicamente devastado pela luta, era anormalmente fraco. O fato de a taxa de crescimento americano, medida em PNB *per capita*, ter sido em geral mais baixa do que a maioria dos países industrializados desde 1950 segue-se desse ponto. Ou, simplesmente, expansão a partir de "nada" para "alguma coisa" produzirá, *ceteris paribus*, um crescimento mais notável do que passar de "alguma coisa" para "alguma coisa mais". O resto do mundo industrializado tinha forçosamente que continuar a ganhar dos Estados Unidos no curso normal dos fatos econômicos. Nesse sentido, então, a decadência relativa da economia americana não constitui necessariamente prova de uma teoria do ciclo de vida econômica de economias nacionais.

Muito embora haja ampla evidência em apoio da tese de que a economia americana não tem que *necessariamente* seguir as pegadas econômicas da Grã-Bretanha e que haja certa normalidade em nossa queda econômica relativa recente, isso é motivo de comemorações apenas modestas. Mas ainda há muito com que nos preocuparmos quando estudamos o estado dos assuntos econômicos nos Estados Unidos. Gostemos ou não, compreendamos ou não, o país está passando por uma espécie de revolução econômica. Como acontece com todas as revoluções, a perplexidade induzida pela mudança é em tudo tão ameaçadora como as próprias mudanças.

O Novo Meio Econômico

Um inventário das desagradáveis tendências contemporâneas tem que incluir duas mudanças estruturais básicas que assolam a economia geral — uma interna e a outra internacional em alcance e origem —, bem como alguns enigmas de política e comportamento correlatos, e não tão correlatos assim, que adornam e complicam essas mudanças estruturais. Poderíamos observar aqui que os problemas estruturais são mais fundamentais do que os "déficits geminados" (no comércio internacional e nas finanças federais) que ultimamente atraíram tanta atenção. As "torres geminadas da dívida", como a *Newsweek* as rotulou após o colapso financeiro de 19 de outubro de 1987, apesar da atenção que receberam, são essencialmente o resultado, e não a causa, dos problemas econômicos fundamentais.

Em primeiro lugar e mais preeminente entre as alterações estruturais que abalaram a economia e a sociedade nas duas últimas décadas, temos o declínio relativo industrial dos Estados Unidos e a mudança concomitante do país para uma economia baseada em serviços. Acompanhando essa mudança, ocorreram importantes "enxugamentos" e reorganizações nas empresas e círculos financeiros, dos quais o movimento de fusões dos últimos 20 anos foi apenas o exemplo mais visível. Acompanhando e marcando o compasso desses ajustamentos na dimensão organizacional e operacional do mundo dos negócios americanos, ocorreram outros fenômenos que, conforme vimos, contribuíram poderosamente para a impressão de que "o país está em decadência". A diminuição do número de empregos ligados à produção material de bens e a resultante sensação de americanos das classes de renda baixa e média de que estavam perdendo suas raízes, o correspondente declínio do poder dos sindicatos, a relutante aceitação por muitas pessoas de salários reais mais baixos, o aumento irritante do desemprego estrutural e o deslocamento regional de atividades e das promessas econômicas constituem apenas os resultados mais óbvios do declínio relativo da produção industrial, da perspectiva da população em geral.

Para a maioria dos americanos afetados diretamente por essas e outras tendências correlatas, é muito pouco consolador saber que a mudança estrutural básica é uma coisa *natural*. Em outras palavras, as forças tecnológicas e sociais que mudaram as oportunidades de investimento, alteraram a rentabilidade, destruíram muitos empregos familiares e seguros, ao mesmo tempo que criavam outros menos seguros, e que deixaram grandes regiões do país em um estado de desespero econômico crônico, nada têm, de fora do comum, da visão a prazo mais longo dos processos de mudança econômica. Revoluções semelhantes na vida econômica e privada acompanharam o movimento de fechamento de terras públicas na Grã-Bretanha, a chegada da tecnologia da máquina e a introdução do regime exigido pela produção industrial em massa.

A "boa notícia" de que essa mudança estrutural é normal, claro, desaparece totalmente com a "má notícia" dos seus efeitos a curto prazo. Mas, é importante que não se deixe que as más notícias se tornem as únicas modeladoras da política. Na verdade, apenas evitando tentativas nostálgicas e inúteis de deter os processos de mudança (note-se que não há aqui inclinação de chamá-los de *progresso*) poderemos eventualmente chegar a absorver essa mudança fundamental na estrutura produtiva e distributiva da economia contemporânea. (*Mas isso não quer dizer que nada possa ser feito nem deva ser feito.*)

Alguns pensadores econômicos cruéis e obstinados podem ignorar as dores dos deslocamentos estruturais, considerando-as como um custo necessário do "progresso" econômico e insistir em que nada absolutamente seja feito. Conforme argumentamos páginas atrás, essa orientação de política é particularmente obtusa para as realidades da política em uma sociedade democrática. Poucas pessoas que sofrem com deslocamentos econômicos compreenderão, como eleitores, a "necessidade lógica" de sua situação. Dessa maneira, a política econômica que evita encarar as mudanças estruturais simplesmente porque elas são normais corteja uma política extremamente "antieconômica" para substituí-la. Na verdade, pode ser elaborada uma política econômica que se concentre nas mudanças estruturais. Embora incapaz de defender permanentemente as empresas e indivíduos deslocados pelos movimentos estruturais (exceto com custos extraordinários para a sociedade), ela ainda assim poderia amortecer até certo ponto o choque estrutural. O amortecimento, contudo, deve ser feito mais com a intenção de modelar e dirigir a nova estrutura econômica emergente do que visando à manutenção do *status quo*. Em relação ao século XXI, essas políticas econômicas podem acarretar uma ordem muito alta de planejamento nas áreas de desenvolvimento de mão-de-obra e capital humano, bem como na orientação das iniciativas de investimento.

A segunda mudança estrutural importante que ora transforma a vida americana é a "internacionalização" da economia do país cada vez mais complexa e mais rápida. Conforme vimos no Capítulo 8, a questão aqui não deve ser mal-interpretada. Não é simplesmente uma questão de dependência cada vez maior do comércio externo. Em anos recentes, as exportações e importações como percentagem do PNB vêm crescendo, embora, estatisticamente falando, os Estados Unidos não sejam, pelos padrões mundiais, uma nação comercial muito ativa. O país lidera o mundo na quantidade em dólar de importações e exportações, mas o comércio externo nunca passou de mais de 10% do PNB (nos seus picos históricos em tempos de paz em 1980, as exportações e importações chegaram, respectivamente, a 8,2% e 9,2% do PNB). Em comparação, as exportações japonesas excederam 15% do PNB, enquanto a Alemanha Ocidental, Inglaterra, França, Itália e Canadá anunciaram, sem exceção, exportações avaliadas em 20% ou mais do PNB. No entanto, se o comércio externo não é o critério de medição apropriado da maior internacionalização da atividade econômica americana, há outras medições quantitativas. Ainda assim, em última análise, a medida real de nossa internacionalização recente é um fenômeno qualitativo, a crescente conscientização de que, em assuntos econômicos, não podemos ficar mais à parte do resto do mundo, não podemos mais nem mesmo fingir, como fizemos por tanto tempo, que podemos ficar de lado. Houve época, há não muito tempo, em que os Estados Unidos — com uma balança comercial favorável, uma moeda que era a medida e a unidade de troca em praticamente todas as transações internacionais, e uma forte posição de credor internacional — sentiam-se dominantes e independentes nos assuntos econômicos mundiais.

Até meados de 1970, nem as empresas nem os círculos financeiros americanos davam muita atenção ao resto do mundo, exceto como propósito de obter ganhos unilaterais quando se apresentassem as oportunidades. Enquanto isso, a política econômica interna e a vida política da nação eram em geral feitas como se o resto do mundo não existisse.

Essas pretensões, claro, teriam que acabar. A internacionalização contínua dos negócios americanos, o crescimento relativamente lento dos Estados Unidos, enquanto grande parte do resto do mundo o acelerava, a dependência cada vez maior de fontes externas de capital e matérias-primas, os deslocamentos ocasionados pelos embargos de petróleo determinados pela OPEP, os efeitos prejudiciais das altas taxas de juros, o desempenho cada vez mais medíocre da administração de empresas em comparação com nossos concorrentes estrangeiros e outros fenômenos do mesmo tipo levaram inexoravelmente os americanos na década de 70 e princípios da de 80 ao reconhecimento de que fazíamos, realmente, parte do mundo. E há pouca razão para acreditar que, a não ser que aconteça um maciço colapso econômico internacional ou uma guerra, jamais voltaremos ao nosso antigo isolamento. O país tem que competir com o resto do mundo por mercados, capital e matérias-primas e as políticas econômicas adotadas têm que refletir essa nova realidade. Uma mudança estrutural dessas é certamente perturbadora para fazendeiros de Iowa, fabricantes de automóveis de Detroit, corretores de Nova York e formuladores de política de Washington.

Uma discussão extensa de toda a faixa de efeitos decorrentes da internacionalização incessante da economia americana não cabe aqui, por motivo de espaço, mas, de qualquer modo, iria além da intenção deste livro. No entanto, temos que reconhecer que essa importante mudança estrutural, não ainda inteiramente compreendida por todos os economistas e formuladores da política econômica americana, exigirá um reconhecimento especial em algumas áreas de elaboração de política. Medidas para aumentar a competitividade das empresas, coordenação entre os objetivos da política econômica interna e as novas realidades das condições internacionais de crédito, atividade bancária e moeda e vigilância contra a tendência incipiente de erigir "proteção" contra a internacionalização são apenas as áreas mais importantes resultantes dessas mudanças na formulação de política.

Contra o pano de fundo dessas duas rupturas da ordem econômica mais antiga, algumas outras tendências e problemas gerais, que não se qualificam totalmente como mudanças estruturais, agravam a inquietação econômica. Em primeiro lugar, temos o fim do sonho keynesiano, de curta duração, de administrar a economia geral através da técnica simples de manipular a política fiscal, e o início do reconhecimento de que tentativas de inspiração interna, de estabilizar e estimular o crescimento econômico, são restringidas por suas próprias limitações e contradições inerentes, bem como pelo fato de que toda política econômica interna é vulnerável a condições situadas além das fronteiras do país ou de seu controle.

Em segundo, a mudança de preocupações macroeconômicas para microeconômicas acarreta problemas gerais e variados, associados à contínua ineficiência e má administração das empresas e crescimento lento da produtividade. Em parte, essa situação talvez reflita mudanças estruturais em uma economia que se afasta de suas bases industriais, mas reflete também incapacidade de empresas e governo de elaborar e coordenar políticas destinadas a fomentar o crescimento e fortalecer a posição competitiva.

Em terceiro, o desvio contínuo de uma parte considerável do produto nacional para gastos com defesa cria sérios problemas de custo de oportunidade. Dedicar 10% ou mais do produto nacional à guerra, ou à ameaça de guerra, equivale a um alto imposto sobre gastos alternativos, seja para aumentar a competitividade industrial seja para resolver problemas sociais prementes que envolvem a distribuição de renda. Nesta esfera, as soluções de política são muito obscuras. Ou como diz Paul Kennedy, no seu *bestseller*, *The Rise and Fall of the Great Powers*:

> Ser uma Grande Potência — um estado, por definição, de ser capaz de defender sua posição contra qualquer outra nação — exige uma florescente base econômica... Ainda assim, ao ir à guerra, ou ao dedicar grande parte do "poder fabril" da nação a gastos com armamentos "improdutivos", o país corre o risco de minar a base econômica nacional, especialmente em comparação com Estados que estão concentrando uma parcela maior de sua renda em investimentos produtivos, para crescimento a longo prazo. Nenhuma regra geral dará aos tomadores de decisões da época um curso de ação universalmente aplicável. Se deixarem de prover defesas militares adequadas, poderão ser incapazes de reagir se uma Potência rival tirar vantagem deles, se gastarem demais em armamentos — ou, o que é mais comum, se mantiverem, a custos crescentes, a obrigação militar que assumiram em um período anterior —, é provável que se esforcem demais, tal como o velho que tenta trabalhar além de sua força natural.[2]

Em quarto, e um pouco mais difícil de resolver quantitativamente, ou avaliar como tendência econômica específica, há a questão de chegar a um acordo com as expectativas. A geração de americanos que hoje e na próxima década ou mais ocuparão cargos nas empresas e governo e que, portanto, serão as pessoas indicadas para fazer a formulação da política econômica, são filhos do longo auge econômico do pós-guerra. Em conseqüência, seus valores, crenças e maneiras de julgar o que é um nível geral aceitável de desempenho econômico foram formados durante tempos *anormalmente bons.* A alta ordem de expectativas econômicas — tanto em relação a assuntos pessoais quanto nacionais — naturalmente gera impaciência com o estado atual das coisas. A impaciência pode levar a uma formulação de política impetuosa e, na verdade, há quase dez anos, os americanos vêm demonstrando grande apetite por livros de economia que oferecem "solução para tudo" e preconizam várias medidas fortes para aumentar o crescimento e a produtividade e elevar a competitividade — presumindo, claro, que esses esforços farão com que voltem os bons tempos. Na verdade, essa atitude não deixa de ter seus méritos, e certamente é mais desejável do que o atoleiro econômico e social em que a Europa se permitiu afundar entre as guerras. No entanto, há perigos. Expectativas não realizadas eventualmente geram desapontamentos e, daí em diante, o que não é raro, uma sensação de derrota. Os escritores britânicos da "eficiência nacional" e seus leitores da primeira década e meia deste século (tanto de tendências esquerdistas quanto direitistas), que estudaram longamente a queda da Grã-Bretanha e seu império a partir da preeminência anterior, e que pensaram também em estratégias apropriadas para recuperar o que estava para sempre perdido, foram substituídos após a Primeira Guerra Mundial por autores com uma perspectiva que aceitava o colapso como natural e inevitável.

O argumento aqui não é que devemos abandonar um nível mais alto de expectativas econômicas para nos salvar da dor da decepção, mas que elas devem ser razoáveis. Têm que ser temperadas por um novo realismo que entenda que o quarto de século transcorrido após a Segunda Guerra Mundial foi insultuosamente bom, 25 anos de auge de atividade econômica, além de tudo o que havíamos experimentado antes ou que seja provável que experimentemos novamente.

Nem todas as notícias econômicas, porém, são tão sombrias como os profetas do Juízo Final e comentaristas de panacéias poderiam levar-nos a acreditar. Ao lado do passivo em qualquer balanço da economia contemporânea americana, alguns ativos importantes eram antigamente notados. Apesar da conversa sobre relativo declínio de produtividade e de competitividade menor, por exemplo, a escala absoluta do produto industrial continua a crescer. No mesmo momento em que faz sua acidentada e dolorosa transição para a época econômica pós-industrial, o país criou novos empregos a um ritmo mais rápido nos últimos 12 anos do que em qualquer outra época de sua história. Embora cada vez mais desafiado, continua a ser o centro do capital e das transações financeiras mundiais e exerce enorme poder econômico e político internacional (não esquecendo o militar), muito maior, relativa e proporcionalmente, que a Grã-Bretanha em 1890 e princípios da década de 1900. Além disso, muitas das perdas econômicas tão óbvias e tão preocupantes em princípios da década de 80 foram compensadas. Nos quatro ou cinco anos mais recentes, o PNB *per capita* nos Estados Unidos cresceu mais rapidamente do que na maioria dos outros países industrializados. Mas esses e outros aspectos positivos da economia, embora muito encorajadores, não devem ser superestimados. O quadro mais geral ainda sugere a existência de dificuldades sérias, mas, pelo menos, esses pontos mais brilhantes indicam uma resistência econômica maior do que a literatura atual sobre o dia do ajuste de contas admite. Na verdade, esses pontos indicam que não é tarde demais para que políticas econômicas apropriadas resolvam os vários problemas da nação. Em conseqüência, é justo concluir que a última década do século XX será um importante divisor de águas na formulação da política econômica, determinando, em última análise, o que o século XXI será em termos de bem-estar americano.

Confusão sobre o Papel "Correto" do Governo

Em todos os capítulos precedentes, apresentamos argumentos em favor de uma agenda econômica para o século XXI que dê destaque ao crescimento econômico. Mas em vez de considerar crescimento como resultado esperado e natural de políticas macroeconômicas apropriadas, que moderam os extremos do ciclo econômico, e de políticas públicas correntes em relação a mercados que simplesmente maximizam oportunidades geradoras de lucro, adotamos uma linha mais difícil. O crescimento econômico — e seu fundamento básico de aumentos de produtividade — deve tornar-se o principal objetivo econômico. Supor, no passado, o crescimento como coisa natural era compreensível. Sem nenhuma estratégia especial, a economia americana, em grande parte insular, do século XIX e três primeiros quartéis do século XX exibiu, no todo, um recorde respeitável de expansão. Mas não tanto, claro, nas duas últimas décadas ou mais.

No período recente, praticamente todas as economias mundiais apresentaram níveis de produto declinante para volumes de insumos dados ou fixos. Esse problema intrigante, que reduziu as performances de crescimento e a produtividade dos países mais desenvolvidos, e não só dos Estados Unidos, requer atenção por si mesmo. Se a tendência reflete ou não fatos particulares, como a crise de energia, ou mudanças estruturais mais obscuras, como as mudanças básicas na natureza técnica da própria produção, é matéria de alguma especulação entre economistas. Muito plausivelmente, crescimento e produtividade mais lentos podem ser o resultado de mudanças no que produzimos, com maiores insumos de fatores atualmente exigidos para o mesmo produto. Se há limites técnicos ao crescimento e à produtividade, além dos quais simplesmente não podemos sensatamente avançar, isso em si requer importantes ajustamentos. Em qualquer caso, crescimento requer atenção *direta* da política. E o exige porque, em primeiro lugar, quase todos os demais itens na agenda econômica dependem de um desempenho impressionante do crescimento para serem resolvidos. A política macroeconômica é singularmente limitada no combate a tendências cíclicas quando o crescimento se atrasa. Crescimento econômico lento dificulta extraordinariamente a solução dos problemas distributivos.

Com o crescimento como meta principal, contudo, a formulação da política econômica torna-se bem mais complicada. A política pública em relação às empresas, por exemplo, exigiria que as decisões de investimento e produção fossem tomadas dentro do contexto específico do aumento da produtividade. A busca exclusiva do lucro não será suficiente como força orientadora para assegurar taxas de crescimento aceitáveis. Colocar o crescimento em primeiro lugar na agenda pode ser essencial, mas não será nem fácil nem indolor. Mesmo que existam limites técnicos ao crescimento, sabemos que, até esses limites, a acumulação de capital é o veículo para maximizar o produto potencial a longo prazo. Em conseqüência, à medida que nos aproximamos do século XXI, somos confrontados pela necessidade de estimular a formação de capital e também, claro, providenciar para que, uma vez formado, o capital seja usado sábia e eficientemente.

Invariavelmente, a importância do crescimento econômico em qualquer estudo dos problemas urgentes que a nação e seus formuladores de política enfrentam coloca-nos face a face com um grande problema filosófico. Falar em termos abstratos e gerais sobre a necessidade de formular e implementar políticas econômicas apropriadas para estimular a economia quase nenhuma comoção cria. Quem, afinal de contas, seria contra um objetivo tão nobre? O debate começa, o que é muito natural, quando tentamos decidir exatamente que políticas são apropriadas e quais os meios através dos quais essas estratégias devem ser implementadas. No entanto, mesmo antes de estratégias específicas serem examinadas, chocamo-nos com um dos mais importantes quebra-cabeças políticos e econômicos de nosso tempo: o de determinar o lugar apropriado e o uso da máquina do Estado. Para que não esqueçamos o óbvio, a política econômica da nação é, no fundo, apenas aquilo que o governo faz ou não nas muitas áreas de atividade econômica onde pode agir, se quiser.

Dizer que os americanos, em fins deste século, se mostram ambivalentes sobre o papel do Estado na economia é um eufemismo. Ainda assim, a incerteza é facilmente explicada. Na década de 70, a maneira liberal-intervencionista de encarar o governo sofreu ataque direto tanto da ala esquerda quanto da direita do espectro político. Radicais, conforme vimos, afirmaram que o Estado era uma máquina construída e basicamente sob controle de interesses comprometidos em promover e beneficiar-se com os objetivos míopes de um sistema de produção-para-lucro. Para eles, a intervenção do Estado não era neutra. O grande governo e a intervenção em grande escala eram necessários para promover os lucros. As políticas keynesianas haviam sido apenas um expediente para trazer novamente à tona o navio capitalista afundado, através da geração de uma maré crescente de demanda agregada. As políticas de mercado, naquela altura, tendiam a beneficiar a empresa e o abastado e nunca foram orientadas para os objetivos mais amplos de melhoria do bem-estar social. Para os radicais, as desigualdades distributivas e em poder político continuavam, haviam se tornado mesmo mais pronunciadas, com o aumento da intervenção do Estado.

Os conservadores, porém, contavam uma história diferente: o Estado gigante era o instrumento das forças anticapitalistas. O grande governo esmagava os incentivos privados, produzia ineficiências monumentais e recompensava os não-produtivos à custa das forças produtivas da sociedade. Dessa maneira, o Estado ameaçava o sistema de produção-para-lucro.

É obvio que ambas as opiniões não podiam ser simultaneamente verdadeiras. Todavia, juntas, geraram um resultado interessante. A quilômetros de distância como se situavam — e ambas as opiniões foram bastante alardeadas há uma ou duas décadas por seus defensores — compartilhavam de uma implicação comum. Ambas inevitavelmente concluíam que o Estado, em vez de ser capaz de solucionar os problemas do capitalismo do século XX, era na verdade *o problema*.

Essa conclusão, na ausência de argumento mais convincente ou evidência em sentido contrário (a época era, afinal de contas, de estagnação econômica), conquistou grande popularidade entre americanos de variados meios sociais e intelectuais. Tampouco ficaram os economistas imunes à sua atração. O resultado na última década foi um *fenômeno* estranho e não facilmente explicado. Como era esperado, a retórica e as crenças antigovernamentais floresceram entre aqueles grupos que, pela primeira vez pelo menos, viam ganho pessoal no governo mínimo, seja sob a forma de isenções fiscais como consumidores, ou, como empresários, em maiores lucros resultantes de desregulamentação e atitudes antitruste mais benevolentes. Para esses grupos, a estagnação da responsabilidade pública para com os pobres e o trabalho sindicalizado foi também vista em termos mais ou menos positivos. No entanto, e é aqui que surge o paradoxo, entre os supostos beneficiários da generosidade governamental houve abandono do apoio aos objetivos do governo liberal. Muitos que, há uma geração, identificavam o aumento de seu bem-estar social com o intervencionismo do poder público, nesse momento ligavam o governo a cortes de impostos e reformas que ampliavam o hiato de renda e com outras políticas sociais intencionalmente regressivas. Em conseqüência, o Estado em fins deste século tem pouco apoio sincero. E, juntamente com essa atitude anti-Estado, surgiu uma concomitante desconfiança em praticamente todas as iniciativas de política econômica que promovem o intervencionismo.

No todo, a situação produz uma imobilização da atitude do governo em relação à formulação da política econômica, que temos que superar, dados os imperativos de rejuvenescer a economia. O que precisamos é de uma visão mais objetiva e racional do papel do Estado moderno nos assuntos econômicos. Algum movimento útil nessa direção talvez seja possível se pudermos vencer duas importantes ficções de nossa época: que a nossa era é, apropriadamente, uma era de governo mínimo *e* que "menos governo" tem funcionado em nosso tempo como estratégia econômica útil.

A tendência na década de 80 de menos intervenção do governo, alegam seus apologistas, não se limitou apenas aos Estados Unidos. A observação da Inglaterra de Thatcher, da França de Mitterrand, dos EUA de Reagan, bem como das reformulações econômicas e sociais que ocorriam na URSS, China e Europa oriental, sugeriram a muitos que a última parte do século XX estava passando pelo abandono da velha tendência para maior controle estatal da vida econômica. Até certo ponto, essa opinião era um reflexo exato do que *parecia* que estava acontecendo, embora avaliação posterior sugira que a retirada do Estado tem sido mais em forma do que em substância e que muitos dos sinais de diminuição do controle estatal foram bastante exagerados. A maior parte da contração do governo nas democracias ocidentais importou principalmente na redução da política de bem-estar social estatal, o que foi, com mais exatidão, um reflexo de crescimento econômico mais lento (e das reduções de despesas que essa situação exigia) do que uma mudança de direção das amplas atividades do poder público. Quanto à *glasnost* e às reformas econômicas implantadas na China e Europa oriental, elas refletiram menos a descoberta inesperada das virtudes potenciais de Adam Smith e do capitalismo empresarial do que um já tardio esforço para corrigir o dano de décadas de planejamento econômico mal executado, no qual a ideologia, e não a eficiência, foi a mola central em um processo de decisão centralizado. Enquanto isso, a celebrada "vitrine" econômica da década de 80, o Japão, continuou no curso da produção-para-lucro com uma ordem mais alta de coordenação central e controle básico das atividades produtivas e distributivas. Embora a tendência japonesa fosse amplamente reconhecida, os apologistas do governo mínimo não lhe deram muita atenção, mesmo que o "milagre japonês" fosse alardeado para ensinar outras lições.

Tabela 10-1. Mudanças no PNB Real, Gastos Federais e Estaduais, 1981-1986

Mudanças no PNB real	13,1%
Mudanças no PNB real *per capita*	7,8%
Mudanças no Índice de Produção Industrial	12,7%
Mudanças nas Despesas Federais	20,2%
Mudanças nas Despesas dos Governos Estaduais e Municipais	17,1%

Fonte: Relatório Econômico do Presidente, 1988.

Nos Estados Unidos houve, para sermos exatos, uma mudança de rumo para a desregulamentação, uma política antitruste tolerante, e grande pressão para reduzir benefícios sociais de pessoas possuidoras de renda, embora muito do que foi considerado como governo minimalista durante os anos Reagan não passasse de uso do poder público em apoio aos interesses das empresas. De qualquer modo, o governo simplesmente não encolheu. A Tabela 10-1 mostra os fatos exatos da questão.

À medida que os gastos do governo ultrapassavam o crescimento do PNB, seus desembolsos como percentagem do mesmo subiam para novas cifras em tempos de paz — de 35,8% em 1981 para 37,8% em 1986. Esse fato, mais do que qualquer outro, desmente a idéia curiosa de que os anos Reagan contribuíram para a revitalização da economia privada através da contração da economia pública. Se esses anos foram bons para a economia privada, isso aconteceu *porque* os gastos públicos se expandiram. Em última análise, aumentou a dependência econômica sobre o governo.

A expansão do governo, no entanto, *foi* em grande parte não intencional. Em conseqüência, teve caráter eminentemente anticonstrutivo e em nada contribuiu para uma solução a longo prazo do problema do crescimento ou de qualquer outro dilema econômico. Sobre a promessa de Reagan em 1980, de "um novo começo para a economia", através de maior confiança em forças de investimento impulsionadas pelo mercado, observou Benjamin Friedman:

> Ela pareceu inspiradora. E, como abstração, ainda parece. A promessa de aumento do investimento, no entanto, colidiu com... a realidade... E após um surto espantosamente curto, devido ao início da fase ascendente do ciclo econômico, a produtividade voltou ao lerdo ritmo de crescimento que, no começo, havia provocado tanta preocupação. O que é diferente agora é que estamos quase uma década mais para baixo na estrada de lento crescimento sustentado em nossa capacidade produtiva e devemos a estrangeiros uma fatia grande e cada vez maior daquilo que nossa capacidade reduzida pode produzir.[3]

A despeito da retórica e impressões mal-aconselhadas em sentido contrário, os anos Reagan não deram prova de que enfoques minimalistas em relação ao papel do governo estão realmente em alta ou que produzam os resultados prometidos. Enfrentar isso talvez nos permita ver mais objetivamente o governo e a economia. E pode também nos ajudar a pensar em maneiras úteis de utilizar o papel de formulador de política do governo para atingir os objetivos econômicos desejados.

Em nosso tempo, o governo não "murchará" (para tomar de empréstimo uma idéia, ironicamente, defendida por conservadores autênticos *e* ideólogos marxistas). Em primeiro lugar, ao contrário de certas interpretações ideológicas populares, a máquina do Estado não surgiu acidentalmente. Nem foi invenção de teóricos sociais e outros com inclinação para soluções coletivistas. O Estado evoluiu para atender a necessidades específicas e, uma vez criado, ampliou-se como reação a necessidades criadas por sua própria existência. Esse ponto certamente merece mais atenção do que podemos lhe dar aqui, mas parece suficiente para nossos fins generalizar o que deve ser óbvio para a maioria dos observadores sensatos. O Estado, como elaborador e regulador de regras gerais, como defensor dos interesses nacionais, como árbitro final de disputas entre reivindicantes ao produto, como fornecedor de bens e serviços disponíveis apenas através de iniciativas coletivas e como instrumento final para coordenar o desempenho de todas as demais instituições econômicas, é um fato inegável da vida econômica e assim tem sido, de diversas formas, durante um período muito longo de tempo.

Em segundo, mesmo antes do aparecimento do Estado moderno, com sua complexa máquina política e econômica, os sistemas econômicos dependiam de outras agregações de autoridade centralizada para realizar muitas das tarefas hoje associadas a unidades modernas do governo. A nobreza, de um *status* quase endeusado, os guardiões da fé religiosa, os donos da terra, os proprietários de capital e, claro, as entidades corporativistas, agiram conjuntamente, determinada época, para formular as regras do jogo econômico e para agir como principais parceiros do próprio jogo. Apesar da ideologia do mercado, a história sugere que a mudança para variedades de controle centralizado é uma tendência poderosa.

O governo existe para finalidades econômicas de profunda importância, o que é freqüentemente obscurecido pela mitologia popular, que prescreve certas limitações às ações governamentais. Entre as mais importantes dessas crenças, todas elas muito reverenciadas pelos conservadores, mas também aceitas por muitos que se consideram liberais em outros assuntos, há as proposições seguintes: que o governo é inerentemente menos eficiente do que a empresa privada em qualquer empreendimento econômico, que o governo prejudica sempre as empresas com sua regulamentação e burocracia, que é sempre mais ou menos paralisado por um funcionalismo indolente, por um lado, e pelas pressões de interesses egoísticos políticos, por outro, e que o menos possível de governo está, em conseqüência, de acordo com as melhores condições possíveis para manter o crescimento e o desenvolvimento. Conforme vimos, essa mitologia tende a crescer e refluir em sua popularidade — não muito estimada na década de 30 e cada vez mais popular na de 80. Tentamos também demonstrar que é uma história com pouca base factual e, como assunto prático, com poucos efeitos para restringir a expansão a longo prazo do governo na economia americana. Ainda assim, desvia a atenção e, na medida em que goza de ampla popularidade no presente, o mito restringe nossa capacidade de iniciar um diálogo construtivo sobre os usos e lugar apropriado do governo na economia.

Finalmente, apesar da estridência dos debates e do grau de compromissos individuais com posições contrárias, a história sugere que ultrapassaremos as idéias míopes sobre o que o Estado é e o que pode e deve fazer. Na eventual elaboração de uma política econômica para o século XXI, pouca dúvida poderá haver sobre o papel ampliado do Estado. A dependência de alguma forma de autoridade central para solucionar questões básicas de produção e distribuição, especialmente na medida em que elas assumem um alvo crescentemente internacional e envolvem, o que é ainda mais importante, a segurança econômica da nação, tornar-se-á cada vez mais óbvia — mesmo para um grupo de cidadãos que atualmente se inclina na direção de menos governo. Enquanto isso, economistas profissionais terão que escolher, como escolheram muitas vezes no passado, entre defesa de uma posição perdida ou mudança para um terreno mais sustentável.

Alguns leitores ignorarão sem dúvida estas observações, considerando-as como um blablablá autoritário, preferindo apegar-se à idéia de que os fatos proporcionarão uma opção autêntica entre mais ou menos governo, entre uma política econômica governamental ativista ou passiva. Todavia, os que pensam assim são solicitados a examinar a tendência histórica mais duradoura, bem como a atual direção dos assuntos econômicos, antes de consignar as generalizações acima à categoria de absurdo partidário. Na verdade, elas não são oferecidas sem qualquer senso de auto-satisfação, mas, sim, com grande apreensão.

A expansão do governo na economia, qualquer que seja a necessidade fundamental, cria dois problemas. Será necessária vigilância, se quisermos que o governo seja sensível a problemas econômicos *reais* que interessam a *toda* a nação e não se transforme simplesmente em instrumento político de certos grupos ou classes econômicas. A ampliação de seu papel econômico e social é, exatamente como os conservadores sempre argumentaram, uma ameaça aos direitos e liberdades individuais e um convite para mal-aconselhados experimentos políticos e econômicos. E a alegação radical de que ele é sempre o serviçal dos interesses econômicos dominantes também é, à sua maneira, correta. No caso de homens e mulheres sensatos, mais ou menos o único argumento que pode ser oferecido para justificar a ampliação do governo é que as alternativas são realmente sombrias.

Nossa discussão até aqui sobre governo e necessidade de seu papel ativista, e não minimalista, na formulação da política foi abstrata e filosófica. Os que querem propostas de determinados programas e estratégias do governo ficarão sem dúvida desapontados — embora tenhamos analisado em capítulos anteriores muitas alternativas a programas específicos. É suficiente dizer, contudo, que políticas públicas através de medidas indiretas de tributação e transferências, bem como de intervenções selecionadas diretas, que buscassem incentivar a formação de capital, estimular a pesquisa e o desenvolvimento, apoiar o progresso tecnológico, desencorajar altos níveis de consumo imediato em favor de maior poupança, salientar o marco temporal mais longo para calcular lucros, prover uma força de trabalho mais educada e instituir programas para reconstruir a infra-estrutura social e econômica do país — enquanto, ao mesmo tempo, procuraria corrigir os deslocamentos distributivos e estruturais mais dolorosos e aliviar os excessos das oscilações a curto prazo do ciclo econômico na macroeconomia — refletiriam objetivos de política econômica não abstratos, mas muito precisos. Os meios para atingir esses objetivos podem ser questão de um autêntico desacordo teórico e político entre os pensadores econômicos por algum tempo ainda no futuro, mas a aceitação dos próprios objetivos seria a obtenção de importante consenso sobre política entre os economistas. E esse consenso está muito mais próximo do que pensa o público em geral.

Uma Nota Final sobre o "Catastrofismo"

Ao nos aproximar da conclusão deste estudo do pensamento econômico contemporâneo e do estado de formulação da política econômica, alimentamos a esperança de que a mensagem tenha sido clara. Embora a economia americana enfrente um futuro cada vez mais incerto, e ainda que alguma confusão e incerteza prevaleçam nos terrenos econômicos profissionais, os problemas não são intratáveis e continuam dentro dos limites de solução econômica e social essencialmente tradicional. Da maneira como se apresentam os trabalhos econômicos recentemente publicados, esse argumento, reconhecemos, parece um tanto sem graça. De qualquer maneira, carece do aspecto sensacionalista de muitos cenários catastróficos que foram ultimamente oferecidos — especialmente no rescaldo da Segunda-Feira Negra. Ainda assim, embora o público geral tenha demonstrado um apetite voraz por teses econômicas sombrias, a profissão não estourou ainda em pânico nessa direção. Entre os defensores do catastrofismo há apenas alguns economistas profissionais e, entre estes, nenhum conseguiu muitos simpatizantes na profissão. Embora alguns vejam esse comportamento, sem dúvida, como evidência de perigosa fatuidade, há nele, da perspectiva deste texto, muito a recomendá-lo.

Particularmente, um bom número de economistas pode subscrever opiniões que prevêem um futuro cataclismo econômico, mas, profissionalmente falando, pelo menos, visões apocalípticas quase sempre têm poucos atrativos. Isso é verdade por várias razões. Em primeiro lugar, há sempre a grande possibilidade, baseada em considerável experiência histórica com esses assuntos, de que as profecias de calamidades estejam erradas — se não em sua seqüência e causas exatas, pelo menos na dimensão temporal. O resultado disso consiste em corroer a credibilidade profissional do profeta, o que para a maioria dos economistas é potencialmente uma perda maior do que quaisquer ganhos a curto prazo com a notoriedade de, para começar, fazer previsões sinistras. Em segundo, há o problema de pouco se ganhar quando se está certo. Só indivíduos possuidores de um ego imenso teriam muita satisfação em prever com exatidão o que, no mundo econômico, equivaleria ao futuro "Grande Terremoto da Califórnia". E há, claro, pelo menos outra razão muito boa de por que a grande maioria dos economistas não é de profetas do Juízo Final. A teoria "big bang" de fatos e comportamentos econômicos simplesmente colide com os processos mentais e pontos de vista analíticos da maioria dos economistas sensatos. Esse ponto merece mais alguns comentários.

Embora a maioria dos economistas praticantes não seja constituída de adeptos do catastrofismo, alguns são — e recentemente eles têm recebido muita atenção. Em conseqüência, é apropriado encerrar este exame do futuro do pensamento e prática econômicos com um curto levantamento daqueles que vêem à frente apenas tempos mais desoladores. De modo geral, os cenários de catástrofe seguem um ou mais de três temas básicos. Um deles considera a crise iminente como uma questão de colapso total de nosso sistema de produção. Segundo esse argumento, a decrescente "competitividade" dos EUA é o caminho para a ruína econômica. Esse declínio é atribuído ora a práticas gerenciais medíocres das empresas, pesquisa e desenvolvimento insuficientes de novos produtos, prioridades deformadas de investimento, ou à liderança lenta e inadequada do governo e, fundamentalmente, à produtividade em queda. Talvez os profissionais mais ligados a essa opinião tenham sido Robert Reich, da Universidade de Harvard, e Lester Thurow, do MIT, que serviram como assessores econômicos de Dukakis na campanha presidencial de 1988.[4]

O segundo cenário de crise focaliza basicamente assuntos financeiros. A visão de catástrofe financeira abrange vários problemas, variando da estrutura da indústria bancária nacional e internacional e financiamento das empresas a arranjos mundiais sobre moedas e a preeminência da dívida como acidente dominante da paisagem financeira. Dispensa dizer que essa escola recebeu um tremendo empurrão depois de 19 de outubro de 1987. A "desintegração" da Segunda-Feira Negra chegou muito perto de concretizar esse cenário, ou foi isso o que muitos observadores acreditaram. No cerne da perspectiva dessa escola sobre futuros eventos econômicos está a crença em que os arranjos financeiros dos dias presentes estão sob ameaça de colapso, vinda ou de pressão inflacionária ou de casos inesperados de insolvência, todos atribuíveis a excesso de tomada de empréstimos. O *Living Beyond Our Means*, de Alfred Malabre, do *Wall Street Journal*, é um dos trabalhos mais lúcidos sobre esse ponto de vista.[5] No entanto, *The Great Depression of 1990*, do professor Ravi Bhatra, foi o maior *bestseller* a respeito dessa tese, figurando entre os 10 Mais Vendidos de não-ficção do *The New York Times* durante a maior parte de 1987 e por um bom período de 1988.[6]

A terceira categoria de profetas da crise enfatiza um enfoque menos discutido, mais cíclico, de fluxo e refluxo econômico. Em geral, mas nem sempre, essas críticas baseiam-se em alguma variação da teoria do "ciclo vital". Parte econômica (com especial destaque, claro, na teoria dos ciclos), parte política e parte psicologia social em ênfase, as teorias de ciclos podem cobrir muito terreno em sua escolha de forças decisivas que modelam o destino econômico. No seu *bestseller The Rise and Fall of the Great Powers*, por exemplo, Paul Kennedy detectou o papel de excessivos gastos militares e em defesa como principal agente das contrações econômicas em grandes nações.[7]

Os cenários econômicos de catástrofes, quaisquer que sejam os fundamentos de suas profecias, não deixam de ter um importante valor educacional. Provocam perguntas e dão também algumas contribuições positivas à alfabetização econômica. Às vezes, embora em grau muito menor do que geralmente se pensa, podem levar realmente a certas ações e políticas econômicas corretivas. Mas tal como todos os argumentos do tipo "ou tudo ou nada", são quase sempre culpados de excesso de simplificação do mundo. A maioria dos observadores atentos acha muita coisa exata em cada uma das categorias de profecias de catástrofe. Na verdade, este livro citou também crises de produção, crises financeiras e certas tendências do ciclo social ao tentar traçar um quadro dos problemas que a economia americana ora enfrenta. Visões apocalípticas, no entanto, carecem de flexibilidade. Geralmente incapazes de levar em conta a adaptação humana aos fatos e à dinâmica de fatos, que realmente mudam em seu cenário geral, as profecias de Armagedon econômico serão, ao que tudo indica, muito menos impressionantes e arrasadoras, se e quando realmente acontecerem. E, em muitos casos, talvez na maioria, novos fatos e perspectivas humanas poderão repudiar totalmente a relevância da profecia.

Sobre esses dois pontos há prova abundante, a mais importante de todas sendo a relevância cada vez menor, no último meio século ou mais, do mais grandioso de todos os cenários de catástrofe, a visão de Karl Marx. A profecia de Marx, de fim do capitalismo, ignorando-se os cruéis ataques políticos e intelectuais a seus argumentos, foi extraordinariamente sensata em termos das realidades do capitalismo do século XIX, da luta de classe e das tendências político-econômicas aparentes. O esvaziamento dessa visão não foi, em última análise, o resultado de repressão política ou de vitória da lógica convencional, mas simplesmente que o mundo mudou de maneiras que tornaram o cenário marxista liberal inconseqüente e irrelevante. Em palavras mais simples, as mudanças econômicas e sociais — algumas acidentais e outras resultado de mudanças deliberadas de política — solaparam o argumento marxista de inevitabilidade da revolução proletária e derrubada das instituições da propriedade privada. Na medida em que o capitalismo mudou — e mudou, mesmo — Marx teve razão em sua crítica geral, mas o mundo capitalista que ele conheceu no século XIX terminou — pelo menos em termos de sua profecia — "não com um estrondo, mas com uma lamúria".

O argumento aqui desenvolvido não tem a intenção de contestar a importância de argumentos que indicam problemas profundos e iminentes enfrentados pela economia americana e de outras nações. Muito longe disso. Ao contrário, a intenção é voltar à nossa visão anterior do pensamento econômico como um processo evolutivo e à formulação da política econômica como a questão prática de adaptar a razão para remediar condições econômicas indesejadas. Conforme tentamos mostrar aqui, há muito que os economistas conhecem os problemas enfrentados pela economia, bem como os possíveis meios para solucioná-los. A maneira como as economias funcionam, pelo menos quando abrimos caminho através de seus arranjos formais externos e chegamos à sua substância, não constitui mistério nenhum. E também não quando elas não funcionam bem. Ao contrário de algumas opiniões bem situadas e da maioria das perspectivas catastróficas, não ultrapassamos a capacidade da razão econômica de lidar com o mundo.

Infelizmente, estamos na posição incômoda de uma nação que tem que fazer difíceis opções econômicas e políticas. A "lei do custo de oportunidade" permanece operacional e, dada a gravidade de muitos de nossos dilemas econômicos, a conta pela escolha de soluções viáveis de política será muito alta. Ainda assim, será muito menos dispendiosa do que resolver nada fazer. Entretanto, em qualquer dos casos, o de selecionar opções duras de política ou optar por chegar, à deriva, a tempos difíceis, a *adaptação* será a reação social a longo prazo. Uma profunda ruptura econômica e política é sempre uma possibilidade, mas apenas a curto prazo. A prazo mais longo, supondo que não ocorra nenhum holocausto nuclear nem ambiental, os sistemas sociais se ajustarão. A afirmação de Keynes, de que "a longo prazo todos somos defuntos", embora muito exata em um sentido biográfico pessoal, erra o alvo em relação à organização social. A longo prazo, pouco importando a ascensão e a queda das várias idéias e crenças econômicas em muitos "curtos prazos", o pensamento e a prática econômica, como atividades sociais, continuarão. A certeza disso, mais do que o fato de estarem erradas ou mesmo certas, provavelmente age como a principal limitação entre os economistas à aceitação de cenários catastróficos. Essa visão a prazo mais longo, contudo, de maneira alguma dispensa o economista, ou qualquer outra pessoa, de procurar corrigir os problemas econômicos imediatos que nos confrontam.

Conclusão

> Algumas pessoas pensam que a coisa mais útil em que podem pensar é como fazer com que as coisas funcionem melhor dentro do conjunto de instituições sob as quais opera nossa economia. Outros pensam que há falhas básicas nelas e que, mais cedo ou mais tarde, vamos ter que reformá-las de alguma maneira fundamental. Não consigo imaginar como alguém poderia provar, dado o estado atual dos conhecimentos, como uma dessas posições é correta e, a outra, errada. Nossa experiência é inconclusiva demais.
>
> Não acho muito útil pensar com muito detalhe em como os intelectuais influenciam as coisas, mas eles o fazem. Quando surgem problemas em um conjunto de instituições, não há tempo de inventar outras, então as pessoas começam a tirar alguma coisa da prateleira. No período de 1919 a 1932, voltaram à Primeira Guerra Mundial e examinaram a maneira como a economia era dirigida naquele tempo. Não tinham um estoque suficientemente bom de idéias. A coisa foi rápida demais. Não podiam bolar, com um aviso tão curto, novas maneiras fundamentais de enfrentar a situação, de modo que agarraram o que estava à mão. E é sempre isso o que sociedades fazem em situações difíceis.[1]
>
> *Robert E. Lucas, Jr.*

Iniciamos nosso estudo de formulação da política econômica examinando um paradoxo que paira sobre a economia contemporânea. Por um lado, o interesse público por assuntos econômicos atingiu um pico recorde de todos os tempos; por outro, é baixa, e diminui cada vez mais, a confiança na capacidade de economistas profissionais de explicar ou elaborar soluções para os muitos desafios econômicos lançados à nação.

Conseqüentemente, tentamos demonstrar que, na verdade, os modernos pensadores econômicos são imensamente mais competentes para identificar as direções e alternativas que a economia contemporânea identifica do que em geral se compreende. Além disso, há também mais acordo sobre os limites e possibilidade da formulação apropriada de política do que muitos, dentro da profissão e a maioria fora dela, compreendem realmente. O pensamento econômico talvez não seja monolítico, mas também não é tão desordenado como em geral se supõe.

Defendemos uma visão a prazo mais longo das idéias e instituições econômicas. De acordo com esse princípio, nosso exame de problemas econômicos contemporâneos, e de possíveis reações de política, foi realizado dentro de um marco histórico. Esse enfoque tende a enfatizar duas características fundamentais dos processos econômicos: em primeiro lugar, a natureza universal e imemorial de certos problemas econômicos básicos e, em segundo, as circunstâncias sempre mutáveis através das quais essas constantes são filtradas e percebidas. Esta última característica significa que os processos do pensamento econômico e as operações das instituições econômicas são, a longo prazo, sempre evolutivos e adaptativos.

Sensibilidade insuficiente à natureza evolutiva da economia, seja radicada em uma visão ideológica inflexível ou na inflexibilidade que decorre às vezes de dedicação excessiva a instrumentos econômicos e idéias antes aprendidos, constitui sempre um perigo — tanto para economistas quanto para observadores econômicos em geral. No entanto, a visão a prazo mais longo dos processos econômicos mostra que o curso dos fatos eventualmente reprime idéias que são ou inadequadas ou irrelevantes para solucionar as preocupações imediatas na agenda econômica da sociedade. Foi isso o que aconteceu com os defensores da fé clássica na década de 30, e também com os paladinos da "nova economia" na década de 70. E assim será, sem dúvida, com os defensores da economia de ofertas e os expectantes racionais da década de 80.

A nível abstrato pelo menos, a largueza de visão que é defendida em um enfoque evolutivo do pensamento e prática econômicos nem sempre conta com boa vontade geral. Um ponto de vista sobre assuntos econômicos, que aparentemente não oferece certeza "científica" e deixa os pensadores econômicos na incômoda situação de saber que têm, de tempos em tempos, de mudar (adaptar) suas idéias econômicas, é visto por muitos como simplesmente "antiprofissional". Entretanto, seja ou não a adaptação "antiprofissional" (e, às vezes, embaraçosa), para os guardiões do saber econômico, isso não tem absolutamente importância, uma vez que os melhores (e os piores) pensadores econômicos estão quase sempre mudando de idéia, embora, em geral, sem estardalhaço e muitas vezes sem perceber. Desse modo, qualquer predisposição contra uma visão aberta e evolutiva do pensamento e formulação da política econômica não tem nenhuma importância, uma vez que mudanças no pensamento e política econômica ocorrerão sempre, se os praticantes defendem ou não, ou mesmo admitem um enfoque evolutivo.

Foi dessas perspectivas que examinamos o pensamento e a formulação da política econômica, mas o que, exatamente, aprendemos? O que podemos dizer sobre a capacidade dos economistas de formularem políticas apropriadas para a década de 90 e depois? Realmente, o que *sabem* os economistas?

Em primeiro lugar, apesar de reviravoltas de 180 graus na ênfase analítica e no enfoque prático que pareceu caracterizar a atividade dos economistas nas últimas décadas, o conteúdo técnico do que eles estudam e provavelmente aprenderam não mudou muito. O texto padrão introdutório à economia, por exemplo, é ainda organizado quase da mesma maneira, com mais ou menos a mesma cobertura de tópicos, como a maioria dos manuais de meados da década de 60. A "síntese neoclássica" dos componentes micro e macro da disciplina, de autoria de Paul Samuelson, ainda domina a paisagem. Houve, claro, alguns acréscimos aqui e ali — o texto médio da década de 80 é mais ou menos 50% mais extenso do que o da década de 60. À estrutura da síntese neoclássica de Samuelson foram acrescentados capítulos descritivos sobre pobreza, economia urbana, economia radical, bem como outros capítulos que fornecem extensa cobertura da organização e financiamento de empresas. De uma natureza mais teórica, foram adicionadas discussões sobre monetarismo, economia de oferta, teoria da opção pública e das expectativas racionais. Essas adições, porém — em alguns casos elas nada mais são do que extensas notas de rodapé —, não alteraram muito o núcleo teórico. Além disso, pode-se elaborar um bom argumento no sentido de que um bom número desses acréscimos pouco mais é do que concessões à moda (o que foi sempre uma tendência entre os pensadores econômicos), e não é provável que ocupem um papel muito importante em meio ao mobiliário permanente do pensamento econômico.

Mas se o corpo da economia não mudou muito desde a década de 60, o que é que isso significa? Será o pensamento econômico, por conseguinte, irremediavelmente irrelevante para a evolução dos fatos econômicos? Em resposta a essa pergunta, precisamos examinar mudanças não mencionadas nos livros-texto nem nos cursos oferecidos. E quando fazemos isso, descobrimos motivo para alguma esperança.

Escolher um marco temporal um pouco mais curto do que a geração que medeia as décadas de 60 a 80 proporciona idéias interessantes sobre tendências recentes na disciplina. Talvez a mais notável das mudanças na última década tenha sido o "cansaço" do argumento ideológico na apresentação de idéias econômicas e construções teóricas. Essa mudança corresponde aproximadamente aos anos presidenciais de Reagan. Eleito como talvez o mais ideológico dos presidentes americanos, Reagan prometeu a volta às visões mais antigas de um governo reduzido, engenharia social mínima e, aquela verdade eterna, um orçamento federal equilibrado. Ora, Ronald Reagan — ainda que não como matéria de política cuidadosamente deliberada — fez exatamente o oposto. Conseqüentemente, confundiu tanto ideólogos quanto economistas praticantes.

Complicando ainda mais a questão, nos anos Reagan houve uma parada na decadência econômica geral que pareceu tão óbvia em fins da década de 70. A inflação foi posta, de certa maneira, sob controle. A criação de novos empregos alcançou picos recordes e o desemprego estacionou. O crescimento não teve nada de impressionante, mas a economia, de fato, mais ou menos "manquejou para cima". Ainda assim, pouquíssimo da agenda conservadora jamais se materializou, ou, pelo menos, não ocorreu como devia. O resultado foi que, embora os problemas fundamentais do crescimento econômico e da mudança estrutural permanecessem evidentes para os mais perspicazes, era evidente que esses oito anos não haviam sido, apesar de tudo, tão ruins assim. O problema, contudo, era que os ganhos não podiam ser reclamados pelos conservadores, uma vez que o governo havia demonstrado preferência prática por oportunismo político e econômico, e não por devoção a princípios rígidos. Nem, tampouco, os liberais tinham muito que comemorar. A década de 80 nem validara nem refutara as posições econômicas conservadoras ou político-liberais. Muita coisa deixou de ser feita nos anos Reagan, mas uma coisa que ocorreu foi, grande parte involuntariamente, o esvaziamento dos argumentos econômicos ideológicos. Na verdade, quanto aos efeitos a longo prazo sobre o pensamento econômico, o solapamento do extremismo ideológico talvez venha a ser um dos mais importantes legados da década de 80.

No lado negativo há, evidentemente, o problema de que política sem o entusiasmo fornecido por forte convicção ideológica torna-se bastante monótona. A campanha Dukakis-Bush de 1988 terá que ser qualificada, em termos de questões econômicas substanciais colocadas e debatidas, como uma das mais enfadonhas da história recente. No lado positivo, essa diminuição de convicções ideológicas autênticas em matéria política e econômica abre a possibilidade de uma apreciação mais ampla e profunda do conteúdo do pensamento econômico. Dada a perspectiva deste livro, não consideramos o hiato no debate ideológico como fato inteiramente negativo.

Nem a diminuição do debate ideológico constitui um fenômeno puramente americano. Não aconteceu apenas que tenhamos "transcendido a ideologia", embora a conhecida e batida expressão contenha muitos elementos de verdade. De fato, aconteceu que o último século de luta ideológica em todo o mundo esgotou por completo a capacidade da crença puramente política gerar reações apaixonadas. As forças mais antigas, anteriores ao século XIX, de religião, tribo, raça, nacionalidade e vinculações irracionais e às vezes anti-racionais que prendem entre si os seres humanos em movimentos sociais, ressuscitaram recentemente. Mas elas não devem ser confundidas em objetivos ou efeitos com o papel histórico desempenhado pela ideologia política econômica. Os antigos movimentos funcionaram principalmente como meios para o homem evadir-se das realidades da vida diária, enquanto os últimos são oferecidos invariavelmente como um esforço para explicar esses "mistérios".

Muito embora a retirada, no pensamento econômico e político, do extremismo ideológico de uma década atrás, mais ou menos, tenha aumentado as possibilidades de diálogo útil sobre assuntos econômicos, seria tolo afirmar que reflexões ideológicas não desempenham papel algum no atual pensamento e formulação da política econômica. Desempenham, e continuarão a desempenhar. E, além disso, o resultado não deve ser considerado como totalmente desolador, uma vez que parece que a luta ideológica enriquece as sociedades democráticas e aguça a curiosidade e as realizações intelectuais. Todavia, o nível mais baixo do debate ideológico permite, pelo menos para o observador imparcial, uma avaliação mais clara da crença econômica. E, como tentamos demonstrar nas páginas precedentes, a avaliação imparcial indica que os economistas, embora não sejam unânimes, estão muito mais perto do acordo em numerosos assuntos que se poderia esperar.

No nível macroeconômico, a periodicidade, embora não a freqüência exata, do ciclo econômico não é mais assunto de debate. Tampouco há divergências importantes sobre as forças econômicas que impulsionam a economia através dos fluxos e refluxos do ciclo propriamente dito. Outrora uma área de profundas discórdias, as medidas de política pública para afetar as tendências dos ciclos econômicos são hoje consideradas com mais calma, indicando um consenso apreciável. As limitações das medidas de administração da demanda através da política fiscal são em geral compreendidas, como também o fato de que déficits *têm realmente importância* (embora exatamente como e de que maneiras permaneçam como assuntos de obstinado desacordo). A política monetária, ora geralmente considerada como o instrumento básico de administração da demanda a curto prazo, é considerada como mais eficaz em seus efeitos antiinflacionários e de valor incerto (se é que tem algum) do que como ferramenta para estimular a economia em uma queda muito forte da atividade econômica. Quanto aos ogros de todos os sistemas econômicos — o desemprego e a inflação —, não há muito desacordo entre os economistas sobre suas causas. Os problemas atuais de desemprego são basicamente estruturais; a inflação é resultado de demanda excessiva, que pressiona os limites de produção da economia. Poucos economistas discordariam que ambos podem tornar-se problemas crônicos que se alimentam de si mesmo, quaisquer que sejam as políticas contracíclicas adotadas.

A inutilidade e o perigo de elaborar políticas macroeconômicas sem levar em conta o resto do mundo e suas reações a elas constituem também assunto em que há grande acordo. Mas há muito menos consenso sobre as diretrizes de ação política que poderiam ampliar os papéis diretos do governo na macroeconomia. De qualquer maneira, políticas de renda com base em impostos, controles salários-preços em seus muitos disfarces e numerosas intervenções que afetam as importações, exportações e arranjos financeiros e monetários não despertam muita simpatia entre os economistas. Entretanto, a necessidade tem provado com freqüência que é a mãe da invenção econômica, e a falta de consenso sobre a extensão do papel do governo na administração macroeconômica geral não deve ser exagerada. Ao contrário de princípios da década de 30, os economistas e praticamente todo mundo, em especial os políticos, sabem que há muito pouca virtude em apegar-se obstinadamente a princípios econômicos inflexíveis. Embora não seja questão de acordo técnico, trata-se de um fato importante. Ao contrário dos anos da depressão, são poucos os economistas que hoje dariam as costas aos eventos do mundo real e se agarrariam à sabedoria revelada, apesar de sua irrelevância. Os economistas são hoje mais adaptáveis do que antes.

O acordo sobre assuntos basicamente microeconômicos está menos adiantado do que no caso de administração da economia geral. Neste terreno, conforme vimos, matérias de forte convicção pessoal separam intervencionistas e não-intervencionistas. Mesmo assim, podemos ainda encontrar importantes áreas de acordo. Em termos gerais, não há muita simpatia pelo abandono da propriedade privada das empresas, mas são poucos os economistas que isolariam a propriedade de todas as intervenções do governo. A maioria concordaria com a necessidade de corrigir imperfeições e fracassos de mercado, quaisquer que sejam as ameaças implícitas à "autonomia" do mercado ou à liberdade do indivíduo. Do mesmo modo, modestas medidas redistributivas para promover a igualdade e mesmo objetivos de eficiência raramente provocam argumentos acrimoniosos sobre "princípios". Muito embora a obtenção de lucro seja em geral considerada como desempenhando um papel orientador central nas operações empresariais e, daí, na alocação de recursos, esse assunto também raramente é encarado com rigidez. A maioria dos economistas reconhece que algumas iniciativas que visam ao lucro podem prejudicar os investimentos, o emprego, a estabilidade econômica geral e a saúde, bem-estar e organização política da sociedade.

Ao final das contas, tanto em assuntos microeconômicos quanto em preocupações com as dimensões macroeconômicas, pode-se observar que a nação perdeu há muito tempo sua virtude no que interessa à questão de "mercados livres". Protestos de inocência e esforços para recuperar a virgindade são logicamente pouco convincentes e, de qualquer modo, ignorados quando os fatos o exigem.

Por último, claro, há a questão do crescimento econômico. Neste particular, tratamos de um caso sobre o qual, pelo menos em termos gerais, todos os economistas concordam praticamente. Em palavras mais simples, crescimento é condição fundamental para solucionar todos os demais problemas na agenda econômica da nação. A incapacidade de manter crescimento razoável torna praticamente impossível a solução de todos os demais problemas. Embora poucas pessoas ligadas à economia contemporânea tradicional contestem essa opinião, há muito desacordo visível sobre como fomentar o crescimento, mais uma vez girando principalmente sobre a extensão e grau do controle central e manipulação incluídos em políticas específicas. Mas embora possa haver diferentes caminhos que levem ao crescimento, todos requerem sacrifícios, enquanto a sociedade se esforça para acumular capital. Não há política de crescimento "indolor" — e sobre isso economistas podem também concordar. É bem verdade que diferentes políticas de crescimento podem distribuir a dor a grupos diferentes, de diferentes maneiras, e por isso pode surgir uma importante questão de eqüidade. Mas os benefícios do crescimento são tão necessários e importantes que, em comparação, a questão da eqüidade empalidece. A importância do crescimento econômico pode significar, para numerosos economistas, aceitar políticas que contrariam seus próprios princípios filosóficos. A necessidade exige não só a invenção, mas, algumas vezes, fazer um pouco menos ou um pouco mais do que qualquer indivíduo pode considerar desejável. Ser pragmático nesses casos, conforme vimos, é uma reação americana perfeitamente aceitável e certamente conhecida de economistas que tratam das questões práticas de formulação de política.

Em todo nosso estudo, resolvemos usar um pincel largo para pintar um quadro das questões de política econômica contemporâneas e, ao agir assim, deixamos de enfatizar as nuances mais sutis da teoria e política. Haverá aqueles, claro, que argumentarão que tal enfoque induz ao erro, uma vez que disfarça as próprias coisas — "aquelas pequeninas coisas" — que levam economistas a discordar mais e que contribuem em muito para a impressão de que a anarquia teórica corre solta na disciplina. Mas a experiência demonstrou também que essas divergências técnicas menores, por mais importantes que possam ser no contexto dos trabalhos profissionais sobre economia e para as carreiras de economistas individuais, não são em geral muito importantes no contexto de grandes questões de política que se tornam assuntos de discussão e referendo político. Conseqüentemente, foi por bom motivo que nos mostramos mais interessados nos acordos e desacordos gerais mais amplos entre os economistas. Parece sensato concluir que é moderadamente impressionante nossa lista de "acordos" e de áreas nas quais é possível um grau razoável de consenso entre os economistas. Se estudada atentamente, ela pode contribuir muito para erradicar a crença popular de que a disciplina não sabe como elaborar políticas que reajam aos problemas econômicos e sociais contemporâneos.

Claro que argumentar que o pensamento econômico convencional e os instrumentos de formulação de política possuem capacidade de resolver os problemas contemporâneos não é a mensagem que todos gostariam de ouvir. A maioria dos que procuram uma "nova economia" para o novo século ficará desapontada com uma opinião que se mostra apenas moderadamente crítica do estado atual da arte da economia. Em primeiro lugar, trata-se de um argumento notavelmente comum, destituído de quaisquer efeitos de choque que possuem os cenários catastróficos ou panacéias radicais (de direita ou de esquerda). Em segundo, parece ser tão seguramente convencional que muitos duvidarão imediatamente de sua utilidade.

Por outro lado, contudo, as campanhas mais apaixonadas em favor de redirecionamento brusco e profundo da política econômica funcionam sob seu próprio conjunto de concepções errôneas. Invariavelmente, quaisquer que sejam as linhas de seus próprios argumentos, esses paladinos supõem implicitamente que apenas uma sabedoria anticonvencional pode fornecer soluções úteis para os atuais problemas econômicos. Além disso, supõem que seu próprio saber particular anticonvencional será aceito na base de seu próprio mérito lógico ou pela força dos fatos, que tornarão a sociedade aberta a novos modos de pensamento econômico e novos conjuntos de prioridades.

O utopismo enganador dessas suposições, contudo, constitui sempre um problema. A história simplesmente não sustenta a idéia de que convicções e práticas econômicas mudam muito abruptamente de direção, exceto, claro, em um número relativamente pequeno de casos, quando uma ampla revolução social erradica todos os remanescentes de uma ordem anterior. Em geral, a mudança econômica é matéria de evolução relativamente calma e lenta. Uma "nova economia" pode eventualmente surgir, mas será construída, qualquer que venha a ser sua forma final, sobre os fundamentos da prática econômica passada e presente.

Notas

Introdução

1. Joan Robinson, *Economic Philosophy* (Doubleday: Garden City, NY, 1962), p. 147-148.

Capítulo 1

1. Robert M. Solow, "Economic History and Economics", *American Economic Review, Papers and Proceedings*, vol. 75. n. 2, maio de 1985, p. 328-329.
2. John Maynard Keynes, *The General Theory of Employment, Interest, and Money* (Nova York, Harcourt, Brace and Company, 1936), p. 383.
3. Robert Lekachman, *The Age of Keynes* (Nova York: Random House, 1966), p. 123.
4. Para outra discussão da questão da economia como ciência, ver Robert B. Carson, *Economic Issues Today* (Nova York, St. Martin Press, 1987), p. 4-28.
5. Ver Adam Smith, *The Wealth of Nations* (Nova York, Modern Library, 1937).
6. Alfred Marshall, *Principles of Economics*, 8 ed. (Londres: Macmillan, 1920), p. 38.
7. John Kenneth Galbraith, *Economics in Perspective* (Boston: Houghton Mifflin, 1987), p. 1-2.

Capítulo 2

1. Thurman Arnold, *The Folklore of Capitalism* (New Haven: Yale University Press, 1937), p. 136.
2. *Economic Report of the President, 1965* (Washington, DC: U.S. GPO, 1965), p. 3-21.

Capítulo 3

1. Joseph Schumpeter, em Seymour Harris, org., *The New Economics: The Influence of Keynes on Theory and Public Policy* (Nova York: Alfred Knopf, 1952), p. 97.
2. John Kenneth Galbraith, *The Great Crash* (Boston: Houghton Mifflin, 1954), p. 83.
3. Ibid., p. 82-83.
4. Lekachman, *The Age of Keynes*, p. 114.
5. Ibid.
6. *The New York Times*, 31 de dezembro de 1933, citado por Roy Harrod, *The Life of John Maynard Keynes* (Nova York: W.W. Norton, 1951), p. 447.
7. Keynes, *The General Theory*, p. 383-384.
8. Paul Samuelson, em William Breit e Roger L. Ransom, *The Academic Scribblers* (Chicago: Dryden Press, 1982), p. 113.
9. Stat. 24, p. 838.
10. Alvin Hansen, *The American Economy* (Nova York: McGraw-Hill, 1957), p. 89.

Capítulo 4

1. Michal Kalecki, *The Last Phase in the Development of Capitalism* (Nova York: Monthly Review Press, 1972), p. 75.
2. Citado por Lekachman, *The Age of Keynes*, p. 272.

Capítulo 5

1. Franco Modigliani, em Arjo Klammer, *Conversations with Economists* (Totowa, NJ: Rowman and Allanheld, 1983), p. 122.

Capítulo 6

1. Barry P. Bosworth, em Marshall Kaplan e Peggy Cuciti, orgs., *The Great Society and Its Legacy* (Durham: Duke University Press, 1986), p. 41-42.
2. Robert J. Shapiro, *U.S. News and World Report*, 1º de fevereiro de 1988, p. 43.
3. E.F. Schumacher, *Small is Beautiful: Economics as if People Mattered* (Nova York: Harper & Row, 1973).

Capítulo 7

1. Milton Friedman, *Capitalism and Freedom* (Chicago: University of Chicago Press, 1962), p. 26.

Capítulo 8

1. John Kenneth Galbraith, *The New Industrial State* (Boston: Houghton Mifflin, 1976), p. 34-35.

2. Joseph A. Schumpeter, *Capitalism, Socialism and Democracy* (Nova York: Harper & Row, 1942).
3. Ver, por exemplo, Felix Rohatyn, "The Coming Emergency and What Can Be Done About It" e "Reconstructing America", *New York Review of Books*, 4 de dezembro de 1980 e 5 de março de 1981.
4. William Ouchi, *Theory Z* (Reading, MA: Addison-Wesley, 1981).
5. "Reindustrializing America", *Business Week*, 30 de junho de 1980.
6. Robert Reich, *Tales of a New America* (Nova York: Times Books, 1987), p. 231-232.

Capítulo 9

1. Robert Lekachman, *Economists at Bay* (Nova York: McGraw-Hill, 1976), p. 34-35.
2. John Stuart Mill, *Principles of Political Economy*, edição Ashley (Londres: Longmans Green, 1920), p. 199-200.
3. Reich, *Tales of a New America*, p. 105-115.

Capítulo 10

1. Debate entre Lester C. Thurow e Herbert Stein, em um simpósio do American Enterprise Institute, citado por Lester C. Thurow em seu livro *The Zero Sum Solution* (Nova York: Simon and Schuster, 1985), p. 383.
2. Paul Kennedy, *The Rise and Fall of the Great Powers* (Nova York: Random House, 1987), p. 539, 540.
3. Benjamin Friedman, *Day of Reckoning* (Nova York: Random House, 1988), p. 50.
4. Ver *Tales of a New America*, de Robert Reich (Nova York: Times Books, 1987) e *The Next American Frontier* (Nova York: Times Books, 1983); Lester C. Thurow, *Zero Sum Society* (Nova York: Basic Books, 1980) e *The Zero Sum Solution*, do mesmo autor (Nova York: Simon and Schuster, 1985).
5. Alfred Malabre, Jr., *Living Beyond Our Means* (Nova York: Vintage, 1987). As idéias de Malabre são um tanto conservadoras. Para uma condenação mais liberal da crise da dívida federal, ver Benjamin Friedman, *Day of Reckoning* (Nova York: Random House, 1988).
6. Ravi Bhatra, *The Great Depression of 1990* (Nova York: Simon and Schuster, 1987).
7. Kennedy, *Rise and Fall*.

Conclusão

1. Robert E. Lucas, Jr., em Arjo Klammer, *Conversations with Economists* (Totowa, NJ: Rowman and Allanheld, 1983), p. 53.

ÍNDICE REMISSIVO